Stefan Jeuk & Ingrid Schmid-Barkow Hrsg.

Differenzen diagnostizieren und Kompetenzen fördern im Deutschunterricht

Bibliografische Information der Deutschen Nationalbibliothek
Die Deutsche Nationalbibliothek verzeichnet diese Publikation
in der Deutschen Nationalbibliografie;
detaillierte bibliografische Daten sind im Internet über
http://dnb.d-nb.de abrufbar.

Stefan Jeuk, Ingrid Schmid-Barkow Hrsg.
Differenzen diagnostizieren und Kompetenzen fördern im Deutschunterricht

Typografische Konzeption: Herbert-Jürgen Welke, Freiburg im Breisgau
Umschlagbild: Peng Sun, Jinan, China
Druck und Bindung: docupoint GmbH, Magdeburg
Printed in Germany 2009

ISBN 978-3-931240-54-7

Stefan Jeuk
Ingrid Schmid-Barkow Hrsg.

Differenzen diagnostizieren und Kompetenzen fördern im Deutschunterricht

Fillibach Verlag Freiburg im Breisgau 2009

Inhalt

III Diagnose und Förderung des Lesens

IV Diagnose und Förderung des Schreibens

Einleitung

STEFAN JEUK & INGRID SCHMID-BARKOW

Der Band geht zurück auf die Sektion 1 des 17. Symposions Deutschdidaktik 2008 an der Universität zu Köln. Das Symposion stand unter dem Titel „Differenz und Entwicklung im Deutschunterricht". Mit diesen Schlüsselbegriffen sollten die unterschiedlichen Ausgangslagen und Lernwege der Schülerinnen und Schüler ins Blickfeld gerückt werden. In der Ausschreibung des Symposions heißt es:

> „Didaktik muss immer den eigenen Weg des lernenden Kindes ins Zentrum nehmen; dies gilt besonders für die Benachteiligten in unserer Gesellschaft wie Kinder mit Migrationshintergrund, Hauptschüler/innen, Bildungsverweigerer. Bei der Herausbildung der zentralen Qualifikationen in einer Wissensgesellschaft (Texte verstehen und Wissen formulieren) sollte die Deutschdidaktik führend sein."

Dass solche genuin sprachlichen Aufgabenfeldern wie die Ausbildung von Textverstehens- und Formulierungskompetenzen in den Zuständigkeitsbereich der Deutschdidaktik fallen, wird niemanden in Erstaunen versetzen. Noch ungewohnt für manche ist jedoch der Anspruch an die Deutschdidaktik, dabei auch die „Randgruppen" in den Bildungseinrichtungen mit zu berücksichtigen und sicherzustellen, dass auch diese in ihren sprachlichen Kompetenzen so gefördert werden, dass sie am gesellschaftlichen Leben teilhaben können. Dazu sind individualisierende und differenzierende Lehr- und Lernmethoden im Deutschunterricht notwendig und diese implizieren eine vorausgehende und lernbegleitende Diagnostik des sprachlichen und schriftsprachlichen Lernstands einzelner Schülerinnen und Schüler. So lag es nahe, dass die Sektion 1 sich dem Thema „Differenzen diagnostizieren – Kompetenzen fördern" stellte.

Diagnose von (sprachlichen) Kompetenzen einzelner Schülerinnen und Schüler hat in der Psychometrie eine lange Tradition, im pädagogischen Handlungsfeld werden z.B. psychometrische Verfahren häufig eingesetzt, um den geeigneten Lernort für ein Kind zu ermitteln. Mittels standardisierter Verfahren, welche strengen Gütekriterien genügen müssen, wird versucht, zeit- und situatiosstabile Erkenntnisse über Merkmale eines Individuums zu gewinnen, die z.B. eine Zuweisung an eine Sonderschule rechtfertigen. Diagnostische Verfahren erfüllen so zunächst eine selektierende Funktion.

In der sonderpädagogischen Tradition wird häufig kritisiert, dass in solchen Kontexten auf Grund einer Momentaufnahme Entscheidungen über Bildungsgänge getroffen werden, welche der Lernbiographie eines einzelnen Kindes nur selten gerecht werden. Im Rahmen einer Prozessdiagnostik wird gefordert, dass eine Orientierung am Kind und seinen ideosynkratischen Entwicklungs*verläufen* Grundlage von Diagnose und Förderung sein sollten. Eine solche Haltung impliziert in der Regel die Ablehnung eines selektierenden Schulsystems.

Auch im Rahmen der Evaluation von Bildungsstandards (Bremerich-Vos u.a. 2008) wird auf normierte Verfahren zurückgegriffen. Die Grundlage dieser Large-Scale Untersuchungen sind Aufgaben, die von einzelnen Schülern gelöst werden und in großen Gruppen (Schulen, Schultypen, Bundesländer) ausgewertet werden. Das Ziel dieser Untersuchungen ist nicht die Frage, welche Kompetenzen der *einzelne* Schüler hat und wie dieser gefördert werden soll. Aufgaben, die zur Evaluation von Standards entwickelt werden, müssen ja gerade dafür geeignet sein, herauszufinden, was für eine Mehrzahl der Schülerinnen und Schüler erreichbar oder nicht erreichbar ist. Für individuelle Problemlagen kann bei einer solchen Fragestellung kein Platz sein. Der Begriff „Diagnostik" kann also, je nach Kontext und Zielrichtung eines Instruments, etwas völlig anderes bedeuten. Die unterschiedlichen Zielrichtungen verlangen wiederum den Einsatz unterschiedlicher Verfahren.

Für die Beantwortung der Frage, wie viele Kinder eines Jahrgangs Förderung in der deutschen Sprache benötigen, ist es z.B. durchaus legitim, Screeningverfahren einzusetzen, die z.B. eine Zuweisung von Förderstunden zur Folge haben. Ein Ergebnis des Einsatzes solcher Screenings kann z.B. sein, dass eine Schulverwaltung einigermaßen verlässliche Zahlen darüber erhält, wie viele Kinder eines Jahrgangs der zusätzlichen Förderung bedürfen. Solche Untersuchungen sind natürlich nicht frei von (fiskal)politischen Erwägungen. So gelang es z.B. in Berlin allein durch den Wechsel der Verfahren, dass sich der Förderbedarf von 45 % der 6-jährigen im Jahr 2003 auf 25 % der 6-jährigen im Jahr 2006 verringert hat (vgl. Jeuk 2009). Aus psychometrischer Sicht ist so eine Vorgehensweise geradezu abenteuerlich, sie verweist aber andererseits darauf, dass es durchaus umstritten ist, welche (sprachlichen) Kompetenzen wir zum Zeitpunkt der Einschulung von Kindern erwarten können. Hier besteht in der Deutschdidaktik noch großer Forschungsbedarf. Ossner (2006) weist darauf hin, dass diese Lücke nur in einem Wechselspiel von normativer Setzung und empirischer Überprüfung gefüllt werden kann.

Für die Ermittlung *individueller* Fähigkeiten und Fertigkeiten sind Screenings nicht geeignet. So deutet z.B. einiges darauf hin, dass in Untertests zur Überprüfung morphosyntaktischer Kompetenzen mehrsprachige Kinder aus anderen Gründen Schwierigkeiten haben als einsprachige Kinder mit Schwierigkeiten beim Erwerb der Grammatik. Beide Gruppen erzielen unter Umständen vergleichbare Rohwerte, die Förderung muss aber an jeweils unterschiedlichen Punkten ansetzen.

In der Sektion 1 des SDD 2008 setzten wir auf die diagnostische Kompetenz von Lehrkräften im Unterricht, die sie in die Lage versetzt, Differenzen in der Entwicklung von Schülern sowie deren unterschiedliche Ausgangslagen und Lernwege zur Aneignung von Kompetenzen zu erfassen, zu beschreiben und die Beschreibung als Basis für die Konzeption eines angemessenen Lernangebots zu nehmen. Es steht also nicht der messende Vergleich innerhalb einer Population im Mittelpunkt der Betrachtung, sondern die Wahrnehmung und Wertschätzung individueller Fähigkeiten und Fertigkeiten und ein darauf aufbauender Unterricht.

Die Arbeit in der Sektion gliederte sich in vier Teile:

1. Das Projekt altersspezifische Sprachaneignung (PROSA) als Grundlagenforschung im Hinblick auf Sprachstandsmessungen für den Erst- und Zweitspracherwerb,
2. Verfahren für Deutsch als Zweitsprache in der Primar- und Sekundarstufe,
3. Diagnose und Förderung des Lesens,
4. Diagnose und Förderung des Schreibens.

Hans Reich stellt das vom BMBF geförderte PROSA Projekt vor und arbeitet heraus, inwiefern es sich um Grundlagenforschung handelt. Ausgehend von der Problematik, dass es in der Vergangenheit nur wenig Kooperation zwischen der psychometrischen, der linguistischen und der fachdidaktischen Forschung gab, verweist er auf die Notwenigkeit, in diesem Bereich mehr zu investieren. Der Abschlussbericht des PROSA Projekts ist eine umfangreiche Zusammenstellung der aktuellen Forschungslage hinsichtlich der verschiedenen sprachlichen Qualifikationen.

Auf Grundlage der Ergebnisse des PROSA-Projekts stellt **Susanne Guckelsberger** den Forschungsstand im Hinblick auf die Aneignung diskursivger Qualifikationen im Vor- und Grundschulalter vor. Es zeigt sich, dass es sich um zentrale Qualifikationen handelt, deren Erforschung jedoch bisher kaum vorangetrieben wurde. Auf der Grundlage von Einzelfallanalysen werden mögliche Beobachtungsebenen im Hinblick auf das Handlungsmuster „Beschreiben“ vorgestellt. Es zeigt sich, dass hierbei eine enge Wechselbeziehung zu schulischen Traditionen und Normen besteht.

Im Vorschulalter ist die Entwicklung semantischer Qualifikationen wesentlich besser erforscht, Aneignungsprozesse im Schulalter sind jedoch kaum untersucht. **Anna Komor** kann ebenfalls an Hand von Einzelfallanalysen am Beispiel der Begriffserklärung zeigen, dass die Entwicklung semantischer Qualifikationen im Schulalter eng mit diskursiven Qualifikationen verknüpft ist.

Stefan Jeuk stellt in seinem Beitrag eine Übersicht über verschiedene diagnostische Verfahren für das Grundschulalter vor. Der Fokus des Beitrags liegt auf der Frage, wie Sprachschwierigkeiten mehrsprachiger Kinder in der Zweitsprache Deutsch ermittelt werden können. Dabei zeigt sich, dass es kein Verfahren gibt, das in der Lage wäre, umfassend und schnell zu einem verlässlichen Ergebnis hinsichtlich sprachlicher Kompetenzen mehrsprachiger Grundschulkinder zu gelangen. Andererseits können einzelne Untertests bestehender Verfahren im Rahmen einer differenzierten Förderdiagnostik Hinweise geben.

Noch schwieriger ist die Lage in der Sekundarstufe, denn hinsichtlich des (Zweit) Spracherwerbs im Alter ab ca. 10 Jahren gibt es so gut wie keine Forschungen, auf welche man sich bei der Konzeption von Verfahren beziehen könnte. **Alexandra Junk-Deppenmeier** weist auf die Notwendigkeit hin, hier tätig zu werden. In einem ersten Ausblick stellt sie mögliche Zugriffsweisen für eine sprachdiagnostische Vorgehensweise an der Sekundarstufe 1 vor.

Doris Grütz erläutert das an der Pädagogischen Hochschule Zürich entwickelte Verfahren SSI DaZ, das sowohl eine Grundlage für eine optimale individuelle Förderplanung als auch eine Entscheidungsgrundlage für die Zuweisung von DaZ Unterricht geben soll. Es handelt sich um ein sehr ambitioniertes Vorhaben, das eine Lücke in der diagnostischen Praxis füllt.

Ute Fischer und **Barbara Gasteiger-Klicpera** berichten über eine Interventionsstudie, in der bereits in der Frühphase des Lesenlernens eine an den Entwicklungsstand der Kinder angepasste Förderung im Unterricht erfolgte, die sich vor allem auf eine Verbesserung der Lesegeschwindigkeit auswirkte.

Mit hierarchiehöheren Prozessen des Lesens bzw. des Textverstehens beschäftigt sich der Beitrag von **Florian Hiller.** Auf der Grundlage von Frames und Skripts gibt er Schülern und Schülerinnen der Sekundarstufe 1 Strukturierungshilfen in Form von „Steckbriefen“ und „Drehbüchern“ an die Hand. Dieses didaktische Konzept hat sich in seiner Untersuchung gerade bei Hauptschülern und Hauptschülerinnen als erfolgreich erwiesen.

In ihrem kritischen Erfahrungsbericht setzt sich **Sieglinde Grimm** sehr dezidiert mit den Lernstanderhebungen 2007 im Bereich Textverstehen in Nordrhein-Westfalen auseinander, indem sie an einem exemplarischen Text die Aufgabenstellung, die Bearbeitung durch die Schüler und Schülerinnen, die Ergebnisse und deren Bewertung unter die Lupe nimmt.

Die diagnostischen Praktiken zur Erhebung schriftsprachlicher Fertigkeiten im Rahmen von Schuleingangsuntersuchungen vergleicht **Ingrid Schmid-Barkow**. Sie entwirft ein Modell einer weniger alphabetschriftfixierten Sicht auf das frühe Schreiben und plädiert dafür, die Diagnostik von „Literacy" durch systematisierende Forschungsarbeiten zu fundieren.

Ursula Held spricht sich für eine mehr prozessorientierte Schreibdiagnostik aus, die weniger an der Analyse des Produkts als an der Erfassung von Teilprozessen des Schreibens (wie z.B. des Überarbeitens) interessiert ist. Es scheint jedoch ein dorniger Weg zu sein, solche Verfahren in der Praxis zu implementieren.

Joachim Schäfer geht der Frage nach, wie Schreibschwierigkeiten von Hauptschülern und Hauptschülerinnen adäquat zu erfassen und beschreiben sind. Er vergleicht verschiedene Ansätze hierzu in der Forschungsliteratur und skizziert eine Vorgehensweise, bei der fokussierte Interviews mit Schülern und Schülerinnen, die Überarbeitung eines vorgegebenen Schülertextes und ein Fragebogen miteinander verbunden werden.

Alle Beiträge dieses Bandes eint die Zielsetzung, mit Hilfe individueller Diagnoseverfahren den sprachlichen Denk- und Lernprozessen von Kindern auf die Spur zu kommen und diese zum Ausgangspunkt didaktischer Entscheidung und Planung zu machen.

Literatur

Bremerich-Vos, Albert/Granzer, Dietlinde/Köller, Olaf (Hrsg.) (2008): Lernstandsbestimmung im Fach Deutsch. Weinheim: Beltz.

Jeuk, Stefan (2009): Sprachstandserhebung bei mehrsprachigen Kindern. In: Kelle, Helga (Hrsg.): Kulturen der Entwicklungsdiagnostik. In: ZSE (Zeitschrift für Soziologie der Erziehung und Sozialisation), S. 141-156.

Ossner, Jakob (2006): Kompetenzen und Kompetenzmodelle im Deutschunterricht. In: Didaktik Deutsch, 12. Jg., H. 21, S. 5 - 19.

I
PROJEKT ALTERSSPEZIFISCHE SPRACHANEIGNUNG (PROSA)

Zur Arbeit des Projekts PROSA: Linguistische Grundlagen für die Entwicklung sprachdiagnostischer Verfahren

HANS H. REICH

Die Entwicklung sprachdiagnostischer Verfahren war (und ist?) weitgehend eine Domäne der Psychometrie, die interessiert ist an der Unterscheidung von auffälligen und nicht auffälligen Entwicklungen, an möglichst allgemein gültigen Maßstäben und an prognostischen Aussagen über Fähigkeiten der Sprachverarbeitung. Ihr Einsatzfeld sind die Überweisungen in therapeutische Behandlung und/oder sonderpädagogische Institutionen. Was dabei leicht zu kurz kommt, sind die Abstufungen im Normalbereich, die – doch oft sehr unterschiedlichen – Voraussetzungen der Sprachenaneignung und die von den Kindern oder Jugendlichen tatsächlich angeeigneten sprachlichen Regeln und Elemente. Für die Alltagspädagogik haben diese psychometrischen Verfahren keine unmittelbar konstitutive Bedeutung.

Dabei gibt es durchaus einen sprachdiagnostischen Bedarf in der Alltagspädagogik, der sich immer wieder einmal äußert (vgl. Reich 2005 a) und dem Wunsch nach sicheren Grundlagen sprachdidaktischer Entscheidungen entspringt. Die aktuellen Versuche, zu einer pädagogischen Sprachdiagnostik zu gelangen, sind aber im Grundsatz wie im Einzelfall umstritten geblieben – es genügt, auf die Auseinandersetzungen um „Bärenstark“ und „Delphin 4“ zu verweisen. Lösungen, die auch in der Breite des Bildungssystems überzeugen würden, scheinen nicht gefunden zu sein. Neben anderen Gründen, unter denen der politische Handlungsdruck an vorderer Stelle steht, spielt dabei schon auch die mangelnde Festigkeit der wissenschaftlichen Grundlagen eine bedenkenswerte Rolle. Mehr an curricularen Vorstellungen als an der Sprache des Einzelnen orientiert, weisen viele Verfahren pädagogischer Sprachdiagnostik Schwächen sowohl in spracherwerbstheoretischer wie in linguistischer Hinsicht auf und erfüllen großenteils nicht die Standards der psychometrischen Kunst.

Sichtlich fehlt es hier an Kooperation und langem Atem. So beklagen Schöler/Grabowski (2007, S. 546) ausdrücklich die „mangelnde Kooperation zwischen den Testkonstrukteuren (zumeist aus der Psychologie) und den Experten für Sprache (zumeist aus der Linguistik)“, die in der Regel zu Lasten der linguistischen Fundierung gehe. Ein Blick in die Analysen aktueller Verfahren bei Schnieders/Komor (2005) bestätigt diesen Eindruck. In den argumentativen Texten, die zusammen mit diesen Analysen veröffentlicht worden sind (Ehlich 2005; Bredel 2005; Reich

2005 b), werden vor allem folgende Defizite dieser Verfahren benannt: ein zu enger Sprachbegriff, insbesondere die Vernachlässigung der sprachpragmatischen und der diskursiven Qualifikationen, aber auch weiter Teile der Semantik; Konzentration auf die Altersgruppen zwischen dem Eintritt in den Kindergarten und dem Schulbeginn; unklare Vorstellungen über das Verhältnis von mündlichen und schriftlichen Sprachaneignungsprozessen; zu einfache lineare Modelle der Sprachenaneignung; Beschränkung auf eine monolinguale Perspektive.

Diese Defizite sind in der Tat in beträchtlichem Maße der mangelnden Kooperation und der mangelnden gegenseitigen Kenntnisnahme von Psychologie und Linguistik zuzuschreiben. Es gibt hier aber auch Ungleichmäßigkeiten in der linguistischen Forschung selbst (vgl. Ehlich 2009). An beidem zu arbeiten, d.h. einerseits die erarbeiteten sprachwissenschaftlichen Kenntnisse verfügbar zu machen und andererseits die Grenzen und Lücken dieser Kenntnisse möglichst genau aufzuweisen, ist das Ziel des Projekts PROSA, das vom BMBF gefördert und von einem Konsortium der Universitäten München, Köln und Landau durchgeführt worden ist.

Erarbeitet wurden Forschungsberichte zur Aneignung sprachlicher Teilfähigkeiten im Deutschen in sechs „Basisqualifikationen" (vgl. Ehlich 2005, S. 12) und zur Sprachenaneignung unter den Bedingungen der Mehrsprachigkeit. Die bearbeiteten Basisqualifikationen sind die phonische, die pragmatischen, die semantische, die morphologisch-syntaktische und die literalen Basisqualifikation(en). Die Beiträge zur Mehrsprachigkeit umfassen die Aneignung des Deutschen als Zweitsprache sowie die Aneignung des Türkischen und des Russischen. Die Berichte sind zusammen mit einem Kapitel über die Forschungsdesiderate in der Reihe „Bildungsforschung" des BMBF veröffentlicht (Ehlich/Bredel/Reich 2008 a). Die Erträge aus den Berichten wurden für die Zwecke sprachdiagnostischer Entwicklungsarbeiten systematisiert und unter dem Titel „Referenzrahmen zur altersspezifischen Sprachaneignung" eigens veröffentlicht (Ehlich/Bredel/Reich 2008 b).

Dem System der Basisqualifikationen liegt der Gedanke zugrunde, dass die Sprachenaneignung ein multidimensionaler Vorgang ist, der nicht mit ein paar wenigen Indikatoren zu erfassen ist, wenn Aussagen über individuelle Entwicklungen getroffen werden sollen. Unstreitig gibt es korrelative Beziehungen zwischen den verschiedenen Dimensionen. Deren zutreffende Deutung freilich ist weitgehend ungeklärt. Hat man es zu tun mit „Vorläuferfähigkeiten", „Voraussetzungen", „Inklusionsverhältnissen", „simultaner Emergenz" o. a.? „Sprachstände" sind daher mit Umsicht, mit Blick auf eine Vielzahl sprachlicher Teilfähigkeiten zu erörtern, wenn es um die Förderung des einzelnen Kindes oder Jugendlichen zu einem bestimmten Entwicklungszeitraum geht. Aus diesem Grund liefern die Berichte des Projekts PROSA weit gefächerte Informationen über die linguistischen Erkenntnisse zu den verschiedenen Dimensionen der Sprachenaneignung.

Ebenfalls unvollständig geklärt ist auch das Verhältnis von sprachenübergreifenden und sprachspezifischen Aneignungsprozessen. Die Dominanz der Forschungen zur Aneignung des Englischen führt ja nicht selten dazu, dass – ungeprüft – Erkenntnisse zur Englischaneignung als Erkenntnisse zur Sprachaneignung schlechthin dargestellt werden. Die bahnbrechenden Arbeiten des Kreises um Dan I. Slobin (vgl. 1985 ff.) haben aber zweifelsfrei erwiesen, dass die typologischen Unterschiede zwischen den Sprachen auch für den Verlauf der Prozesse, die zu ihrer Beherrschung führen, von erheblicher Bedeutung sind. Die Berichte des Projekts PROSA stellen daher den Forschungsstand für das Deutsche und für die beiden Migrantensprachen, die in Deutschland die größten Sprecherzahlen haben, nebeneinander. Damit liegen erstmals in deutscher Sprache zusammenfassende Darstellungen der Forschungen zur Aneignung des Türkischen und des Russischen vor.

Für die Diagnostik stellt sich die Frage nach dem Verhältnis der Aneignung zweier verschiedener Sprachen vor allem im Sinne der „Dominanz“ der einen oder der anderen Sprache bei zweisprachig aufwachsenden Kindern und Jugendlichen (vgl. Cantone u.a. 2008), da diese – neben dem Vergleich mit dem Durchschnitt einsprachig aufwachsender Kinder und Jugendlicher – Auswirkungen auf die Förderentscheidungen hat. Es bedarf dazu einer sorgfältigen Erörterung der interlingualen Vergleichbarkeit der einzelnen Indikatoren, aber auch möglichst genauer Kenntnisse über die Aneignung der Herkunftssprachen in der Emigration, die nicht ohne Weiteres mit der Aneignung unter monolingualen Umständen gleichgesetzt werden darf. Verständlicherweise sind die Forschungen hierzu weniger zahlreich und weniger zusammenhängend; doch liegen zum Türkischen und zum Russischen in Deutschland eine Reihe von Untersuchungen vor, die in den Berichten des Projekts PROSA ebenfalls berücksichtigt worden sind. Die daraus zu entnehmenden Kenntnisse haben bereits Eingang gefunden in neuere sprachdiagnostische Entwicklungen, so z. B. in die Instrumente des Modellversuchsprogramms *FörMig* zur Bestimmung des Sprachentwicklungsstandes zweisprachiger Schülerinnen und Schüler in der Sekundarstufe I (vgl. Reich 2009). Sie beweisen zumindest dies: dass eine bilinguale Sprachdiagnostik unter den Bedingungen der lebensweltlichen Mehrsprachigkeit möglich und dass sie mit vertretbarem Aufwand realisierbar ist.

Literaturhinweise

Bredel, Ursula (2005): Sprachstandsmessung – eine verlassene Landschaft, in: Ehlich, Konrad u.a., S. 78-119.

Cantone, Katja/Kupisch, Tanja/Müller, Natascha/Schmitz, Katrin (2008): Rethinking Language Dominance in Bilingual Children, in: Linguistische Berichte 215, S. 307-343.

Ehlich, Konrad u. a. (2005): Anforderungen an Verfahren der regelmäßigen Sprachstandsfeststellung als Grundlage für die frühe und individuelle Förderung von Kindern mit und ohne Migrationshintergrund, Bonn/Berlin: BMBF.

Ehlich, Konrad (2005): Sprachaneignung und deren Feststellung bei Kindern mit und ohne Migrationshintergrund: Was man weiß, was man braucht, was man erwarten kann, in: Ehlich, Konrad u.a., S. 11-63.

Ehlich, Konrad/Bredel, Ursula/Reich, Hans H. (Hrsg.) (2008 a): Referenzrahmen zur altersspezifischen Sprachaneignung (= Bildungsforschung Band 29/I), Bonn und Berlin: BMBF.

Ehlich, Konrad/Bredel, Ursula/Reich, Hans H. (Hrsg.) (2008 b): Referenzrahmen zur altersspezifischen Sprachaneignung – Forschungsgrundlagen (= Bildungsforschung Band 29/II), Bonn und Berlin: BMBF.

Ehlich, Konrad (2009): Sprachaneignung – Was man weiß und was man wissen müsste, in: Lengyel, Drorit/Reich, Hans H./Roth, Hans-Joachim/Döll, Marion (Hrsg.): Von der Sprachdiagnose zur Sprachförderung, Münster: Waxmann, S. 15-24.

Reich, Hans H. (2005 a): Auch die „Verfahren zur Sprachstandsanalyse bei Kindern und Jugendlichen mit Migrationshintergrund" haben ihre Geschichte, in: Gogolin, Ingrid/Neumann, Ursula/Roth, Hans-Joachim (Hrsg.): Sprachdiagnostik bei Kindern und Jugendlichen mit Migrationshintergrund, Münster u. A.: Waxmann, S. 87-95.

Reich, Hans H. (2005 b): Forschungsstand und Desideratenaufweis zu Migrationslinguistik und Migrationspädagogik für die Zwecke des „Anforderungsrahmens", in: Ehlich, Konrad u.a., S. 121-169.

Reich, Hans H. (2008): Die Sprachaneignung von Kindern in Situationen der Zwei- und Mehrsprachigkeit, in: Ehlich/Bredel/Reich (Hrsg.), S. 163-169.

Reich, Hans H. (2009): Aufbauende Sprachförderung unter Nutzung der *FörMig*-Instrumente, in: Lengyel, Drorit/Reich, Hans H./Roth, Hans-Joachim/Döll, Marion (Hrsg.): Von der Sprachdiagnose zur Sprachförderung, Münster u.a.: Waxmann, S. 25-33.

Sırım, Emran (2008 b): Türkisch, in: Ehlich/Bredel/Reich (Hrsg.) (2008 b), S. 227-253.

Slobin, Dan Isaac (Hrsg.): The Crosslinguistic Study of Language Acquisition, 5 Bände, Mahwah, NJ/London: Lawrence Erlbaum Associates 1985-1997.

Zur Aneignung diskursiver Qualifikationen im Vor- und Grundschulalter – allgemein und am Beispiel einer Lagebeschreibung in der ersten Klasse

SUSANNE GUCKELSBERGER

Die Aneignung diskursiver Fähigkeiten im Kindes- und Jugendalter bildet einen wesentlichen, wenngleich bislang vergleichsweise wenig erforschten Teilbereich des Spracherwerbs. Die diskursive Basisqualifikation ist Teil des sog. Qualifikationenfächers (Ehlich 2005), der die Voraussetzung für eine möglichst umfassende Betrachtung der Sprachaneignung bilden soll, indem er über die phonischen, semantischen, morphologisch-syntaktischen und literalen Fähigkeiten hinaus auch allgemein pragmatische und speziell diskursive Fähigkeiten berücksichtigt.[1]

Im ersten Teil des Beitrags wird, basierend auf den Ergebnissen des vom BMBF geförderten Projekts „Altersspezifische Sprachaneignung – ein Referenzrahmen" (PROSA), ein knapper Überblick über den Forschungsstand im Bereich der Aneignung diskursiver Fähigkeiten durch Kinder im Vor- und Grundschulalter gegeben. Im zweiten Teil wird an einem Transkriptausschnitt gezeigt, wie die Aneignung der diskursiven Fähigkeit des ‚Beschreibens' im schulischen Unterricht gefordert und gefördert werden kann. Diese Ergebnisse stammen aus einer im Rahmen von PROSA durchgeführten explorativen Studie zu kommunikativen Anforderungen in der ersten Klasse.

1 „Diskursive Basisqualifikation"

Kinder eignen sich in den ersten Lebensjahren grundlegende sprachliche Kompetenzen an: Es handelt sich dabei zuerst um Fähigkeiten im phonischen Bereich, hinzu kommen semantische und morphologisch-syntaktische Fähigkeiten. Damit sind aber noch nicht alle Bereiche dessen angeeignet, was Sprache und sprachliches Handeln ausmacht: Wer ein kompetenter Sprecher einer Diskursgemeinschaft werden möchte, muss sich über den Laut-, Bedeutungs- und Grammatikerwerb hinaus auch pragmatische und diskursive Fähigkeiten aneignen (vgl. Ehlich 2005,

[1] Das Konzept der Basisqualifikationen wurde von Ehlich (2005) vorgeschlagen. Im vom Bundesministerium für Bildung und Forschung (BMBF) in Auftrag gegebenen „Referenzrahmen zur altersspezifischen Sprachaneignung" (Ehlich/Bredel/Reich 2008 a, b) werden die genannten Basisqualifikationen zu Grunde gelegt.

Ehlich/Bredel/Reich 2008a, b). Was genau ist aber unter solchen „diskursiven Fähigkeiten" zu verstehen?

Die diskursive Basisqualifikation beinhaltet zunächst die Befähigung zur angemessenen sprachlichen *Kooperation mit einem oder mehreren Gesprächspartnern*. Dies umfasst die Aneignung von Sprecherwechselprinzipien (engl. turn-taking) – also die Aneignung von Verfahren zur Sequenzierung und zur Verkettung von Sprechhandlungen (Ehlich 1996)[2]. So lernen Kinder nach und nach, wie und zu welchem Zeitpunkt im Diskurs sie einen Redebeitrag anbringen können, wie (sprachliche und nicht-sprachliche) Rückmeldungen der Gesprächspartner zu interpretieren sind, wie längere Diskursbeiträge (z.B. Erzählungen) angekündigt, durchgeführt und abgeschlossen werden können und wie Verständnissicherung geleistet werden kann. Dabei ist zu berücksichtigen, dass all diese Fähigkeiten auch in der Hörerposition angeeignet werden müssen.[3]

Weiterhin umfasst die diskursive Basisqualifikation die Befähigung zum *kommunikativen Aufbau von Spiel- und Phantasiewelten*, etwa im sozialen Rollenspiel oder beim gemeinsamen Spiel mit Miniaturspielzeug wie Playmobil, Polly Pocket u.ä. (In Birmele et al. 2007 wird diese Spielform als ‚Requisitenspiel' bezeichnet).

Einen zentralen Teilbereich der diskursiven Basisqualifikation bildet schließlich die Befähigung zur *Realisierung größerer sprachlicher Einheiten*. Es handelt sich dabei zunächst vor allem um Erzählfähigkeiten. Andere Großformen sprachlichen Handelns wie etwa das Beschreiben, das Berichten, das Erörtern und das Argumentieren werden dann für Kinder und Jugendliche im schulischen Kontext zunehmend relevant.

---

2 Unter Sprechhandlungssequenzen versteht man Abfolgen von sprachlichen Handlungen mit systematisch bedingtem Sprecherwechsel. (Beispielsweise folgt auf die Frage eines Gesprächspartners üblicherweise eine Antwort.) Der Begriff der Sprechhandlungsverkettung fasst dagegen die systematisch bedingte Verbindung mehrerer sprachlicher Handlungen durch *einen* Sprecher – etwa beim Erzählen einer Geschichte oder bei einem Vortrag.

3 Es ist nur wenig darüber bekannt, wann und wie Kinder sich solche hörerseitigen Fähigkeiten aneignen. Vgl. aber Komor (demn.): In ihrer Langzeitstudie zur Kommunikation unter Kindern befasst sie sich auch mit der Frage, ab wann Kinder den Diskurs unter Gleichaltrigen aktiv von der Hörerposition aus mitgestalten.

2 Forschungen im Bereich der diskursiven Basisqualifikation[4]

Im Bereich der diskursiven Basisqualifikation lassen sich drei zentrale Forschungsfelder ausmachen: die Aneignung des Sprecherwechselprinzips (engl. *turn-taking*) (2.1), die Kommunikation unter Kindern im sozialen Rollenspiel (2.2) sowie die Aneignung mündlicher Erzählfähigkeiten (2.3).[5] Andere Teilbereiche dessen, was oben als zur diskursiven Basisqualifikation gehörig benannt wurde, sind demgegenüber weit weniger erforscht.

2.1 Aneignung des Sprecherwechselprinzips

Als ‚Sprecherwechsel' bezeichnet man die Organisation der Redebeiträge im Gespräch. In den ersten Lebensjahren lernt das Kind – zunächst in der Kommunikation mit den engsten Bezugspersonen, später mit anderen Kindern und Erwachsenen – wie zwei oder mehr Gesprächspartner nach bestimmten Regeln abwechselnd kommunikativ interagieren.

Die elementaren Prinzipien des wechselseitigen (sprachlichen) Handelns werden im ersten Lebensjahr in der Interaktion zwischen Bezugspersonen und Kind erworben, wobei es sich zunächst um sog. Protokonversationen[6] handelt (Bateson 1979, Berger/Cunningham 1983, Karmiloff/Karmiloff-Smith 1991). Ab etwa zweieinhalb Jahren beginnen Kinder, Verfahren des Sprecherwechsels unter Gleichaltrigen auszuprobieren. Inhaltlich kann es dabei z.B. um die Verteilung von Spielgegenständen gehen – hier werden sprachliche Handlungen des Benennens, Aufforderns und Abwehrens relevant (Oksaar 1977); es sind aber auch spielerische ‚Konversationen' ohne besondere Zielsetzung zu beobachten (Garvey 1984). Ab etwa vier Jahren gelingt die Organisation des Sprecherwechsels unter Gleichaltrigen im Rollenspiel, ungefähr ein Jahr später auch im sprachlichen Handeln außerhalb des Rollenspiels (Andresen 2005, Bose 2003). Institutionelle Bedingungen des Sprecherwechsels werden für Kinder mit Eintritt in den Kindergarten

[4] Für eine ausführlichere Darstellung des Forschungsstands zur diskursiven Basisqualifikation siehe Guckelsberger 2008.

[5] Es ist zu berücksichtigen, dass sich viele Untersuchungen auf die Aneignung der englischen Sprache beziehen. Inwieweit die Forschungsergebnisse zum Englischen auf andere Sprachen übertragbar sind, muss jeweils anhand empirischer Studien überprüft werden.

[6] Aufgrund gewisser Parallelen zum Gespräch unter Erwachsenen bezeichnet man den vorsprachlichen Austausch zwischen Bezugsperson und Kind auch als Proto-Konversationen. Proto-Konversationen umfassen nicht-sprachliche Aktivitäten (z.B. Lächeln, Handbewegungen) ebenso wie Vokalisierungen, wobei sich die Bezugsperson i.d.R. einer kindgerichteten Sprache (baby-talk, motherese) bedient; das Kind äußert sich durch Brabbeln, Gurren oder Murmeln. Auf diese Weise wird das Prinzip des Sprecherwechsels angeeignet.

relevant – sie müssen beispielsweise lernen, im Erzählkreis erst nach Zuteilung des Rederechts zu sprechen (Meng 1991). Dass die schulische Regelung des Sprecherwechsels (Zuweisung von Rederecht und Redepflicht) auch zumindest in den ersten beiden Grundschuljahren noch Thema im Unterrichtsdiskurs ist, zeigen die Daten aus der o.g. explorativen Schulstudie. Hieraus zwei Beispiele für Lehreräußerungen:

„Und wer was sagen will, der meldet sich, und den nehm ich dann auch dran."

„SHE, du kannst sicher sein, dass ich dich gleich frage!"

Während es sich im ersten Beispiel um eine Erinnerung an schulische Sprecherwechselregeln handelt, ist die zweite Äußerung als Androhung der Redepflichtzuweisung bei Unaufmerksamkeit und somit als Disziplinierungsmaßnahme zu interpretieren.

2.2 Kind-Kind-Kommunikation im sozialen Rollenspiel

Forschungen zur Kommunikation unter Kindern beziehen sich überwiegend auf das soziale Rollenspiel, das sich im vierten Lebensjahr als spezifische Form des Fiktionsspiels herausbildet und als typische und wichtigste Spielform von Kindern im Vorschul- und frühen Grundschulalter gilt (Oerter 1993, Andresen 2005). Im Rollenspiel stützen sich die Kinder weitgehend auf alltägliche Handlungsabläufe wie Einkaufen gehen, Besuch beim Friseur oder Arzt, oder eine Einladung zum Kaffeetrinken. Sie handeln sprachlich wie nicht-sprachlich entsprechend den angenommenen Spielrollen (Verkäufer, Tante, Friseur, Ärztin) und stellen diese, z.B. durch eine Veränderung des ‚Sprechausdrucks'[7] (Bose 2003), in typisierender Weise dar. Sie orientieren sich dabei an Vorbildern aus dem kommunikativen Umfeld, ahmen aber nicht direkt ihnen bekannte Personen nach. Aus linguistischer Perspektive ist das Rollenspiel insofern besonders interessant, als in ihm sehr unterschiedliche Formen der Kommunikation auftreten können:

(a) zunächst explizite, ab ca. 4;6 Jahren auch implizite metakommunikative Handlungen, mit denen die Kinder das Spiel sprachlich etablieren und aufrechterhalten;
(b) Sprechen in der jeweils angenommenen Rolle (z.B. als Verkäufer, als Tante) sowie

[7] „Sprechausdruck wird als Oberbegriff für konventionelle Gestaltungsweisen und -muster im Sprechschall verstanden, die durch Merkmale wie Stimmhöhe, Lautheit, Sprechgeschwindigkeit […], Merkmalskomplexe wie Akzentuierung, Gliederung, Rhythmus […] und andere zustande kommen." (Bose 2003, S. 13)

(c) narrative Anteile, in denen die Kinder das Spiel erzählerisch weiterentwickeln (ab etwa vier Jahren).

Studien aus dem deutschen Sprachraum liegen hierzu z.B. mit Auwärter/Kirsch (1982), Auwärter (1983), Andresen (2002) und Bose (2003) vor, aus dem englischsprachigen Raum z.B. mit Giffin (1984), Andersen (1990) und Cook-Gumperz (1991).

Andere Spielformen sowie andere Formen der Kommunikation unter Kindern sind gegenüber dem Rollenspiel deutlich weniger thematisiert worden; vgl. aber z.B. Kraft/Meng (2007) und Glaznieks/Komor (2009) zum Streit unter Gleichaltrigen sowie die Langzeitstudie von Komor (demn.) zur Kommunikation unter Gleichaltrigen im Alter von 5 bis 8 Jahren.

2.3 Erzählen

Was den Bereich der Aneignung größerer diskursiver Einheiten betrifft, so konzentriert sich das Forschungsinteresse auf die Aneignung von Erzählfähigkeiten.[8] Beim alltäglichen Erzählen werden erlebte oder vorgestellte Ereignisse für einen oder mehrere Zuhörer sprachlich gefasst. Dabei hat die Erzählung i.d.R. einen Relevanzpunkt. Die Zuhörer sollen das Erzählte nachvollziehen und die Bewertung des Erzählers teilen können; sie beteiligen sich an der Erzählung durch Rückmeldungen und Nachfragen.

Erste Erzählversuche (im weitesten Sinne) unternehmen Kinder ab etwa zweieinhalb Jahren. Es handelt sich anfangs um die weitgehend unverbundene Aneinanderreihung einfacher Mitteilungen, die sich auf vergangene Ereignisse oder bekannte Handlungsabläufe beziehen. Das kindliche Erzählen wird bis zum Alter von etwa fünf Jahren stark durch den erwachsenen Gesprächspartner unterstützt – z.B. durch die Nachfragen oder Ergänzungen an unvollständig erscheinenden Stellen im Erzählverlauf (s. z.B. Hoffmann 1984, Kuczaj/McClain 1984, Meng 1991, Ninio/Snow 1996, Andresen 2005). Im Alter von etwa sechs Jahren beginnen sich die Erzählkompetenzen merklich zu verändern: So wird beispielsweise die Ereignisdarstellung komplexer, die Hörerorientierung verbessert sich und die sprachlichen Mittel werden vielfältiger. Mit ca. neun Jahren, gegen Ende der Grundschulzeit, verfügen Kinder über ein relativ gutes Diskursartenwissen und die sprachliche Flexibilität, um Erzählungen auch stilistisch (z.B. durch direkte

[8] Es liegen kaum Studien vor, die sich systematisch mit der Aneignung von Fähigkeiten des mündlichen Beschreibens oder Berichtens beschäftigen – anders dagegen im Bereich der entsprechenden schriftlichen Formen, wo eine Reihe von interessanten Untersuchungen durchgeführt wurden (s. z.B. Augst et al. 2007).

Rede) auszugestalten – die Erzählfähigkeiten verändern sich aber durch schulische Einflüsse und vermehrte Leseerfahrungen bis ins Jugendlichen- und Erwachsenenalter hinein.

Viele Untersuchungen zur Aneignung von Erzählfähigkeiten stützen sich auf experimentell erhobene Daten. Typischerweise werden die Kinder gebeten, anhand einer Bilderfolge zu „erzählen" (z.B. Bamberg 1987, Berman/Slobin 1994, Boueke et al. 1995, Elling 1987, Schmidlin 1999). Oft haben die sprachlichen Äußerungen daher eher den Charakter von (Bild-) Beschreibungen. Zum Erzählen in ungestellten Kommunikationssituationen liegen demgegenüber nur wenige Daten vor (z.B. Hoffmann 1984, Kuzcaj/McClain 1984, Preece 1987). Dass Kinder in unterschiedlichen Situationen ganz unterschiedliche Leistungen zeigen können (und die Leistungen bei spontansprachlichen Äußerungen oft höher sind als in experimentellen Settings), bezeichnet Karmiloff-Smith als „experimentelles Dilemma":

> „Why is it that over-5 year olds seem to have a wide repertoire of linguistic procedures but are inconsistent in their use of them in experimental tasks, whereas in spontaneous speech they seem to cope with language well?" (Karmiloff-Smith 1986, S. 460)

Interessant ist in diesem Zusammenhang aber auch die Beobachtung von Hausendorf/Quasthoff (1996), dass die untersuchten Kinder in einer formelleren Situation, in der die Gesprächspartner „Zugzwänge" zu einer detaillierten Darstellungsweise etablierten, ihre erzählerischen Fähigkeiten deutlich besser ausschöpfen konnten als in einer weniger formellen Situation. Die Art und Weise der Erhebung ist bei der Untersuchung von Erzählfähigkeiten also mit zu berücksichtigen.

Die erfolgreiche Aneignung diskursiver Fähigkeiten ist auch und gerade mit Blick auf den Umgang mit kommunikativen Anforderungen in der Schule von Bedeutung. Dies gilt nicht nur für die Verfahren des institutionell geregelten Sprecherwechsels, die spätestens mit Eintritt in die Schule gelernt werden müssen (und deren Nicht-Einhaltung für Schüler durchaus negative Folgen haben kann), sondern auch und vor allem für schulisch relevante Diskursarten, zu denen etwa das Beschreiben, das Berichten, das Argumentieren, das Erörtern gehören. Hierzu liegen bislang kaum Untersuchungen vor – und hier liegt, auch mit Blick auf Möglichkeiten der Sprachdiagnostik und der Sprachförderung, m.E. eines der wichtigsten Forschungsdesiderate im Bereich der Sprachaneignung.

3 Diskursive Anforderungen in der Grundschule

In den Bildungsplänen der Länder werden für die Grundschule eine Reihe von Anforderungen formuliert, die unter dem Stichwort „diskursive Anforderungen“ zusammengefasst werden könnten. So finden sich etwa im Hamburger Rahmenplan Deutsch [9] für die ersten bis vierten Klassen unter anderem:

- spontanes Erzählen im Erzählkreis,
- Erzählen nach sprachlichen und nicht-sprachlichen Vorgaben,
- persönliche Gespräche,
- sachbezogene Gespräche: Informationen mündlich weitergeben, erfragen, nachfragen; Beschreiben von Beobachtungen, Gegenständen, Personen.

Im Folgenden möchte ich zum Themenbereich „sachbezogene Gespräche – Beschreiben“ einen kleinen Ausschnitt aus einem Unterrichtsdiskurs am Ende der 1. Klasse vorstellen. Es soll exemplarisch gezeigt werden, welche (kommunikativen) Anforderungen im Einzelnen gestellt werden und wie Lehrer und Schüler im Unterricht diskursiv verfahren. Zunächst aber eine kurze Bestimmung des ‚Beschreibens‘ aus linguistischer Sicht.

3.1 ‚Beschreiben‘ aus linguistischer Sicht

Bei der Beschreibung handelt es sich um eine Text- bzw. Diskursart, die sowohl in alltäglichen (nicht-institutionellen) als auch in institutionellen Zusammenhängen relevant ist.[10] Zweck der Beschreibung ist es, einen Sachverhalt (d. h. zum Beispiel einen Gegenstand, einen Ort, einen Weg, ein Lebewesen, Krankheitssymptome) in seinen äußeren Dimensionen mündlich oder schriftlich so zu präsentieren, dass der Hörer/Leser eine Orientierung bezüglich dieses Sachverhalts – etwa bezüglich seiner Gestalt und Situierung – erhält. Dabei ist die Beschreibung häufig in andere Text- oder Diskursarten, z.B. in Erzählungen, Gebrauchsanweisungen, wissenschaftliche Fachtexte, eingebettet. Oft enthalten Beschreibungen erklärende Elemente, nämlich dann, wenn über den äußeren Aspekt hinaus auch die Funktionsweise der beschriebenen (Teil-)Sachverhalte angesprochen wird (etwa bei Gebrauchsanweisungen) (vgl. Zifonun/Hoffmann/Strecker 1997, S. 130 ff.).

---

[9] Es handelt sich zwar um Zitate aus dem Rahmenplan Deutsch; dort wird jedoch immer wieder auf den engen Bezug zu den anderen Fächern hingewiesen, in denen die Anforderungen ebenfalls relevant sind.

[10] Ein Beispiel für eine alltägliche Beschreibung wäre die Wegauskunft, ein Beispiel für eine institutionelle Beschreibung wäre die Beschreibung von Krankheitssymptomen durch einen Arzt in einem Arztbrief.

Typischerweise sind Beschreibungen Verkettungen von Sprechhandlungen eines Sprechers/Verfassers, die an einen oder mehrere Hörer/Leser gerichtet sind. Der Grad der Komplexität der Beschreibung, also ihre Detailliertheit, Genauigkeit, Vollständigkeit, bestimmt sich

- „vom übergeordneten Zweck her [...],
- vom Adressaten, seinem Vorwissen und antizipierbaren Interessen her [...],
- von Objekteigenschaften her [...].“
  (Zifonun/Hoffmann/Strecker 1997, S. 131).

Der Sachverhalt kann entweder anhand eines Modells (z. B. anhand eines Gegenstands oder einer Skizze) präsentiert werden, oder aber er wird mit sprachlichen Mitteln im Vorstellungsraum des Hörers/Lesers rekonstruiert (s. Rehbein 1984, S. 77). Letzteres gilt in der Kommunikation unter Erwachsenen als der typische Fall. Insbesondere für fachwissenschaftliche Beschreibungen ist die Einführung und Verwendung von Fachtermini kennzeichnend.

3.2 Mündliche Beschreibungen in der Schule

Beschreibungen sind von Beginn an fester Bestandteil des schulischen Unterrichts. Sie dienen zum einen der (Überprüfung der) Aneignung beispielsweise naturwissenschaftlicher, mathematischer und künstlerischer Sachverhalte/Inhalte. (So kann anhand der Beschreibung einer Elster überprüft werden, wie viel Wissen sich das Kind über dieses Tier angeeignet hat. Anhand der Beschreibung eines Quadrats kann festgestellt werden, ob das Kind den Unterschied zum Rechteck verstanden hat). Zum anderen geht es um die Aneignung der Text- bzw. Diskursart *Beschreibung* selbst: Die Schülerinnen und Schüler sollen kompetente Beschreibende werden, ebenso wie sie kompetente Erzähler oder Berichtende werden sollen. Im Anfangsunterricht spielt vor allem das mündliche Beschreiben eine wichtige Rolle. Schriftliche Beschreibungen kommen zwar vor, die Eigenschaften der Textart werden aber noch nicht systematisch vermittelt (Zum schriftlichen Beschreiben s. die Langzeitstudie von Augst et al. 2007).

Die mündliche Beschreibung wird bereits in der ersten Klasse in unterschiedlichen Fächern eingeübt: In den Daten, die im Rahmen der genannten Schulstudie erhoben wurden, finden sich Beschreibungen von Lebewesen (Zootiere, Singvögel), von geometrischen Formen, von Gegenständen i.w.S. (z. B. *Spiegel, Scheitel, Taubenschlag, Pomade*), von selbst gemalten Bildern, von Situationen (Straßenverkehr) sowie Lagebeschreibungen.

Mündliche Beschreibungen im schulischen Diskurs kommen häufig eingebettet in das übergeordnete Muster des Aufgabe-Stellens/Aufgabe-Lösens vor; die Beschreibung ist dann Teil des schülerseitigen Lösungsversuchs. Aber auch in Situationen, in denen die Kinder ihre eigene Meinung oder Erfahrung anbringen sollen (z.B. Beschreibung der Eigenschaften eines Bildes, das ihnen besonders gut gefällt, Beschreibung eines Vogels, den sie gesehen haben), sind mündliche Beschreibungen zu beobachten. Hier ist das Beschreiben i.d.R. wiederum in ein übergeordnetes Muster (z.B. Begründen) oder in eine übergeordnete Diskursart (z.B. Erzählung) eingebettet. Das mündliche Beschreiben stellt eine sprachliche Anforderung dar, die viele Kinder am Ende der ersten Klasse – zumindest in der im Unterricht geforderten Form – noch nicht problemlos bewältigen. Dies soll im Folgenden am Beispiel des Versuchs einer *Lagebeschreibung* gezeigt werden.

Lagebeschreibungen kommen zum Beispiel in Unterrichtseinheiten vor, in denen das räumliche Orientierungsvermögen der Kinder gefördert werden soll:

> „Im Sachunterricht eröffnen die Lehrerinnen und Lehrer den Kindern Möglichkeiten, ihr räumliches Orientierungsvermögen zu erweitern. Sie stellen Lernsituationen bereit, in denen die Kinder Beschaffenheit und Funktionsweise unterschiedlicher Räume in der näheren Umgebung erkunden und ihr räumliches Abstraktionsvermögen durch die Arbeit mit verschiedenen Darstellungsformen räumlicher Gegebenheiten (Skizzen, Karten, Beschreibungen) entwickeln können. Die Kinder Lernen, eigene Skizzen und Pläne zu erstellen und diese wie auch andere vorhandene Pläne und Karten zu nutzen." (Rahmenplan Hamburg, Sachunterricht Grundschule, S. 8)

Bei schulischen Lagebeschreibungen steht der didaktische Zweck des Einübens von raumbezogenen Beschreibungsfähigkeiten gegenüber dem Zweck der Aneignung oder Überprüfung von Fachwissen klar im Vordergrund. Die Schüler/innen lernen, ein bestimmtes Objekt zu identifizieren und zu benennen und anschließend die Position des Objekts sprachlich – ohne unterstützendes gestisches Zeigen – so zu beschreiben, dass andere sie nachvollziehen können. Die Hörerorientierung spielt also eine wichtige Rolle.

Der folgende Transkriptausschnitt[11] zeigt den Versuch der Erstklässlerin ELI, die Lage der Bäckerei auf dem Bild „Verkehrsunterricht" (aus Reichen 2002) zu beschreiben.

---

[11] Es handelt sich um einen Ausschnitt aus einem längeren, unveröffentlichten Transkript, das aus Platzgründen hier nicht vollständig wiedergegeben werden kann. Das Transkript wurde nach dem HIAT-Verfahren (HIAT = halbinterpretative Arbeitstranskription) von Ehlich/Rehbein (1976/1979) erstellt.

Zur Einordnung des im Folgenden abgedruckten Diskurses: Die Schüler/innen haben die Doppelseite mit dem Bild „Verkehrsunterricht" vor sich liegen (s. Anhang). Die Aufgabenstellung des Lehrers (L) zu Beginn der Arbeitsphase erfolgte mittels einer zweiteiligen Lehrerfrage[12]: „Was gibt es auf dem Bild für Geschäfte? Und wo sind sie?" Zwei Schüler haben daraufhin die Lage des Tabakladens und des Blumengeschäfts beschrieben. Der Lehrer ruft nun die Schülerin ELI auf (ob diese sich zuvor gemeldet hatte, ist in der Videoaufzeichnung nicht zu sehen).

L:	Lehrer
ELI:	Schülerin, Deutsch als Muttersprache, Alter 6;8
BJA:	Schüler, Deutsch als Muttersprache, Alter 6;11
Sn:	mehrere Schüler/innen

Die Sequenz „Bäckerei" beginnt damit, dass der Lehrer die Schülerin ELI aufruft und ihr die Lehrerfrage stellt: „ELI, was siehst du noch für Geschäfte?" (Fl. 69). Er wiederholt damit den ersten Teil der zu Beginn der Arbeitsphase formulierten Aufgabenstellung. ELI beantwortet diese Frage mit der Benennung eines von ihr identifizierten Geschäfts: „(Ich seh) noch en Bäcker." (Fl. 69/70). Es schließt sich – wiederum analog zur Eingangsfrage – eine Lehrerfrage an, die auf die Lagebeschreibung der Bäckerei durch ELI abzielt: „Wo ist der Bäcker?" (Fl. 70). Die Beschreibungsaufgabe ist weitaus komplexer als die Benennung des Objekts und bereitet ELI durchaus Schwierigkeiten. Sie äußert zunächst zwei Planungsexothesen („ähm ähm"; Fl. 70), die anzeigen, dass sie Zeit zum Nachdenken benötigt. Es folgt eine mehrsekündige Pause. Um die Lösungsfindung zu beschleunigen, gibt L eine Hilfestellung: „Linke Seite oder rechte Seite?" (Fl. 70). Mit dieser Alternative steuert L die Schülerin in Richtung einer Verortung des Objekts „Bäckerei" auf einer der beiden aufgeschlagenen Seiten des Arbeitsbuches. Nach kurzem Überlegen bietet ELI zunächst folgende Lösung an: „Auf der rechten Seite." (Fl. 71). Die Rückmeldung des Lehrers, ein gedehntes „hmhm" (Fl. 71) zeigt, dass er mit dieser Lösung nicht vollständig einverstanden ist. ELI ergänzt daraufhin ihren Beschreibungsversuch: „In der Mitte so." (Fl. 71). Um sich zu vergewissern, dass er ELI richtig verstanden hat, stellt L eine Rückfrage. Er räumt die Zweideutigkeit

[12] Die ‚Lehrerfrage' ist eine für die Zwecke des Unterrichtsdiskurses funktionalisierte Frage (s. Ehlich 1981, Ehlich/Rehbein 1986). Anders als bei der echten Frage hat der Fragende keine Wissenslücke, die er durch die Antwort des Gegenüber zu füllen hofft. Vielmehr ist die Lehrerfrage ein für den Unterrichtsdiskurs typisches Mittel, um bei den Schüler/innen Denkprozesse in Gang zu bringen bzw. in eine der Lösungsfindung hilfreiche Richtung zu lenken.

[69]

L [v]	nicht sein. ELI, was siehst du noch für Geschäfte?
ELI [v]	(Ich seh) noch en
ELI [nv]	*meldet sich?*

[70]

L [v]	Wo ist der Bäcker? Linke Seite oder rechte Seite?
ELI [v]	Bäcker. Ähm ähm ((4s))

[71]

L [pv]	*gedehnt*
L [v]	Hmhḿ̗. Und ähm/ Rechte/ Auf
ELI [v]	Hm̄ auf der rechten Seite. In der Mitte so.

[72]

L [pv]	*gedehnt*
L [v]	dem rechten Blatt meinst du? Hmhḿ. Was sagst du? BJA, siehst du
ELI [v]	Ja.
BJA [nv]	*meldet sich*

[73]

L [v]	den Bäcker auch? Warte (doch)
ELI [pv]	*rufend*
ELI [v]	(Ach ja. Nee, auf em linken.)
BJA [pv]	*verneinend*
BJA [v]	(Hnhn. Ich hab/ Ich haben/)

[74]

L [v]	mal! Ja. ELI nochmal.
L [nv]	*zu BJA*
ELI [v]	(Auf em linken.) Auf dem
BJA [v]	Ich hab en anderes Geschäft gefunden.

[75]

L [v]	(Auf dem) linken Blatt. Genau. Auf welcher/ In
ELI [v]	linken Blatt. In der Ecke.

[76]

L [v]	welcher Ecke denn auf dem linken Blatt? Ja,
ELI [v]	Oben. Oben rechts.

[77]

L [v]	schwierig, ne? Auf dem linken Blatt oben rechts. Klingt sehr merkwürdig,

[78]

L [v]	aber es stimmt genau. Hast du den Bäcker gefunden?
Sn [v]	Jaa!
Sn [nv]	*mehrere Kinder gleichzeitig*

des Ausdrucks „Seite“[13] aus, indem er ihn durch den Ausdruck „Blatt“ ersetzt: „Auf dem rechten Blatt meinst du?“ (Fl. 71/72). ELI bejaht dies, und damit ist ihre Antwort falsch (Das Geschäft befindet sich auf dem linken Blatt in der rechten oberen Ecke). Der Lehrer bewertet die Antwort wie bereits zuvor mit einem gedehnten „hmhm“ (Fl. 72) und will die Lösungsfindung an ein anderes Kind, BJA, delegieren („Was sagst du? BJA, siehst du den Bäcker auch?“; Fl. 72/73). BJA jedoch hat sich gemeldet, um ein neues Geschäft zu benennen und nicht, um zur Lagebeschreibung der Bäckerei beizutragen. L gibt daraufhin das Rederecht wieder an ELI („ELI nochmal.“; Fl. 74), die einen neuen Lösungsversuch unternimmt: „Auf dem linken Blatt. In der Ecke.“ (Fl. 74/75). Diese Lagebeschreibung bewertet der Lehrer als richtig („Linken Blatt. Genau.“; Fl. 75). Er fordert dann eine noch genauere Beschreibung an („In welcher Ecke denn auf dem linken Blatt?“; Fl. 75/76), die ELI richtig liefert („Oben. Oben rechts.“; Fl. 76). L bewertet die Aufgabenlösung als richtig und wiederholt die komplette Beschreibung: „Auf dem linken Blatt oben rechts.“ (Fl. 77).

Die Anforderung an die Schüler/innen bei der Lösung der Aufgabe „Lagebeschreibung“ besteht also zunächst darin, ein Objekt (hier: ein Geschäft) zu identifizieren, das noch nicht von einem anderen Schüler erwähnt wurde. Dieses Objekt muss in einem nächsten Schritt richtig benannt werden. (So wird an späterer Stelle im Diskurs der Beitrag einer Schülerin, die die Bäckerei als „Brotgeschäft“ bezeichnet, sofort einer lehrerinitiierten Reparatur unterzogen: „Wie nennst du normalerweise ein Brotgeschäft?“) An die Benennungsaufgabe schließt sich die Aufgabe der Lagebeschreibung an. Die Aufgabe des rein sprachlichen, nicht durch Zeigen auf die Bildvorlage unterstützten Beschreibens bereitet vielen Kindern am Ende der ersten Klasse noch Schwierigkeiten. Damit der Lehrer und die Mitschüler die Position des ausgewählten Geschäfts nachvollziehen können, muss die Beschreibung entweder (a) in Relation zu einem zuvor bereits lokalisierten Objekt erfolgen oder (b) eine genaue Verortung im Verweisraum, hier also auf den beiden Buchseiten, enthalten. Auch (c) eine Verbindung dieser beiden Beschreibungsarten ist möglich.

[13] d.h. „Seite“ entweder im Sinne von „Blatt“/„Buchseite“ oder im Sinne von „(linker/rechter) Rand“.

Beispiele:[14]

(a) Beschreibung in Relation zu einem bereits lokalisierten Objekt
- „ähm rechts neben dem ‚Zeitungen, Tabak, Bürobedarf' " (Fl. 111)

(b) Orientierung im Verweisraum
- „Hm auf der rechten Seite. In der Mitte so." (Fl. 71)
- „Auf dem linken Blatt. In der Ecke." (Fl. 74/75)
- „Oben. Oben rechts." (Fl. 76)

(c) Verbindung von (a) und (b)
- „Ganz hinten [...] neben dem Fahrradfahrer, der gerade links abbiegen will." (Fl. 89/90)
- „Ähm das [Fahrradgeschäft] ist (am) linken Blatt, oben . rechts (da neben ei/) neben der Bäckerei." (Fl. 121/122)
- „links neben dem Blumenladen, ein bisschen weiter nach vorne." (Fl. 139/140)

Insbesondere Beschreibungen, die sich auf die Position des Objekts im Verweisraum beziehen (b), gelingen nur mit Hilfestellung des Lehrers (s. obigen Ausschnitt „Lagebeschreibung Bäckerei").

Während die Angaben *oben, unten, in der Mitte, in der Ecke* keine Schwierigkeiten bereiten, gelingt die Unterscheidung von *rechts* und *links* noch nicht immer zuverlässig. Manchmal wird deshalb auf das gestische Zeigen im gemeinsamen Wahrnehmungsraum in Verbindung mit deiktischen Prozeduren zurückgegriffen, wie der folgende Ausschnitt, ebenfalls aus der Unterrichtseinheit „Verkehrsunterricht", zeigt:

L: Lehrer
JON: Schüler, Deutsch als Muttersprache, Alter: 6;10

L: Wo siehst du das Schuhgeschäft?	
	JON: „Ganz hinten [...] neben dem Fahrradfahrer, der gerade links abbiegen will. Oder rechts." S?: Rechts.
L: Links oder rechts?	

[14] Alle Beispiele sind dem Gesamt-Transkript „Verkehrsunterricht", das hier nur ausschnittsweise wiedergegeben ist, entnommen.

	JON: Rech/ Ich glaub mal links. S?: Ich seh nix. JON: Ganz hinten hinter rechts
L: Also, das ist ja ganz oben, ja? Da können wir uns einigen. Ganz oben, rechtes oder linkes Blatt?	
	JON: ((2s)) Hm: Das da. ((*deutet auf die Zeichnung, die L den SchülerInnen zugewandt hält*)) Das an der Seite. Nein, das andere . . . Ja.
L: Also rechtes oder linkes Blatt?	
	JON: Ich glaube mal links.
L: Glaubst du's oder weißt du's?	
	JON: ((*zieht die Schultern nach oben*)) Ich weiß es nicht genau.

3.3 Lehrerseitige Unterstützung bei Lagebeschreibungen

Für den Lehrer steht die Vermittlung der Fähigkeit zur abstrakten Lagebeschreibung unabhängig von anderen Objekten – also Lagebeschreibungen vom Typ (b) – im Vordergrund. Dies zeigt sich an der Art der lehrerseitigen Unterstützungsangebote, die eine Positionsbeschreibung anhand der Koordinaten *oben/unten, rechts/links, in der Mitte, in der Ecke* – jeweils bezogen auf die zweiseitige Bildvorlage – befördern:

(1) Ist es [das Geschäft] eher oben oder eher unten, eher links oder eher rechts, in der Mitte vielleicht?
(2) Wo ist der Bäcker? Linke Seite oder rechte Seite?
(3) Auf welcher Ecke denn auf dem linken Blatt?
(4) Links oder rechts?
(5) Also, das ist ja ganz oben, ja? Da können wir uns drauf einigen. Ganz oben, rechtes oder linkes Blatt?

Hingegen finden sich keine Hilfen, die Lagebeschreibungen vom Typ (a) hervorrufen (etwa: „Neben welchem Geschäft ist denn die Bäckerei?" – „Neben dem Fahrradladen."). Dass die *abstrakte Beschreibungsfähigkeit* bevorzugt gefördert wird, hängt wohl damit zusammen, dass eine von anderen Objekten unabhängige

Beschreibung die Hörerorientierung zuverlässiger zu leisten vermag als eine, die die Bekanntheit der Position einer weiteren Größe (im obigen konstruierten Beispiel also die Position des Fahrradladens) voraussetzt.

Zusammenfassend lässt sich sagen, dass die Benennung des zu beschreibenden Objekts sowie die Beschreibung seiner im weitesten Sinn äußeren Qualitäten zu den zentralen sprachlichen Anforderungen in Bezug auf das mündliche Beschreiben im Unterricht der ersten Klasse gehören.[15] Dabei steht die Vermittlung von Beschreibungsfähigkeiten im Vordergrund.

Da das Beschreiben im Unterricht häufig in das Handlungsmuster Aufgabe-Stellen/Aufgabe-Lösen eingebunden ist, sind daran in der Regel mehrere Sprecher/innen beteiligt: der mit der Beschreibungsaufgabe betraute Schüler, der Lehrer sowie ggf. weitere Schüler. Dabei unterstützt der Lehrer die sprachlichen Handlungen der Schüler durch Nach- und Alternativfragen, Zusammenfassungen und Wortschatzhilfen.[16]

Während im Alltag unter kompetenten Sprechern die Beschreibung typischerweise in Abwesenheit des zu Beschreibenden stattfindet, wird in der Schule (und in anderen der Wissensvermittlung dienenden Zusammenhängen) oft anhand von Modellen, Bildvorlagen oder Skizzen beschrieben. Die Inhalte und die Art und Weise (z. B. Komplexität) der Beschreibung sind nicht an den antizipierten Interessen und Kenntnisständen der Hörer orientiert, sondern abhängig vom Wissen und von den sprachlichen Fähigkeiten der beschreibenden Schülerinnen und Schüler.

3.4 Ausblick: Schriftliche Beschreibungen

Anders als mündliche Beschreibungen werden schriftliche Beschreibungen in der ersten Klasse noch nicht explizit angefordert. Im Anfangsunterricht steht die Erstellung von Texten *an sich* im Mittelpunkt: Ziel ist es, eine Kultur des Schreibens zu etablieren – es geht noch nicht darum, *spezifische* Textarten (Erzählung, Bericht, Beschreibung, Brief, Gedicht) zu produzieren. Während mündliche Beschreibungen im Unterricht der ersten Klasse in unterschiedlichen Fächern und in unterschiedlicher Ausprägung von den Kindern gefordert werden, tritt die schriftliche Beschreibung eher als „Nebenprodukt" bei der Aneignung von Schreibfertigkeiten auf und wird noch nicht explizit als Textart vermittelt. Es

[15] Bei anderen Arten der mündlichen Beschreibung (z.B. Tierbeschreibung) ist häufig eine Integration erklärender Anteile bzw. ein Übergang zum Erklären zu beobachten.

[16] Letzteres insbesondere bei Beschreibungen, die spezifisches Vokabular erfordern (wie z.B. ‚Hufe' oder ‚Gefieder' bei Tierbeschreibungen).

können im Folgenden also nur Beispiele für Beschreibungen aufgeführt werden, die bei der Bearbeitung einer Schreibaufgabe mehr oder weniger zufällig zustande gekommen sind. Als Grundlage für Schreibaufgaben dienen meist bildhafte Vorlagen. Dabei kann es sich um von den Kindern selbst angefertigte Bilder oder Bastelarbeiten handeln, um Zeichnungen in Lehrbüchern, um Bildimpulse aus Kinderbüchern, um Kunstwerke usw.

Bei Schreibaufgaben können von den Lehrern unterschiedliche Schwerpunkte gesetzt werden: es kann das Verschriften von zuvor bereits mündlich Besprochenem im Vordergrund stehen (Beispiel: Situationen auf einer Bildvorlage schriftlich festhalten) oder aber das mehr oder weniger freie Schreiben ohne genaue Vorgaben. Im Fall des Verschriftens verfassen die Kinder eine Reihe von voneinander unabhängigen Sätzen, die überwiegend den Charakter von Beschreibungen haben. Die Arbeitsanweisungen sind meist offen formuliert und zielen lediglich auf das Produzieren von Schriftlichem ab („Schreibe bitte mindestens zwei Sätze zu diesem Bild.").

Ein deutlicher Unterschied zwischen besseren und schwächeren Schülern ist sicherlich bei der Orthographie, im Schriftbild und bei der Menge der produzierten Sätze auszumachen,[17] nicht aber in der Komplexität der schriftlichen Erzeugnisse, wie die folgenden Beispiele zeigen:

(B1) NEL (7;2)

Lara lernt, wie es im Straßenverkehr zugeht.
Zwei Kinder fahren Roller.
Sonja fährt über Rot.
Ein Junge telefoniert.
Eine Katze guckt aus dem Fenster.
Viele Menschen fahren Auto.

(B2) FRA (7;8)

Lara ist mit einem Polizisten unterwegs.
Kinder rollern auf der Straße.
Hunde sind auch da.
Jemand telefoniert.
Ein schwarzer Hund ist da.

---

[17] Die unter (B1) bis (B5) wiedergegebenen Texte wurden von den Kindern im Unterricht geschrieben und anschließend vorgelesen; uns liegen nicht die Schriftprodukte vor, sondern lediglich die Videoaufnahmen vom anschließenden Vorlesen.

(B3) JOC (7;0)
Ein Hund hat eine Jacke an.
Ein Junge kauft ein.

(B4) JAN (7;11)
Sonja läuft über die Straße.

(B5) MIC (7;4)
Ein Junge guckt aus dem Fenster raus.

Alle Schüler/innen formulieren ähnliche Sätze. Sprachlich stärkere Schüler wie NEL und FRA produzieren im gleichen Zeitraum zwar mehr, nicht aber komplexere Sätze als sprachlich eher als schwächer einzustufende Schüler wie JOC, JAN und MIC. Auch wenn es hier sicherlich nicht primär um die Aneignung der Textart Beschreibung geht,[18] so haben die Schreibprodukte doch ganz überwiegend beschreibenden Charakter. Kein Kind hat den Versuch gemacht, zu der Bildvorlage eine Geschichte zu verfassen.

Hingegen ist die Bandbreite der produzierten Texte und Textarten beim freien Schreiben viel größer. Die Aufgabenstellung des Lehrers lautet dann zum Beispiel, zu einem Bild eine Geschichte zu schreiben oder zu schreiben, „was dir dazu einfällt". Die tatsächlich von den Schülern erstellten Texte reichen je nach individuellem Lernstand von einzelnen Wörtern über Bildbeschreibungen bis hin zu kurzen oder längeren Texten, die Erzählcharakter haben. Beschreibungen sind dabei eher bei schwächeren Schüler/innen zu beobachten, die noch nicht in der Lage sind, eine selbst ausgedachte Geschichte schriftlich festzuhalten. Hier ist die Beschreibung also eine Vorstufe zur eigentlich erwünschten Textart Erzählung.[19]

Literatur

Andersen, Elaine S. (1990): Speaking with style: The sociolinguistic skills of children. London: Routledge.

[18] Im didaktischen Kommentar zu dem Lehrwerk, aus dem die Bildvorlage entnommen ist, wird als verpflichtend „das Aufschreiben bzw. Verschriften passender Wörter/Sätze" vorgegeben: „Dieses Verschriften von Wörtern/Texten in das Lern-Bilderbuch steht als Kern von „Lesen durch Schreiben A2k" im Zentrum der Unterrichtsarbeit. Es erfolgt individuell, bei schwachen bzw. unsicheren Kindern sowie am Anfang des Schuljahrs, wenn möglich in direkter Begleitung und Unterstützung durch die Lehrerin." (Informationsbroschüre zu „Lara und ihre Freunde")

[19] Dass eine Erzählung die erwünschte Textart ist, lässt sich aus dem Lob der Lehrer/innen für besonders gelungene Geschichten (mit Überschrift, Einleitung, Höhepunkt, Schluss) schließen.

Andresen, Helga (2002): Interaktion, Sprache und Spiel. Zur Funktion des Rollenspiels für die Sprachentwicklung im Vorschulalter. Tübingen: Narr.

Andresen, Helga (2005): Vom Sprechen zum Schreiben. Sprachentwicklung zwischen dem vierten und siebten Lebensjahr. Stuttgart: Klett-Cotta.

Augst, Gerhard et al. (2007): Text-Sorten-Kompetenz. Eine echte Longitudinalstudie zur Entwicklung der Textkompetenz im Grundschulalter. Frankfurt/Main: Lang.

Auwärter, Manfred (1983): Kontextualisierungsprozesse für Äußerungen bei Kindern unterschiedlicher Entwicklungsstufen. In: Boueke, D./Klein, W. (Hgg.): Untersuchungen zur Dialogfähigkeit von Kindern. Tübingen: Narr, S. 75-95.

Auwärter, Manfred/Kirsch, Edit (1982): Die Generierung fiktionaler Realität im kindlichen Handpuppenspiel. In: Soeffner, H.-G. (Hg.): Beiträge zu einer empirischen Sprachsoziologie. Tübingen: Narr, S. 91-114.

Bamberg, Michael (1987): The acquisition of narratives. Learning to use language. Berlin: de Gruyter.

Bateson, Mary C. (1979): ‚The epigenesis of conversational interaction': A personal account of research development. In: Bullowa, Margaret (ed.): Before speech. The beginning of interpersonal communication. London: CUP, S. 63-77.

Berger, J./Cunningham, C.C. (1983): Development of early vocal behaviors and interactions in Down Syndrome an nonhandicapped infant-mother pairs. In: Developmental Psychology 19, S. 322-331.

Berman, Ruth/Slobin, Dan I. (1994): Relating events in narrative: A crosslinguistic developmental study. llsdale, NJ: Erlbaum.

Birmele, Karin et al. (2007): Sprachliche Kooperation im kindlichen Requisitenspiel. In: Redder, Angelika (Hg.): Texte und Diskurse. Festschrift für Konrad Ehlich zum 65. Geburtstag. Tübingen: Stauffenburg, S. 459-472.

Bose, Ines (2003): Dóch da sín ja' nur mûster // Kindlicher Sprechausdruck im sozialen Rollenspiel. Frankfurt a. M.: Lang.

Boueke, Dietrich et al. (1995): Wie Kinder erzählen. Untersuchungen zur Erzähltheorie und zur Entwicklung narrativer Fähigkeiten. München: Fink.

Cook-Gumperz, Jenny (1991): Geschlechtytypisches Sprechen und geschlechtstypische Lebensformen: „Kleine Mädchen spielen Frauen". In: Günther, Susanne/Kotthoff, Helga (Hgg.): Von fremden Stimmen. Weibliches und männliches Sprechen im Kulturvergleich. Frankfurt am Main: Suhrkamp, S. 309-332.

Ehlich, Konrad (1981): Schulischer Diskurs als Dialog? In: Peter Schröder/Hugo Steger (Hgg.): Dialogforschung. Düsseldorf: Schwann, S. 334-369.

Ehlich, Konrad (1996): Sprechhandlungsanalyse. In: Hoffmann, Ludger (Hg.): Sprachwissenschaft. Ein Reader. Berlin, New York: de Gruyter, S. 211-226.

Ehlich, Konrad (2005): Sprachaneignung und deren Feststellung bei Kindern mit und ohne Migrationshintergrund: Was man weiß, was man braucht, was man erwarten kann. In: ders. (Hg.): Anforderungen an Verfahren der regelmäßigen Sprachstandsfeststellung als Grundlage für die frühe und individuelle Sprachförderung von Kindern mit und ohne Migrationshintergrund. Eine Expertise für das Bundesministerium für Bildung und Forschung, Bonn/Berlin: BMBF, S. 11-75.

Ehlich, Konrad/Bredel, Ursula/Reich, Hans H. (Hgg.) (2008a): Referenzrahmen zur altersspezifischen Sprachaneignung. BMBF-Reihe Bildungsforschung, Bd. 29/I. Berlin: BMBF.

Ehlich, Konrad/Bredel, Ursula/Reich, Hans H. (Hgg.) (2008b): Referenzrahmen zur altersspezifischen Sprachaneignung – Forschungsgrundlagen. BMBF-Reihe Bildungsforschung, Bd. 29/II. Berlin: BMBF.

Ehlich, Konrad/Rehbein, Jochen (1976): Halbinterpretative Arbeitstranskriptionen (HIAT). In: Linguistische Berichte 45, S. 21-41.

Ehlich, Konrad/Rehbein, Jochen (1979): Erweiterte Halbinterpretative Arbeitstranskriptionen (HIAT 2): Intonation. In: Linguistische Berichte 59, S. 51-75.

Ehlich, Konrad/Rehbein, Jochen (1986): Muster und Institution. Untersuchungen zur schulischen Kommunikation. Tübingen: Narr.

Elling, Elmar (1987): Aspekte kindlichen Erzählens. Münster: MAkS.

Freie und Hansestadt Hamburg, Behörde für Bildung und Sport (2003): Bildungsplan Grundschule – Rahmenplan Sachunterricht. Hamburg: Behörde für Bildung und Sport.

Garvey, Catherine (1984): Children's Talk. Cambridge: Harvard University Press.

Giffin, Holly (1984): The coordination of meaning in the creation of a shared make-believe reality. In: Bretherton, Inge (Hg.): Symbolic play. The development of social understanding. Orlando: Academic Press, S. 73-100.

Glaznieks, Aivars/Komor, Anna (2009): Talking in and about conflicts: How children display knowledge about discourse structure. In: Zlatev, Jordan et al. (eds.): Studies in language and cognition. Newcastle upon Tyne: Cambridge Scholars Publishing.

Guckelsberger, Susanne (2008): Diskursive Basisqualifikation. In: Ehlich, Konrad/Bredel, Ursula/Reich, Hans H. (Hgg.): Referenzrahmen zur altersspezifischen Sprachaneignung – Forschungsgrundlagen. BMBF-Reihe Bildungsforschung, Bd. 29/II. Berlin: BMBF, S. 103-133.

Hausendorf, Heiko/Quasthoff, Uta (1996, ND 2005): Sprachentwicklung und Interaktion. Eine linguistische Studie zum Erwerb von Diskursfähigkeiten. Radolfzell: Verlag für Gesprächsforschung.

Hoffmann, Ludger (1984): Zur Ausbildung der Erzählkompetenz: Eine methodische Perspektive. In: Ehlich, Konrad (Hg.): Erzählen in der Schule. Tübingen: Narr, S. 202 - 222.

Karmiloff, Kyra/Karmiloff-Smith, Annette (2001): Pathways to language. From fetus to adolescent. Cambridge: CUP.

Komor, Anna (demn.): Miteinander kommunizieren – Kinder unter sich. Eine empirische diskursanalytische Untersuchung zur Ausbildung kindlicher Kommunikationsfähigkeit.

Kraft, Barbara/Meng, Katharina (2007): Streit im Kindergarten. Eine Diskursanalyse. In: Redder, Angelika (Hg.): Texte und Diskurse. Festschrift für Konrad Ehlich zum 65. Geburtstag. Tübingen: Stauffenburg, S. 439 - 457.

Kuczaj II, Stan A./McClain, Leslie (1984): Of hawks and moozes: the fantasy narratives produced by a young child. In: Kuczaj II, Stan A. (ed.): Discourse development. Progress in cognitive development reresearch. New York: Springer, S. 125 - 147.

Meng, Katharina (1991): Erzählen und Zuhören bei Drei- und Sechsjährigen. Eine Längsschnittstudie zur Aneignung der Erzählkompetenz. In: Meng, Katharina/Kraft, Barbara/Nitsche, Ulla (Hgg.): Kommunikation im Kindergarten. Studien zur Aneignung der kommunikativen Kompetenz. Berlin: Akademie-Verlag, S. 20 - 131.

Ninio, Anat/Snow, Catherine E. (1996): Pragmatic Development. Boulder: Westview Press.

Oerter, Rolf (1993): Psychologie des Spiels. Ein handlungstheoretischer Ansatz. München: Quintessenz.

Oksaar, Els (1977): Spracherwerb im Vorschulalter. Einführung in die Pädolinguistik. Stuttgart: Kohlhammer.

Preece, Alison (1987): The range of narrative forms conversationally produced by young children. In: Journal of Child Language 14, S. 353 - 373.

Rehbein, Jochen (1984): Beschreiben, Berichten und Erzählen. In: Ehlich, Konrad (Hg.): Erzählen in der Schule. Tübingen: Narr, S. 67- 124.

Reichen, Jürgen (2002): Lara und ihre Freunde. Lern-Bilderbuch mit Denktrainer. Hamburg: Heinevetter.

Schmidlin, Regula (1999): Wie Deutschschweizer Kinder schreiben und erzählen lernen. Textstruktur und Lexik von Kindertexten aus der Deutschschweiz und aus Deutschland. Tübingen: Francke.

Zifonun, Gisela et al. (1997): Grammatik der deutschen Sprache. Berlin, New York: de Gruyter.

Anhang

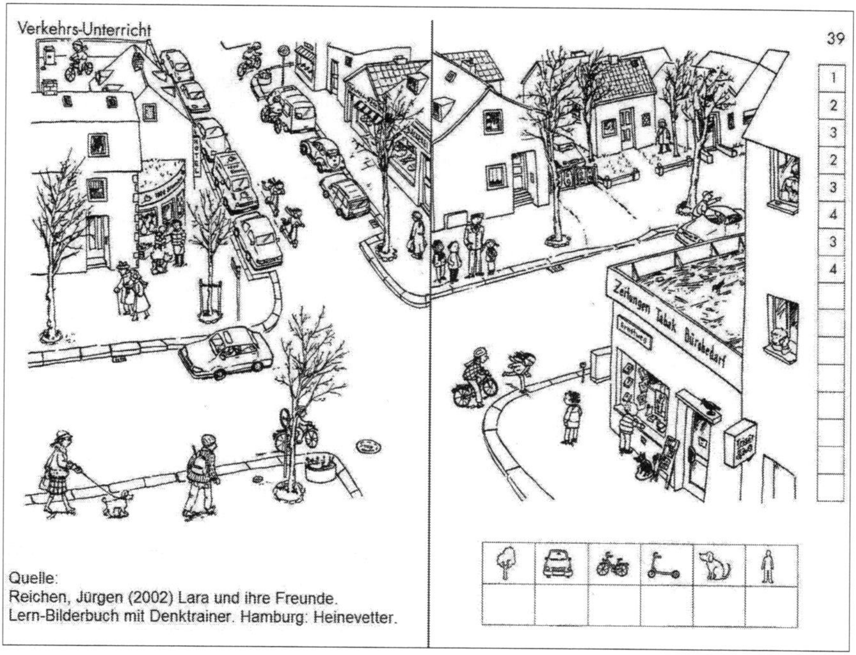

Quelle:
Reichen, Jürgen (2002) Lara und ihre Freunde.
Lern-Bilderbuch mit Denktrainer. Hamburg: Heinevetter.

Semantische Fähigkeiten und ihre Aneignung im Vor- und Grundschulalter – am Beispiel der Begriffserklärung im Unterricht

ANNA KOMOR

Die Aneignung semantischer Fähigkeiten bildet – gemeinsam mit der Aneignung phonischer und morphosyntaktischer Fähigkeiten – einen zentralen Gegenstand im Bereich der Spracherwerbsforschung. Dabei konzentriert sich das Interesse insbesondere auf die Aneignungsprozesse bei jungen Kindern (bis etwa vier Jahre). Deutlich weniger Studien befassen sich hingegen mit älteren Kindern und Jugendlichen. Dabei kann auch im Schulalter der Aneignungsprozess noch lange nicht als abgeschlossen betrachtet werden. So werden die semantischen Fähigkeiten nicht nur im Bereich des Wortschatzes (alltägliche Wissenschaftssprache/Bildungssprache, Fachsprache) weiter auf- und ausgebaut; auch Bereiche wie Begriffsbildung und Metaphernerwerb werden bis ins Erwachsenenalter hinein ausdifferenziert. Für ein erfolgreiches sprachliches Handeln in der Schule sind solche Fähigkeiten von großer Bedeutung.

Im Rahmen des vom BMBF geförderten Projekts „Altersspezifische Sprachaneignung – ein Referenzrahmen" (PROSA) unter der Leitung von Konrad Ehlich wurde der Forschungsstand zur kindlichen Sprachaneignung erfasst. Aus diesen Ergebnissen werde ich im ersten Teil des Beitrags den Forschungsstand zur semantischen Basisqualifikation skizzieren[1]. Dabei liegt der Fokus auf der Aneignung des Deutschen als Erstsprache bei Kindern im Vor- und Grundschulalter. Im zweiten Teil werde ich am Beispiel der Begriffserklärung im authentischen Unterrichtsdiskurs aufzeigen, wie semantische Fähigkeiten an die Oberfläche treten und welche Aussagen sich anhand solcher verbalisierten Formen mentaler Konzepte ableiten lassen.

1 Die semantische Basisqualifikation

Semantische Fähigkeiten sind ein wichtiger Bestandteil der Sprachaneignung. Sie beschränken sich jedoch nicht nur auf die passive und aktive Anhäufung von

[1] Eine ausführliche Darstellung des Forschungsstandes mit dem Fokus auf die Aneignungsprozesse im Deutschen findet sich in Komor 2008. Die Verläufe semantischer Fähigkeiten bei Kindern mit Deutsch als Zweitsprache werden in Komor/Reich 2008 skizziert sowie in ausführlicher Fassung in Landua/Maier-Lohmann/Reich 2008.

Wörtern im Wortschatz, sondern schließen ebenso seine zunehmende Differenzierung ein. Dazu zählt die mentale Bildung von Begriffen sowie die übertragene Verwendung von Wörtern und Phrasen. Nach dem Konzept des Qualifikationenfächers nach Ehlich 2005 ist deshalb unter der semantischen Basisqualifikation die „Zuordnung sprachlicher Ausdrücke zu Wirklichkeitselementen und zu Vorstellungselementen sowie zu deren Kombinatorik rezeptiv und produktiv" (Ehlich 2005, S. 12) zu verstehen.

2 Forschungsstand zur Aneignung semantischer Fähigkeiten im Vor- und Grundschulalter

Im Vor- und Grundschulalter sind wesentliche Aspekte des Aneignungsprozesses semantischer Fähigkeiten bereits weit vorangeschritten. So ist die Zusammensetzung des Wortschatzes im Alter von drei Jahren an die Lexikonkomposition Erwachsener schon relativ angeglichen (Kauschke 2000). Die ersten großen Schritte der Wortschatzaneignung[2] sind also bei Schuleintritt – zumindest bei einsprachig deutschen Kindern – bereits vollzogen. Dennoch sind noch Unterschiede zum Lexikon Erwachsener zu verzeichnen. So findet zwischen sieben und elf Jahren eine qualitative Umstrukturierung des Lexikons statt (Schmidlin 1999). Die Verwendung von Adjektiven, Pronomina und Präpositionen steigt mit Schuleintritt deutlich an und auch in Breite und Einsatz von Adjektiven ist zwischen sieben und neun Jahren ein qualitativer Entwicklungsschub zu beobachten (Neuhaus 1962). Auch Wortschatzlücken sind bei Schuleintritt noch keineswegs vollständig behoben. Um diese zu bearbeiten, greifen Kinder zu Verfahren der Wortneubildung wie Komposition[3] und Derivation[4]. Während Dreijährige vorwiegend das Verfahren der Komposition nutzen, realisieren Kinder im Schuleintrittsalter von sechs Jahren Wortneubildungen überwiegend mittels Derivationen (Clark 1993). In diesem Alter ist bei Kindern mit der Erstsprache Deutsch ein Rückgang der Wortneubildungen zu verzeichnen, da ihnen bereits ein breites Spektrum an

[2] Darunter fallen v.a. die Aneignung der ersten Wörter mit dem Erreichen der 50-Wort-Schwelle sowie der Vokabularspurt.

[3] Komposition durch:
- Kombination eigenständiger Wörter (*Blumenmann* = Gärtner)
- Kombination von Wörtern mit Präfixpaaren (*Nicht*schwimmer – *Ja*schwimmer)
- Kombination von Mehrzweckverben mit Präfixpaaren (*an* – *ab, an* – *aus* = anmachen – ausmachen) (alle Beispiele aus Clark 1993).

[4] Derivation mittels der Suffixpaare *-e* und *-er* (*Fischler, Stehler*) oder Transformation in andere Wortarten (*schlüsseln* = Tür aufschließen).

konventionellen Wörtern der Zielsprache zur Verfügung steht (Wiederhold 1971, Augst 1984)[5].

Während die wesentlichen Aneignungsprozesse der Wortschatzkomposition bereits vollzogen sind, befinden sich andere Bereiche der semantischen Basisqualifikation während der Primarstufe noch mitten im Aneignungsprozess. Zu diesen zählen v.a. die Aneignung von Bedeutungsübertragungen (Metaphern, Analogien etc.) und Redewendungen sowie die Begriffsbildung.

Mit einem stabilen produktiven und rezeptiven Lexikon eignen sich Kinder im Vorschulalter zunehmend auch größere lexikalische Einheiten wie Bedeutungsübertragungen und Redewendungen an. Diese zeichnen sich dadurch aus, dass sich ihre Bedeutung nicht aus der Summe ihrer Einzelbedeutungen ergibt. In besonderem Maße trifft das für Metaphern zu. Konventionelle Metaphern erkennen Kinder erst im Alter von vier bis fünf Jahren, ein tieferes Verständnis dafür besitzen sie dann jedoch noch nicht (Augst 1978). Mit fünf bis sechs Jahren nutzen sie zunehmend auch selbst konventionelle Metaphern, sind aber noch nicht in der Lage, diese zu erläutern. Selbst Neunjährige haben dabei noch Schwierigkeiten, obwohl sie Metaphern bereits vielfältig und gekonnt einsetzen. Nicht-konventionelle Metaphern verstehen Kinder dieses Alters hingegen noch nicht (Pollio/Pollio 1977, Gardner 1979). Erst mit zehn bis zwölf Jahren sind Kinder in der Lage, über konventionelle Metaphern und Redewendungen zu sprechen, sie zu erläutern und zu begründen (Buhofer 1980). Schwierigkeiten treten noch immer bei nicht-konventionellen Metaphern auf (Augst 1978).

Der zweite wichtige semantische Prozess im Grundschulalter ist die Begriffsbildung. Sie beginnt mit etwa vier Jahren und ist nicht vor dem 13. Lebensjahr abgeschlossen. Kurz zuvor (mit ca. drei Jahren) beginnen Kinder langsam, ihren Wortschatz hierarchisch zu strukturieren und zu kategorisieren. Ein systematisches Wissen über Begriffe für nicht-gegenständliche Sachverhalte ist bei ihnen aber noch nicht zu verzeichnen (Johnson/Wellman 1982, Miscione et al. 1978). Vierjährige hingegen bilden erste Konzepte für nicht-gegenständliche Sachverhalte als Kerne naiver Handlungserklärungen aus. Dabei sind die Kinder noch stark an den unmittelbaren Wahrnehmungsraum gebunden: Kognitive Aktivitäten beziehen sie überwiegend auf konkret beobachtbare Inhalte und Ereignisse, und auch eine Differenzierung zwischen äußerlich sichtbarem Gefühlsausdruck und mentalem Gefühlserleben ist noch nicht möglich. Das ändert sich mit ca. sechs Jahren. Nun können Kinder über introspektive Vorgänge sprechen und dabei Bezeichnungen

---

[5] Einen Überblick über Kinderwortschätze im Deutschen bieten u.a. Augst/Bauer/Stein 1977, Augst 1984, Pregel/Rickheit 1987, Wagner/Wagner 1987.

für mentale Sachverhalte verwenden (Piaget 1926/1978, Laurendeau/Pinard 1968, Carey 1985, Flavell et al. 1995). Zudem können sie sich Wissen zunehmend durch schlussfolgerndes Denken aneignen. In diesem Alter überprüfen sie ebenso bereits gebildete Konzepte und nehmen ggf. Umstrukturierungen und Korrekturen vor. Die Prozesse der Begriffsbildung sind bis heute zu großen Teilen unerforscht. Die wenigen bisherigen Studien lassen erste Einblicke in diese komplexen Aneignungsverläufe zu, erlauben jedoch noch keine allgemeingültigen Aussagen.[6] Erst im Alter von zehn bis zwölf Jahren ist der Prozess der Begriffsbildung soweit voran geschritten, dass alltägliche Begriffe von Kindern zunehmend denen Erwachsener ähneln.

Betrachtet man die Forschung zur Aneignung semantischer Fähigkeiten, so fällt auf, dass mit steigendem Alter der Kinder die Forschungsaktivitäten deutlich abnehmen. Während die Lexikonaneignung in den ersten drei Lebensjahren mit zu den am stärksten beforschten Bereichen des Spracherwerbs zählt, weiß man über das Lexikon und seine Veränderungen mit Schuleintritt nur sehr wenig. Wie es sich innerhalb der – lexikalisch durchaus anspruchsvollen – Zeit der Grundschule verändert und weiter ausbaut, ist kaum mehr beschrieben. Ein Grund hierfür ist u.a. die Schwierigkeit, in diesem Alter produktive Sprachdaten von Kindern umfassend zu erheben.

Das sinkende Interesse an semantischen Aneignungsprozessen nach dem dritten Lebensjahr betrifft die Begriffsbildung in ähnlicher Weise wie die Aneignung von Bedeutungsübertragungen und Redewendungen. In diesen Bereichen sind bis heute noch keine zuverlässigen Aussagen über Aneignungsprozesse möglich. Andere semantische Bereiche wie die Aneignung von Funktionswörtern und der alltäglichen Wissenschaftssprache (bzw. Bildungssprache) werden m.W. bis heute nicht erforscht. Für ein erfolgreiches sprachliches Handeln in der Schule spielen diese zwei Bereiche jedoch bei zunehmender Komplexität der Inhalte eine tragende Rolle.

3 Schulrelevante semantische Fähigkeiten und deren sprachliche Umsetzung in der ersten Klasse: Erklären von Begriffen

Im Unterrichtsdiskurs werden – meist beiläufig – semantische Fähigkeiten abgerufen und abgefragt. Sichtbar wird dies u.a. bei Begriffserklärungen. Das Erklären von Begriffen zeigt dabei zweierlei: Zum einen spiegelt es ein spezifisch strukturiertes konzeptionelles Wissen von Wortbedeutungen wider, zum anderen benötigt der

[6] Vgl. die Studien zum Prozess der Begriffsbildung wie u.a. Piaget 1926/1978, Laurendeau/Pinard 1968, Szagun 1983, Carey 1985.

Sprecher neben dem mentalen Wissen auch die sprachlichen Mittel für die Verbalisierung der Erklärung. Damit gibt die kompakte Form der Begriffserklärung Einblicke in verschiedene semantische Fähigkeitsbereiche des Kindes sowie auch deren Kombinatorik.

3.1 Begriffsbildung und Strukturierung der Erklärung als mentale Prozesse

Gesellschaftlich festgelegten konventionellen Begriffen [7] geht ein langer, über Jahre andauernder Prozess der Konzeptualisierung voraus, in dem erfahrene Wirklichkeitselemente mental bearbeitet werden. Innerhalb dieses Prozesses bildet das Kind laufend vorläufige Konzepte aus, die es mit neu erfahrenen Wirklichkeitselementen abgleicht und ggf. verwirft. Auf dieser Grundlage überarbeitet es unter Einschluss des neuen Wissenselements sein Konzept oder bildet gar ein gänzlich neues aus. Der Prozess der Konzeptualisierung erfolgt in zwei Schritten: Zunächst wird in einem analytischen Schritt der Begriff in seine Elemente zerlegt, um dann in einem zweiten Schritt die erlangten Teile auf einer höheren Stufe wieder zusammenzufügen (vgl. dazu Vygotskij 1934/2002, Rehbein 1982). Der Begriff ist dann das fertige und überprüfte Endprodukt des Konzeptualisierungsprozesses. In Bezug auf Alltagsbegriffe beginnt dieser Prozess im Alter von vier Jahren und erreicht einen ersten stabilen Stand mit etwa zehn bis zwölf Jahren. Somit befinden sich Erstklässler noch inmitten des Begriffsbildungsprozesses.

3.2 Die Versprachlichung mentaler Begriffe durch Erklärungen

Für die Verbalisierung von mental repräsentierten Begriffen wird in der Regel das Handlungsmuster Erklären herangezogen. Für die Realisierung einer Erklärung muss ein für Sprecher und Hörer gemeinsames Wissenssystem zugrunde liegen, „das bestimmte Regeln für das Zerlegen und die funktionale Zuordnung des Erklärensgegenstandes bereit hält“ (Hohenstein 2006, S. 91). „Erklären ist demnach immer eingebettet in einen Zusammenhang gemeinsamen Wissens von S und H.“ (ebd.) Das Erklären besteht zunächst aus der Zerlegung des Erklärungsgegenstandes in seine Teilelemente (analysieren) und dem anschließenden Zusammensetzen der Teilelemente zu einem neuen Ganzen in seinem funktionalen Zusammenhang. Dabei kann auf weitere Verfahren zurückgegriffen werden wie das Exemplifizie-

[7] In der Unterscheidung von *Begriff* und *Bedeutung* folge ich hier der Konzeption einer Reihe von Spracherwerbsforschern wie Szagun 1983, 1991, 2000; Carey 1985; Murphy/Medin 1985 und Aitchison 1987. Sie unterscheiden den *Begriff* als Repräsentation einer mentalen Struktur (mit der Möglichkeit der Gruppierung und Kategorisierung) von der *Bedeutung* als verbal verschlüsselter Begriff.

ren, also das „Beispiel geben", die Explikation durch einen bedeutungsgleichen Ausdruck, der Vergleich mit Bekanntem, die Metaphorisierung, die Zuordnung zu einem Oberbegriff sowie die Nennung eines wesentlichen Merkmals oder typischer Handlungen (vgl. auch Quasthoff/Hartmann 1982, Wagner/Wiese 1988, Hohenstein 2006).

> „Wenn das Kind erklärt, dann organisiert es sein Wissen auf die allgemein gefundene, gegebene Zweckbestimmung zu – dies ist seine in der Erklärung selbst vollzogene Abstraktionsleistung." (Rehbein 1982, S. 130)

Vor der eigentlichen Verbalisierung muss der Sprecher den Begriff zunächst mental nach seiner *Zweckbestimmung*, seiner *konstitutiven Bestimmung* sowie nach seinen *Zusatzbestimmungen* sortieren (Rehbein 1982). Unter *Zweckbestimmung* versteht Rehbein den Sachverhalt, wie er von den Mitgliedern einer Gesellschaft sprachlich verstanden wird, denn er stellt dar, wozu ein Wort gebraucht wird. Die Zweckbestimmung ist damit die Essenz des Begriffs. In die *konstitutive Bestimmung* geht die Alltagserfahrung des Kindes ein (wie z.B. zum Begriff *Arbeit*: ‚Arbeit ist unangenehm'; und ‚jeder hat einen Beruf'). Sie umfasst das, was das Wesen von etwas ausmacht; das Grundlegende, das wesentlich Bestimmende. Um die Zweckbestimmung und die konstitutive Bestimmung gruppieren sich *Zusatzbestimmungen*, die das Kind aus der spezifischen Handlungsstruktur herleitet. Diese dürfen jedoch nicht alleine ohne Zweckbestimmung stehen. Rehbein 1982 bezeichnet sie als ein „Indiz für den Aufbau eines Konzepts bei einem Kind" (ebd., S. 130).

> „[...] das Erklären [besteht] vor allem darin [...], zu einem gegebenen Wort Bestimmungen unterschiedlichen Charakters und Funktion zu finden; diese Bestimmungen zerlegen die Bedeutung des Wortes in charakteristische Teilstücke und ordnen sie auf die zentrale Zweckbestimmung hin. Gelingt es also, die gesamte Bedeutung zu zerlegen und unter der Zweckbestimmung zu organisieren, so ist die Erklärung in der propositionalen Gehalts-Struktur geglückt." (Rehbein 1982 a, S. 130)

Nach der mentalen Sortierung des Begriffs können die einzelnen Bestimmungen in unterschiedlicher Qualität verbalisiert werden. Rehbein unterscheidet:

(a) Die **sententiöse und konditionale Form** wird mittels *Assertionen* (Aussagen, Behauptungen) realisiert: Der Sprecher formuliert eine allgemeine Regel (häufig) in konditionaler Form. Diese *wenn-dann*-Konstruktionen sieht Rehbein als die adäquateste Form zur Realisierung von Begriffen an.

(b) Statt einer solchen abstrakten Form kann der Sprecher auch ein **Beispiel geben**, indem er entweder den Konzept-Kern oder die Konzept-Peripherie realisiert.

Ersteres wäre für eine Erklärung adäquat. Im zweiten Fall hingegen verfügt der kindliche Sprecher zwar über Teilkonzepte, kann die Zweckbestimmung jedoch noch nicht adäquat herausarbeiten und greift deshalb auf sein partikulares Erlebniswissen zurück. Steht ein solches Beispiel alleine, reicht es für eine Erklärung nicht aus. Anders liegt der Fall, wenn das Beispiel in additiver Weise als Zusatzbestimmung zur Veranschaulichung der Zweckbestimmung gegeben wird (s. Quasthoff/Hartmann 1982).

(c) Ein ‚gemeintes' Konzept kann auch **umschrieben** werden, wodurch der propositionale Gehalt (Inhalt) nicht beliebig, sondern thematisch fokussiert ist (Fokuskontinuität). Es handelt sich hier um die Suche nach dem geeigneten Wort.

(d) Ist eine Fokuskontinuierung hingegen nicht gewährleistet, spricht Rehbein 1982 vom thematischen **Abdriften**.

Bei der Verbalisierung dieser verschiedenen Erklärungsmodi kann der Sprecher auf verschiedene sprachliche Mittel zurückgreifen. So helfen ihm Kontitional-Konstruktionen zur Darstellung des bedingten Zusammenhangs zwischen relevanten Aspekten, sprachliche Joker[8] wie *Dingsbums* können Wortschatzlücken füllen und Mittel zum Ausdruck von Unschärfe (wie *oder so, so*) dienen der Markierung von Unsicherheiten bzw. von Nicht-Gleichsetzungen. Zudem verhelfen sprachliche Mittel der Generalisierung (wie *immer, man, es gibt*) dazu, die erklärten Zusammenhänge aus dem subjektiven partikularen Erlebniswissen des Sprechers herauszuheben, um ihre Allgemeingültigkeit zu verdeutlichen.

3.3 Der Ort von Begriffserklärungen in der Schule

Begriffserklärungen finden sich – anders als zunächst zu erwarten wäre – nicht ausschließlich im Deutschunterricht, sondern ebenso in den Kernfächern Sachkunde und Mathematik. Ihr Auftreten ist gerade in den sprachfernen Fächern unauffällig und ihre sprachliche Relevanz und Aussagekraft bleibt daher häufig verborgen. Für den Unterricht relevante Begriffe können den Kindern neu oder bereits in ihrer alltäglichen Verwendungsweise im Wortschatz präsent sein. Durch das Elizitieren von Begriffserklärungen verschafft sich die Lehrkraft einen Überblick über das Begriffswissen der einzelnen SchülerInnen. Zudem haben SchülerInnen die Möglichkeit, eine Erklärung einzufordern, um selbst ein Konzept auszubilden und somit dem Unterricht weiter folgen zu können. Im Unterrichtsdiskurs sind vier verschiedene Zwecke von Begriffserklärungen auszumachen:

[8] Zur Verwendung sprachlicher Joker bei Mehrsprachigen s. Jeuk 2003.

(1) Ein Grund für die Elizitierung von Begriffserklärungen sind lehrplanbedingte Faktoren. So können semantische Konzeptualisierungen vom Lehrplan selbst vorgeschrieben sein wie z.B. das Thema ‚Zootiere', das im Hamburger Sachunterricht der ersten Jahrgangsstufe vorgesehen ist. Hier dienen Begriffserklärungen der Lehrkraft als Mittel der Erarbeitung und Überprüfung schülerseitigen Wissens zu einzelnen Begriffen.
(2) Weiterhin werden Begriffe thematisiert, die im Rahmen des Fachunterrichts relevant sind und deren Klärung dazu dient, die nötigen Wissensvoraussetzungen für die eigentliche Aufgabe (z.B. eine Mathematikaufgabe) zu schaffen bzw. zu überprüfen. In diesem Fall sind Begriffserklärungen ein vorgeschaltetes Hilfsverfahren zur gewährleisteten Vermittlung der eigentlichen Lehrinhalte.
(3) Zudem finden sich in Vorlesesituationen von der Lehrkraft elizitierte Begriffserklärungen, die diese als nicht bei allen SchülerInnen im Wortschatz präsent einschätzt. Darunter fallen besonders Begriffe, die veraltet und deshalb nicht mehr in der Alltagssprache der Kinder zu erwarten sind wie z.B. der Begriff ‚Anrichte'. Hier dient die Begriffserklärung der Schaffung einer gemeinsamen Wissensgrundlage.
(4) Schließlich helfen Begriffserklärungen SchülerInnen mit Deutsch als Zweitsprache, evtl. in der L1 ausgebildete Konzepte auf Ausdrücke in der L2 zu übertragen, und dienen damit der Wortschatzerweiterung.

3.4 Der alltägliche Begriff als Voraussetzung für das Verständnis des sprachfernen Unterrichts

Im Folgenden wird ein Beispiel aus dem Mathematikunterricht einer ersten Klasse an einer Hamburger Grundschule genauer betrachtet. Die SchülerInnen bekamen vom Lehrer je einen kleinen Taschenspiegel, um damit in ihrem Arbeitsheft geometrische Figuren zu spiegeln. Nachdem der Lehrer die Spiegel verteilt hat, erkundigt er sich bei den SchülerInnen nach deren Wissensstand und einem eventuellen Erklärungsbedarf zum Begriff *Spiegel*. Erklärungsbedarf wird zunächst durch einen Schüler eingefordert. Der Lehrer gibt die Frage an die Klasse weiter, woraufhin sich DAV meldet.

L: „DAV, was ist 'n Spiegel?" (Fl. 5)

Beitrag 1:

DAV: „Ähm ein Spiegel ist eher so was wie 'ne Glasscheibe, da kann man (drin)/ Es gibt auch so kleinere Spiegel und da kann man sich sehen drin, was/ was sich (an dir) verändert hat (oder so) zum Beispiel, und ähm da sieht man sich selbst.

> Bei der Fensterscheibe geht das aber nicht so gut, weil der/ weil 'n Spiegel ist 'n bisschen anders." (Fl. 5 -9)

DAV beginnt seine Erklärung, indem er einen Vergleich mit dem Konzept der *Glasscheibe* heranzieht (*ein Spiegel ist eher sowas wie ne Glasscheibe*). Zur Relativierung des Vergleichs greift er auf verschiedene Mittel zum Ausdruck von Unschärfe zurück (*eher sowas wie, oder so*). Damit verdeutlicht er, dass der Begriff *Spiegel* nicht deckungsgleich mit dem Begriff *Glasscheibe* ist. Anschließend fügt er die Zweckbestimmung, also das funktionale Merkmal des Spiegels, an (*da kann man sich sehn drin*). Zur Veranschaulichung des Konzept-Kerns führt er ein explizites Beispiel an (*was sich (an dir) verändert hat (oder so) zum Beispiel*). Zuletzt kommt er nochmals auf seinen anfänglichen Vergleich zurück, um den Unterschied zum Fensterglas zu differenzieren (*Bei der Fensterscheibe geht das aber nich so gut, weil der/ weil 'n Spiegel ist 'n bisschen anders.*). Sprachlich realisiert DAV seine Erklärung mithilfe von Unschärfe-Ausdrücken (*eher so was wie, bisschen*) und generalisierenden Mitteln (*es gibt, man, an dich*). Dadurch erreicht die Erklärung eine sentenziöse Form nach Rehbein 1982.

Beitrag 2:

THO: „Ähm dahinter ist Holz und ähm/ Also, das Glas ist sozusagen in so 'm Rahmen und ähm • • weil dahinter immer so was ist, damit man sich selber sehen kann, deswegen sieht man das auch und/" (Fl. 11-15)

THO greift DAVs Beitrag auf und ergänzt ihn um ein wichtiges Merkmal des Spiegels, das im ersten Beitrag nicht erwähnt wurde: hinter dem Glas ist etwas und das unterscheidet ihn von der Glasscheibe.

Zunächst vermutet THO das Material ‚*Holz*' hinter dem Glas, bricht jedoch ihre Argumentation ab (*dahinter ist Holz und ähm/*). Sie beginnt ihre Verbalisierung von neuem unter Nutzung von Unschärfe-Ausdrücken zur Verdeutlichung ihres Nicht-Wissens des eigentlichen Begriffs (*sozusagen, so*). Mit der Aspektdeixis *so was* in der Äußerung „*weil dahinter immer so was ist, damit man sich selber sehen kann*" expliziert sie das Fehlen des Fachterminus in ihrem aktiven Wortschatz und Begriffswissen. Es ist davon auszugehen, dass THO in Bezug auf die Metallbeschichtung (z. B. Silber oder Aluminium) auf der Rückseite des Spiegels nicht nur eine Lücke im Zugriff auf das passende Wort im aktiven Wortschatz hat. Sie verfügt offensichtlich noch nicht über das Konzept der *Metallbeschichtung*. Das ist nicht ungewöhnlich, da Konzepte dieser Art im Allgemeinen schulisch vermittelt werden, und dies erst in höheren Jahrgängen. Ihre Lücke im Wortschatz (und auch in der mentalen Begriffsbildung) kann sie gezielt mit Hilfsverfahren überbrücken, indem sie die Funktion des fehlenden Teilkonzepts (*hinten beschichtetes Glas*) umschreibt. Zudem verwendet sie generalisierende Mittel (wie *immer, man*), wodurch ihr Beitrag Allgemeingültigkeit beansprucht. Die Sprecherin ordnet ihren Beitrag damit ausdrücklich nicht ihrem partikularen Erlebniswissen zu.

Nachdem die Beiträge 1 und 2 die Zweckbestimmung des Begriffs *Spiegel*, das „Sich-Sehen-Können", herausgearbeitet haben, führt der Lehrer im Folgenden verschiedene Beispiele zu Spiegeln an. Das ermuntert die SchülerInnen, ebenfalls eigene Beispiele für die Verwendung von Spiegeln in den Unterrichtsdiskurs einzubringen.

Beitrag 3:

DIL: „Man kann auch, wenn man zu einer Hochzeit geht und • wenn man sich schminkt und • wenn/ dann kann man sich auch sehen, ob es schön ist, und wenn man nicht so gekrickelt (...) hat." (Fl. 29 - 31)

DIL illustriert die Zweckbestimmung des Sich-Sehens anhand eines verallgemeinerten Beispiels. Dabei handelt es sich um partikulares Erlebniswissen der Sprecherin: Schminken für die Hochzeit. Den Beispielcharakter expliziert DIL durch den Einsatz des Modalverbs *können* in Kombination mit der Partikel *auch* zu Beginn ihres Beitrags (*Man kann auch*). Damit macht sie deutlich, dass das angeführte Beispiel nur eine von vielen Möglichkeiten zur Nutzung eines Spiegels ist. Um das Beispiel noch weiter zu verallgemeinern, verbalisiert die Sprecherin ihren Beitrag nicht mittels der Personaldeixis *ich*, sondern nutzt durchgängig das generalisierende Mittel *man*. Auch der Einsatz von Konditional-Konstruktionen verdeutlicht, dass sich die Sprecherin über Form und Funktion der gewünschten Beiträge bewusst ist.[9]

Anders liegt der Fall beim nächsten Beitrag:

Beitrag 4:

ZEY: „Ähm • immer wenn ich zum Spiegel gucke, dann gucke ich immer meine Zickezacke Zähne, ob die • (wächsen. Und/) Und den [deutet auf Zahn] hatt' ich verloren (einmal in) Kindergarten. Ich bin so irgendwo gesprungen, danach

[9] Bei DIL ist am Ende ihres Beitrags eine Übergeneralisierung der Konditional-Konstruktion zu finden: *und wenn man nicht so gekrickel (...) hat*. Offensichtlich hat sie in der Auswahl der richtigen Konnektoren noch Unsicherheiten, versucht diese jedoch zu überwinden, indem sie aktiv verschiedene Konnektoren ausprobiert (zum Ausprobieren von Sprache vgl. Redder/Martens 1983).

ist der rausgegangen und wir haben so lange gewartet, bis der raus kommt.“ (Fl. 34-38)

Auch ZEY verbalisiert ein Beispiel zum Konzept *Spiegel*. Sie greift jedoch allein auf ihr partikulares Erlebniswissen zurück. Besonders deutlich wird dies an der durchgehenden Verwendung der Personaldeixis *ich*. Ein erster Ansatz der Verallgemeinerung ist jedoch in ihrem Einsatz des generalisierenden Mittels *immer* zu sehen (*immer wenn ich zum Spiegel gucke*); allerdings bezieht sich die Generalisierung ausschließlich auf ihre subjektiven Erfahrungen. Nach der Preisgabe ihres Erlebniswissens driftet sie inhaltlich ab und erzählt von dem Verlust ihres Milchzahns. ZEY gelingt es in ihrem Beitrag nicht, den Fokus kontinuierlich auf die Erklärung des Begriffs *Spiegel* zu richten; eine Fokuskontinuierung ist damit nicht gewährleistet.

Nach den Begriffserklärungen beginnt der Lehrer mit seinem vorgesehenen Unterrichtsthema, dem Spiegeln geometrischer Figuren. Am Ende der Mathematikstunde hat DAV nochmals eine Wortmeldung, bei der er eine spezifische Form des Spiegels genauer beschreibt.

Beitrag 5:

DAV: „Ja, ähm es gi/ ich/ ich hab auch so ’n Spiegel zuhause, ne? Da is auf der ei/ da sieht ma’ auf der einen Seite so groß und auf der anderen klein.“

Bei seinem abschließenden Beitrag greift DAV auf partikulares Erlebniswissen zurück und gibt ein Beispiel für einen spezifischen Spiegeltyp, den er zu Hause hat. Dennoch setzt er zur Verbalisierung das generalisierende Mittel *man* ein. Auch hier versucht der Sprecher also von dem eigenen Erleben zu abstrahieren und der Funktion eine Allgemeingültigkeit zu unterstellen.

Fazit

Die SchülerInnen zeigen in ihren Beiträgen unterschiedliche Niveaus der Begriffserklärung. DAV und THO erfassen zu großen Teilen die Zweckbestimmung des Begriffs *Spiegel* und können diese unabhängig von eigenen Erfahrungen verbalisieren. Eine umfassende Begriffserklärung ist von beiden noch nicht erwartbar, da das nötige schulische Wissen mit dem entsprechenden Wortschatz noch nicht erworben ist. Auch die angeführten Beispiele beziehen sich auf den Konzept-Kern; ihr Beispielcharakter wird, wenn nötig, expliziert. Ebenso ist die Wahl der sprachlichen Mittel angemessen, indem zur Verbalisierung des eigenen Nicht- oder Teilwissens Mittel zum Ausdruck von Unschärfe herangezogen werden. Allgemeingültigkeit erreichen die Äußerungen durch die stete Verwendung generalisierender Mittel. Beide Schülerbeiträge haben nach Rehbein 1982 **sentenziöse Form** und sind demnach angemessene Begriffserklärungen.

Der Beitrag von DIL veranschaulicht die Zweckbestimmung des Begriffs *Spiegel* mittels eines Beispiels aus ihrem partikularen Erlebniswissen. Dabei expliziert sie den Beispielcharakter diffus. An den gewählten sprachlichen Mitteln ist eine Tendenz zur Verallgemeinerung erkennbar, wenngleich eine Abstraktionsleistung an diesem Beitrag noch nicht sichtbar wird. Das gegebene **Beispiel** bezieht sich also auf den **Konzept-Kern** des Begriffs *Spiegel* und Verallgemeinerungstendenzen sind deutlich erkennbar.

ZEY hingegen teilt in ihrem Beitrag ihr partikulares Erlebniswissen mit, in das sie den besprochenen Begriff *Spiegel* vielmehr integriert als erklärt. Der Beispielcharakter ihres Beitrags wird nicht expliziert. Durch den Einsatz der Personaldeixis *ich* wird ihr subjektives Erleben deutlich. Auch die generalisierenden Mittel sowie die eingesetzten Unschärfe-Ausdrücke beziehen sich auf ihre subjektive Erfahrung. Dieser Beitrag zeigt ein typisches **Abdriften** nach Rehbein 1982; eine Kontinuierung des Fokus ist nicht gewährleistet. Jedoch sind auch bei ihr erste, noch geringe Verallgemeinerungstendenzen erkennbar.

Graphisch lassen sich die verschiedenen Niveaus der Schülerbeiträge wie folgt darstellen:

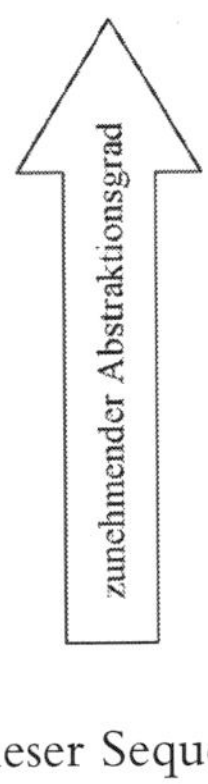

sentenziöse/ konditionale Form	DAV THO
Umschreiben	THO
Beispiel geben Konzept-Kern	DIL
Beispiel geben Konzept-Peripherie	ZEY
Abdriften	

Die Analyse dieser Sequenz von Begriffserklärungen verdeutlicht, wie vielfältig die semantischen Fähigkeiten von SchülerInnen bereits im ersten Schuljahr sind, und dass sie im Unterrichtsdiskurs an die Oberfläche treten. Dabei sind solche semantischen Fähigkeiten und deren verbale Umsetzung nicht allein im Fach Deutsch anzutreffen. Auch in sprachfernen Fächern wie dem Mathematikunterricht werden sie sichtbar. Aus den beiläufig entstandenen Beiträgen zum Begriff *Spiegel* lassen sich differenziert die mentalen Fähigkeiten einzelner SchülerInnen zu diesem Begriff sowie deren Verbalisierungsfähigkeiten darstellen. Der Unterrichtsdiskurs selbst gibt der Lehrkraft also durchaus Einblicke in die sprachlichen Aneignungsstände der SchülerInnen. Für eine gezielte Feststellung des Sprachstandes einzelner SchülerInnen eignet sich diese Herangehensweise jedoch nicht ohne weiteres, da der Handlungszusammenhang des Unterrichtsdiskurses die Beiträge der einzelnen SchülerInnen stark beeinflusst. So führt der Lehrer während der Erklärungssequenzen Beispiele zur Nutzung von Spiegeln an, wodurch sich die SchülerInnen ermuntert fühlen, selbst erlebte Beispiele aufzuzählen. Diese Herangehensweise des Lehrers führt damit zwar einerseits zu einer Vereinfachung der Erklärungen, andererseits ermutigt er dadurch schwächere SchülerInnen zu einem Redebeitrag, die ansonsten noch keine abstrakten Zweckbestimmungen verbalisieren könnten. Weiterhin ist zu beachten, dass die Beschaffenheit einer wie hier beschriebenen Erklärungssequenz von mehreren Beiträgen innerhalb des plenaren Unterrichtsdiskurses dazu führt, dass nach einer ersten Verbalisierung der Zweckbestimmung vermutlich keine weitere folgt, sondern vielmehr Ergänzungen und Illustrationen anschließen. Besonders für die Beobachtung und Einschätzung semantischer Fähigkeiten im natürlichen Unterrichtsgeschehen müssen solche diskursabhängigen Aspekte mitberücksichtigt werden, um Fehleinschätzungen zu vermeiden.

Literatur

Aitchison, Jean (1987): Words in the mind. Oxford u.a.: Blackwell.

Augst, Gerhard (1978): Zur Ontogenese des Metaphernerwerbs – eine empirische Pilotstudie. In: Ders. (Hg.): Spracherwerb von 6 bis 16. Linguistische, psychologische, soziologische Grundlagen. Düsseldorf: Schwann, S. 220-232.

Augst, Gerhard (1984): Kinderwort. Der aktive Kinderwortschatz (kurz vor der Einschulung) nach Sachgebieten geordnet mit einem alphabetischen Register. Frankfurt a. M.: Lang.

Augst, Gerhard/Bauer, Andrea/Stein, Anette (1977): Grundwortschatz und Idiolekt: empirische Untersuchung zur semantischen und lexikalischen Struktur des kindlichen Wortschatzes. Tübingen: Niemeyer.

Bührig, Kristin (1996): Reformulierende Handlungen. Zur Analyse sprachlicher Adaptierungsprozesse in institutioneller Kommunikation. Tübingen: Gunter Narr.

Buhofer, Annelies (1980): Der Spracherwerb von phraseologischen Wortverbindungen. Eine psycholinguistische Untersuchung an schweizerdeutschem Material. Frauenfeld: Huber.

Carey, Susan (1985): Conceptual change in childhood. Cambridge, MA: MIT Press.

Clark, Eve V. (1993): The lexicon in aquisition. Cambridge: CUP.

Ehlich, Konrad (2005): Sprachaneignung und deren Feststellung bei Kindern mit und ohne Migrationshintergrund: Was man weiß, was man braucht, was man erwarten kann. In: Ehlich, Konrad (Hg.): Anforderungen an Verfahren der regelmäßigen Sprachstandsfeststellung als Grundlage für die frühe und individuelle Förderung von Kindern mit und ohne Migrationshintergrund. Eine Expertise für das Bundesministerium für Bildung und Forschung. Bonn/ Berlin: BMBF, S. 11 - 75.

Flavell, John H./Green, Frances L./Flavell, Eleanor R. (eds.) (1995): Young children's knowledge about thinking. Chicago: UCP.

Gardner, Howard (1979): Understanding the psychology in psychological metaphors. In: Journal of Child Language 8, S. 213 - 216.

Hohenstein, Christiane (2006): Erklärendes Handeln im wissenschaftlichen Vortrag. Ein Vergleich des Deutschen mit dem Japanischen. München: iudicium.

Jeuk, Stefan (2003): Erste Schritte in der Zweitsprache Deutsch. Eine empirische Untersuchung zum Zweitspracherwerb türkischer Migrantenkinder in Kindertageseinrichtungen. Freiburg im i.Br.: Fillibach.

Johnson, Carl N./Wellman, Henry M. (1982): Children's Developing Conceptions of the Mind. In: Child Development 53, S. 222 - 234.

Kauschke, Christina (2000): Der Erwerb des frühkindlichen Lexikons. Eine empirische Studie zur Entwicklung des Wortschatzes im Deutschen. Tübingen: Narr.

Komor, Anna (2008): Semantische Basisqualifikation. In: Ehlich, Konrad/Bredel, Ursula/Reich, Hans H. (Hgg.): Referenzrahmen zur altersspezifischen Sprachaneignung – Forschungsgrundlagen. BMBF-Reihe Bildungsforschung, Bd. 29/II. S. 51-76.

Komor, Anna/Reich, Hans H. (2008): Semantische Basisqualifikation. In: Ehlich, Konrad/Bredel, Ursula/Reich, Hans H. (Hgg.): Referenzrahmen zur altersspezifischen Sprachaneignung. BMBF-Reihe Bildungsforschung, Bd. 29/I. S. 49 - 62.

Landua, Sabine/Maier-Lohmann, Christa/Reich, Hans H. (2008): Deutsch als Zweitsprache. In: Ehlich, Konrad/Bredel, Ursula/Reich, Hans H. (Hgg.): Referenzrahmen zur altersspezifischen Sprachaneignung – Forschungsgrundlagen. BMBF-Reihe Bildungsforschung, Bd. 29/II. S. 171-202

Laurendeau, Monique/Pinard, Adrian (1968): Les premières notions spatiales de l'enfant. Examen des hypothèses de Jean Piaget. Neuchâtel/Suisse: Delachaux et Niestlé.

Miscione, John S./Marvin, Robert S./O'Brian, Ralph G./Greenberg, Mark T. (1978): A Developmental Study of Preschool Children's Understanding of the Words „Know" and „Guess". In: Child Development 49, S. 1107-1113.

Murphy, G. L./Medin, D. L. (1985): The role of theories in conzeptual coherence. In: Psychological Review 92, S. 289-316.

Neuhaus, Wilhelm (1962): Der Aufbau der geistigen Welt des Kindes. (2., umgearbeitete und erweiterte Auflage). München u.a.: Reinhardt (Erziehung und Psychologie 1).

Piaget, Jean (1926/1978): Das Weltbild des Kindes. Stuttgart: Klett-Cotta.

Pollio, Marilyn/Pollio, Howard (1977): A test of metaphoric comprehension and some preliminary developmental data. In: Child Language 6, S. 111-120.

Pregel, Dietrich/Rickheit, Gert (1987): Der Wortschatz im Grundschulalter. Häufigkeitswörterbuch zum verbalen, substantivischen und adjektivschen Wortgebrauch. Hildesheim u.a.: Olms.

Quasthoff, Uta M./Hartmann, Dietrich (1982): Bedeutungserklärungen als empirischer Zugang zu Wortbedeutungen. Zur Entscheidbarkeit zwischen holistischen und komponentiellen Bedeutungskonzeptionen. In: Deutsche Sprache 2, S. 97-118.

Redder, Angelika/Martens, Karin (1983): Modalverben ausprobieren – wie Kinder mit Modalverben handeln. In: Boueke, Dietrich/Klein, Wolfgang (Hgg.): Untersuchungen zur Dialogfähigkeit von Kindern. Tübingen: Narr, S. 163-181.

Rehbein, Jochen (1982): Worterklärungen türkischer Kinder. In: Osnabrücker Beiträge zur Sprachtheorie (Themenheft: „Handlungsorientierung im Zweitspracherwerb") 22, S. 122-157.

Schmidlin, Regula (1999): Wie Deutschschweizer Kinder schreiben und erzählen lernen. Textstruktur und Lexik von Kindertexten aus der Deutschschweiz und aus Deutschland. Tübingen u.a.: Francke.

Szagun, Gisela (1983): Bedeutungsentwicklung beim Kind. Wie Kinder Wörter entdecken. München: Urban & Schwarzenberg.

Szagun, Gisela (1991): Zusammenhänge zwischen semantischer und kognitiver Entwicklung. In: Grohnfeldt, Manfred (Hg.): Störungen der Semantik. Berlin: Spiess, S. 37-53.

Szagun, Gisela (^{6}2000): Sprachentwicklung beim Kind. Weinheim u.a.: Beltz.

Vygotskij, Lev S. (1934/2002): Denken und Sprechen. Psychologische Untersuchungen. Weinheim, Basel: Beltz.

Wagner, Marianne/Wagner, Klaus R. (1987): Zur Entwicklung des Kinderwortschatzes von 1900 bis 1980. In: Wagner, Klaus R. (Hg.): Wortschatz-Erwerb. Bern u.a.: Lang, S. 143-171.

Wagner, Klaus R./Wiese, Sybille (1989): Typen kindlicher Erklärungsstrategien unter besonderer Berücksichtigung des Dortmunder Korpus der spontanen Kindersprache. In: Weigand, Edda/Hundsnurscher, Franz (Hgg.): Dialoganalyse II/Bd. 2. Tübingen: Max Niemeyer, S. 223 - 236.

Wiederhold, Karl August (1971): Kindersprache und Sozialstatus. Eine empirisch-pädagogische Untersuchung zum Sprachstand und Sprachwandel bei Kindern des ersten und zweiten Schuljahres. Ratingen u.a.: Henn.

II
DEUTSCH ALS ZWEITSPRACHE IN DER GRUND- UND SEKUNDARSTUFE

Aktuelle Verfahren zur Einschätzung des Stands der Sprachaneignung bei mehrsprachigen Kindern im Grundschulalter

STEFAN JEUK

1 Notwendigkeit der Sprachstandsfeststellung

Eine Reihe von Kindern kommt mit nicht ausreichenden Kenntnissen in der deutschen Sprache in die Schule. Dies betrifft zum einen mehrsprachige Kinder und Jugendliche, die im Laufe der Schulzeit nach Deutschland einwandern, zum anderen Kinder, die vor der Einschulung nach Deutschland eingewandert sind oder in Deutschland geboren sind und die aus verschiedenen Gründen über wenig Spracherfahrung in der deutschen Sprache verfügen. In den meisten Bundesländern gibt es die Möglichkeit, für Kinder und Jugendliche mit besonderem Förderbedarf im Bereich Sprache Vorbereitungsklassen, Sprachförderklassen oder andere zusätzliche Unterstützungsmaßnahmen einzurichten. Lange Zeit war es üblich, Sprachfördermaßnahmen an Regelschulen als zusätzliche Maßnahmen nur für die Kinder anzubieten, die im Laufe der Schulzeit einwanderten. Man ging davon aus, dass diese Kinder ein oder zwei Jahre eine Förderklasse oder anderweitige Förderangebote besuchen sollen und anschließend in die Regelklassen überführt werden können.

Schwierigkeiten bei der Aneignung der deutschen Sprache sind vor allem in jüngerer Zeit, nicht zuletzt auf Grund verschiedener internationaler Studien, in die Aufmerksamkeit der Schulverwaltungen gerückt. Man ist sich weitgehend einig darüber, dass:

- Viele mehrsprachige Kinder auch dann, wenn sie einen Kindergarten in Deutschland besucht haben, nicht unbedingt so Deutsch gelernt haben, dass sie ohne zusätzliche Förderung gemeinsam mit deutschen Kindern beschult werden können (Reich u.a. 2002, Beauftragte 2007, S. 38);
- so genannte „Seiteneinsteiger“, die während der Schulzeit nach Deutschland eingewandert sind, nicht immer nach ein oder zwei Jahren über solche Kompetenzen in der Zweitsprache Deutsch verfügen, dass sie ohne zusätzliche Unterstützung einen Schulabschluss erreichen können;

- zusätzliche Förderangebote den Kindern zukommen sollen, bei denen ein Bedarf besteht, unabhängig von der Dauer des Aufenthalts in Deutschland (vgl. Beauftragte 2007, S. 40);
- nicht nur mehrsprachige Kinder, sondern auch einsprachig deutsche Kinder Schwierigkeiten bei der Spracheneignung haben, die eine zusätzliche Förderung notwendig erscheinen lassen, ohne dass zwingend eine spezifische Sprachentwicklungsstörung vorliegt;
- die Zuweisung zu einer zusätzlichen Fördermaßnahme auf Grund von objektivierbaren Kriterien erfolgen soll.

In der Praxis stößt man dabei auf eine Reihe von Schwierigkeiten:

- Lehrkräfte sind nicht dafür ausgebildet, Schwierigkeiten bei der Sprachaneignung zu diagnostizieren. Der gesamte Bereich „individuelle Diagnose und Förderung" spielte bisher in der Lehrerausbildung nur in der Sonderpädagogik eine Rolle;
- für das Schulalter gibt es sehr wenige geeignete Verfahren zur Überprüfung bzw. Einschätzung des Stands der Sprachaneignung;
- für mehrsprachige Kinder gibt es bisher so gut wie keine geeigneten Verfahren.

In dem folgenden Beitrag wird zunächst erörtert, auf welche Probleme man stößt, wenn man den Sprachstand im Grundschulalter erheben möchte. Besondere Aufmerksamkeit wird der Frage gewidmet, welche Schwierigkeiten bei der Sprachstandserhebung bei mehrsprachigen Kindern beachtet werden müssen. Dann werden bestehende Sprachstandserhebungsverfahren für das Schulalter kurz vorgestellt und auf ihre Anwendbarkeit für mehrsprachige Kinder untersucht. Im Vordergrund steht dabei nicht die Frage, wie ein Förderbedarf erhoben werden kann, sondern die Frage, wie eine an den individuellen Kompetenzen des Kindes orientierte Diagnostik den Lehr-Lernprozess unterstützen kann. Der Beitrag beruht auf einem Gutachten des Autors für das Ministerium für Kultus und Sport Baden-Württemberg (2008).

2 Einschätzung der Entwicklung des Zweitspracherwerbs

Spracherwerb ist ein komplexer Vorgang, der auf verschiedenen sprachlichen Ebenen stattfindet. Hierzu gehört z.B. der Erwerb der Fähigkeit zur symbolischen Interaktion genauso wie rezeptive und produktive phonische Qualifikationen, pragmatische Qualifikationen, semantische und morphosyntaktische Qualifikationen sowie diskursive Qualifikationen. In der Schule kommt die Herausforderung des Schriftspracherwerbs hinzu (Ehlich 2005, S. 12). Aus den vorliegenden Spracherwerbsstudien lässt sich ablesen, dass es eine enorme Bandbreite an Entwicklungsschritten und zeitlichen Abläufen bei der Sprachaneignung gibt. Dies lässt den Versuch, den Stand der Sprachaneignung mit Hilfe von Verfahren, denen eine Altersnorm zu Grunde liegt, problematisch erscheinen.

Für den Bereich der frühkindlichen Bildung kommt Bredel (2005) zu dem Ergebnis, dass „Sprachstandsmessung – eine verlassene Landschaft" sei. Dieses Urteil ist ernüchternd, gibt es doch für den vorschulischen Bereich eine Reihe von Verfahren zur Überprüfung des Stands der Sprachaneignung. Die praktische und theoretische Grundlegung dieser Verfahren ist jedoch in der Vergangenheit fast ausschließlich im Rahmen psychologischer Forschungskontexte betrieben worden und nur vereinzelt und weitgehend unabhängig „von sprachwissenschaftlichen und spracherwerbsbezogenen Erkenntnissen" (Bredel 2005, S. 77). Die Spracherwerbsforschung ihrerseits hat sich in der Regel wenig um die konkrete Anwendbarkeit ihrer Forschungsergebnisse gekümmert, eine interdisziplinäre Kultur zwischen Sprachwissenschaft, Sprachdidaktik und Psychologie konnte sich weder theoretisch noch institutionell etablieren. Aus spracherwerbstheoretischer Sicht werden bei den bestehenden Verfahren nur minimale Ausschnitte aus dem Qualifikationenfächer überprüft, häufig liegt, auf Grund der relativ guten Überprüfbarkeit, ein Schwerpunkt auf syntaktischen Qualifikationen (z.B. Sätze nachsprechen lassen). Darüber hinaus ist die Frage konkreter sprachlicher Handlungsabläufe während der Testung in keiner Weise reflektiert (vgl. Bredel, 2005, S. 77).

Naturgemäß kommen Psychologen zu einer etwas anderen Einschätzung (Schöler 2003, Kany & Schöler 2007). Aus testtheoretischer Sicht ist ein Verfahren ausreichend legitimiert, wenn eine bestimmte Auswahl von Aufgaben im Laufe des Normierungsverfahrens auf die Gültigkeit der Testgütekriterien (Reliabilität, Validität, Objektivität) hin überprüft wurde. Außerdem wird angenommen, dass bestimmten Aufgaben eine Indikatorenfunktion im Hinblick auf eine Reihe anderer Qualifikationen zukommt. Nur so kann davon ausgegangen werden, dass mit einem Set von 5 oder 6 Aufgaben der Stand der Sprachaneignung zuverlässig eingeschätzt werden könne.

Gibt es für das Vorschulalter eine Reihe von Verfahren, die den Anspruch erheben, bestimmte Qualifikationen auf Grund der Altersnorm zu testen, so gibt es nur wenige Verfahren, die auch für das Schulalter gelten. Sollen mehrsprachige Kinder untersucht werden, so gibt es bisher keine Möglichkeit, eine vergleichbare Norm wie die Altersnorm zu Grunde zu legen. Ein Problem scheint zu sein, dass Sprachstandserhebungsverfahren häufig im Kontext der Identifikation von Kindern mit spezifischen Sprachentwicklungsstörungen entstanden sind. Schwierigkeiten und Lernbedürfnisse mehrsprachiger Kinder mit Migrationshintergrund unterscheiden sich jedoch grundlegend von Sprachschwierigkeiten einsprachiger Kinder (vgl. Siebert-Ott 2001). Bei mehrsprachigen Kindern handelt es sich außerdem keinesfalls um eine homogene Gruppe. So ist es bisher nicht gelungen, eine einheitliche Bezugsnorm zu definieren (vgl. Jeuk 2009):

- Der Zeitpunkt des ersten Kontakts mit der Zweitsprache Deutsch (sog. Kontaktalter) ist eine entscheidende Größe. Dieser Zeitpunkt ist jedoch bei den einzelnen Kindern sehr unterschiedlich, zumal der Zeitpunkt des ersten Kontakts mit der Zweitsprache Deutsch nicht bedeutet, dass dieser Kontakt von Beginn an ausreichende Lernchancen eröffnet. Die Lernmöglichkeiten der Kinder stehen in engem Zusammenhang mit dem Lebensalter und damit mit der kognitiven Entwicklung des Kindes, so ergeben sich je unterschiedliche Verläufe der Sprachaneignung, wenn die Kinder mit drei oder vier oder fünf Jahren beginnen, die Zweitsprache zu erwerben.
- Das unterschiedliche Kontaktalter führt zu einer unterschiedlichen Kontaktdauer, was wiederum zu unterschiedlichen Spracherfahrungen führt.
- Unterschiedliche Erstsprachen der Kinder können den Erwerbsverlauf ebenfalls beeinflussen. Beispielsweise neigen Kinder mit Türkisch als Erstsprache in einer frühen Phase des Zweitspracherwerbs dazu, Artikel, also Genusmarkierungen, ganz auszulassen, Kinder mit Italienisch als Erstsprache gebrauchen eher das falsche Genus. Sowohl italienische als auch türkische Kinder haben Schwierigkeiten bei der Aneignung der Genera, sie gehen jedoch nicht immer gleich mit diesen Schwierigkeiten um (vgl. Jeuk 2008).

Da folglich bei mehrsprachigen Kindern eine Vergleichbarkeit sowohl auf Grund des Lebensalters (Altersnorm) als auch auf Grund des Kontaktalters ausscheidet, muss ein am Kind orientierter Kriterienbezug zur Einschätzung sprachlicher Kompetenzen herangezogen werden (vgl. Reich 2003, S. 915). Das bedeutet, dass im Vorfeld überlegt werden muss, was von den Kindern erwartet werden soll, welche Kompetenzen sie in der Schule benötigen. Besonders relevant für Kinder mit Deutsch als Zweitsprache sind z.B. die Formen und Stellungen des Verbs, die sich zum einen als besonders schwer zu erwerben, zum anderen aber als zentral für die mündliche und schriftliche Kommunikation in der deutschen Sprache erwiesen haben. Grießhaber (2005) und Tracy (2006) formulieren unterschiedliche Modelle, die jedoch die Gemeinsamkeit haben, dass ein Erwerbsverlauf postuliert wird, an dem sich Sprachstandserhebungsverfahren orientieren könnten. In welchem Alter und in welchen zeitlichen Schritten die Kinder diese Entwicklungsschritte vollziehen, hängt vom Kontaktalter, der Kontaktintensität, der Struktur der Erstsprache, sowie von sozio-kulturellen und individuellen Faktoren ab. Einige aktuelle Studien der Zweitspracherwerbsforschung haben gezeigt, dass Kinder gemeinsam mit diesen Stufen eine Reihe anderer grammatischer Fähigkeiten erwerben, so dass das Erreichen dieser Stufen Hinweise auf komplexe Fortschritte beim Erwerb der Sprachaneignung gibt. Ein Bereich, der vielen Kindern, die Deutsch als Zweitsprache lernen, besonders schwer fällt, ist das grammatische Geschlecht der Nomen (Genus) verbunden mit dem Kasus (vgl. Ahrenholz 2006, Jeuk 2006). Daraus ergeben sich häufig Schwierigkeiten beim Einsatz von Pronomen und Präpositionen, was in der weiteren Schulzeit nicht selten zu Schwierigkeiten beim Textverständnis und bei der Textproduktion, namentlich in Bezug auf die Herstellung von Kohärenz führt. Diese Bereiche bedürfen bei der Sprachstandsfeststellung besonderer Beachtung. Da diese Bereiche im Erstspracherwerb bedeutend weniger Schwierigkeiten bereiten, sind Verfahren, die auf einsprachige Kinder ausgerichtet sind, nur bedingt in der Lage, sprachliche Schwierigkeiten von mehrsprachigen Kindern angemessen zu erfassen. Ein weiterer Bereich, der besonderer Beachtung bedarf, ist die Aneignung des Wortschatzes.

3 Verfahren zur Einschätzung des Sprachstands

Die vorhandenen Verfahren zur Sprachstandsfeststellung kann man in standardisierte, formelle Verfahren und nicht standardisierte, informelle Verfahren einteilen (vgl. Bundschuh 2006, Horstkemper 2006). Bei standardisierten Verfahren steht die Einteilung der sprachlichen Leistungen in eine Rangfolge im Vordergrund, hierzu wird eine Altersnorm zu Grunde gelegt. Quantitative Verfahren werden in der Regel angewendet, um mit relativ geringem Zeitaufwand zu einer Entscheidung zu gelangen, ob ein Kind zusätzlichen Förderbedarf hat bzw. wo das Kind gefördert werden soll (z.B. in einer Vorbereitungsklasse oder in einer Sonderschule). Sie sind geeignet, um festzustellen, wie ein mehrsprachiges Kind im Vergleich zur einsprachigen Bezugsnorm in einer bestimmten Aufgabe bzw. bei einem Test abschneidet. Quantitative Verfahren nutzen häufig Tests und Aufgaben, die den Kindern aus ihrem Alltag relativ wenig bekannt sind. Diese Vorgehensweise hat eine lange Tradition, Vorwissens- und Trainigseffekte sollen möglichst vermieden werden. Um die Objektivität zu gewährleisten, sind solche Testarrangemants normiert. In der Regel stellt ein Testleiter einem Kind in einem möglichst ruhigen und abgeschiedenen Nebenraum die Aufgaben nach einem genau beschriebenen

Handlungsablauf. Die Frage, ob eine solche Vorgehensweise in der Lage ist, die vorhandenen Kompetenzen bei Kindern zu ergründen, ist umstritten (vgl. Eggert 2003, S. 31 f.). Im Zusammenhang mit dem Verfahren „Delfin 4", das in Nordrhein-Westfalen mit 4-jährigen durchgeführt wird, wird z.B. häufig berichtet, dass die Kinder die Mitarbeit verweigerten und somit der Test ohne Ergebnis abgebrochen werden musste (vgl. Frangenberg 2007). Je älter die Kinder sind, desto weniger sind solche Verweigerungen zu erwarten.

Es bleibt die Beobachtung, dass quantitative Verfahren möglicherweise in der Lage sind, selektierende Aufgaben zu erfüllen. D.h. bestenfalls geben sie Auskunft darüber, ob ein Kind der zusätzlichen Förderung bedarf oder nicht. *Wie* diese Förderung gestaltet werden kann, kann mit quantitativen Verfahren in der Regel kaum ermittelt werden (vgl. Knauer 2003, Bredel 2005, S. 100 f.). Besonders im sonderpädagogischen Kontext wurden deshalb qualitative Verfahren entwickelt, mit deren Hilfe besser auf individuelle Bedürfnisse eingegangen werden kann. Solche Verfahren erfordern ein umfangreiches Wissen über Sprachaneignungsprozesse, um nicht zu falschen Schlüssen zu gelangen. Bei den informellen Verfahren steht die Erfassung individueller Leistungen und Kompetenzen und die Frage, wo die Förderung ansetzen soll, im Mittelpunkt des Interesses.

In der Praxis müssen Lehrkräfte beide Aufgaben erfüllen: Einerseits wird von ihnen erwartet, mit geringem Zeitaufwand z.B. bei der Einschulung zu einer verbindlichen Aussage darüber zu gelangen, ob bei einem Kind ein zusätzlicher Förderbedarf besteht. Um z.B. zu begründen, ob ein Kind in eine Vorbereitungsklasse aufgenommen werden soll, muss sich die Lehrkraft auf eine möglichst vorstrukturierte Datenerhebung beziehen, welche ggf. vorhandene Beobachtungen von Erzieherinnen oder Lehrkräften ergänzen soll. Andererseits benötigt die Lehrkraft Informationen darüber, in welchen Bereichen der Sprachaneignung das Kind der Unterstützung bedarf und wie diese Förderung gestaltet werden soll.

Im Folgenden werden Verfahren vorgestellt, die aus meiner Sicht ganz oder teilweise zur Einschätzung des Sprachstands mehrsprachiger Kinder hinzugezogen werden können. Es werden sowohl standardisierte, normierte Verfahren vorgestellt, als auch informelle, förderdiagnostische. Bei den standardisierten Verfahren ist zu beachten, dass keinesfalls die Norm, die für die einsprachig deutschen Kinder gilt, auf die mehrsprachigen Kinder übertragen werden darf. Dennoch können standardisierte Verfahren Hinweise auf sprachliche Kompetenzen bei mehrsprachigen Kindern geben, dabei muss immer die Frage der Gültigkeit bedacht werden. Es gibt z.B. die Möglichkeit, normierte Verfahren anzuwenden und die untersuchten Items auf den spezifischen Kontext der Kinder zu beziehen. Die Ergebnisse müssen mit großer Vorsicht interpretiert und durch die Anwendung informeller Verfahren und weiterer Beobachtungen ergänzt werden. In der Regel lassen sich auch nur einzelne Untertests der standardisierten Verfahren anwenden, es gibt also kein vergleichendes Testergebnis.

Die vorgestellten Verfahren eignen sich für eine erste Feststellung des Stands der Sprachaneignung, sie eignen sich auch, um im Laufe der weiteren Förderung Entscheidungen zu bestätigen, zu verwerfen und ggf. zu ändern. Die Verfahren können auch in der Regelklasse eingesetzt werden, wenn eine Lehrkraft überprüfen möchte, in welchen Bereichen ein Kind zusätzliche Unterstützung oder Förderung benötigt. Die Verfahren sind als Bestandteil einer förderdiagnostischen Praxis zu sehen und können die Lehrkraft bei der Einschätzung sprachlicher Kompetenzen der Schülerinnen und Schüler unterstützen. Es handelt sich um Verfahren, die bis Ende der Grundschulzeit eingesetzt werden können. Für Kinder und Jugendliche über 10 Jahre gibt es keine normierten Verfahren, sodass man hier ausschließlich auf Beobachtungsbögen und Kriterienkataloge angewiesen ist.

Die Tatsache, dass hier einige Verfahren vorgestellt werden, mit deren Hilfe wichtige Informationen über den Stand der Sprachaneignung bei mehrsprachigen Kinder sowie über Fördermöglichkeiten gewonnen werden können, darf nicht darüber hinwegtäuschen, dass wir noch weit davon entfernt sind, Sprachaneignung mehrsprachiger Kinder umfassend zu verstehen und zuverlässige Verfahren entwickeln zu können (vgl. Bredel 2005). Auch über die gezielte Förderung von Kindern und Jugendlichen aus Zuwandererfamilien liegen bislang kaum wissenschaftliche Erkenntnisse vor. Insbesondere zur Wirksamkeit bestimmter Sprachförderkonzepte besteht erheblicher Forschungsbedarf (Beauftragte 2007, S. 46). Insofern ist die vorgelegte Übersicht allenfalls als erster Hinweis darauf zu verstehen, wie man die oben gestellten Fragen nach dem derzeitigen Stand wenigstens in Ansätzen bearbeiten kann.

4 Vorgestellte Verfahren:

Standardisierte Verfahren:

- HSET: Heidelberger Sprachentwicklungstest (3-9 Jahre)
- AST 2, 3, 4: Allgemeiner Schulleistungstest für 2., 3., 4. Klassen
- SET 5-10: Sprachstandserhebungsverfahren für Kinder im Alter zwischen 5 und 10 Jahren

Nichtstandardisierte, informelle Verfahren:

- MSS: Marburger Sprach-Screening (4-6 Jahre)
- HAVAS-5: Hamburger Verfahren zur Analyse des Sprachstands 5-jähriger Kinder

- Kenntnisse in Deutsch als Zweitsprache erfassen: Screeningmodell für Schulanfänger
- SFD: Sprachstandsüberprüfung und Förderdiagnostik für Ausländer- und Aussiedlerkinder
- Diagnostische Leitfragen
- Beobachtung des Zweitspracherwerbs im Anfangsunterricht

Darüber hinaus können selbst entwickelte Verfahren eingesetzt werden, sofern sie zentrale Bereiche der kindlichen Sprachaneignung kriterienbezogen erfassen, wie z.B.:

- Aspekte der Sprachbiographie
- Formen und Stellung des Verbs
- Genus- und Kasusformen
- Gebrauch von Präpositionen
- Gebrauch und Flexion von Adjektiven
- Nebensatzbildung mit Konjunktionen
- Sprachverständnis
- Aspekte des Wortschatz- und Bedeutungserwerbs

Für Kompetenzen im Bereich der Orthographie, des Leseverständnisses und der Textproduktion können Verfahren eingesetzt werden, die auch bei einsprachig deutschen Kindern eingesetzt werden, z.B.:

- Hamburger Schreibprobe (HSP, May 2002)
- Hamburger Leseprobe (May 2000)
- Weingartner Grundwortschatz Rechtschreib-Test (WRT, Birkel, 2007)
- Kriterienraster für schriftliche Texte (Böttcher & Becker-Mrotzek 2003)

Diese Verfahren ermöglichen eine individuelle Könnens- und Fehleranalyse, dabei muss jedoch die spezifische Zweitspracherwerbssituation der Kinder in Rechnung gestellt werden. Für die Erfassung der weiterführenden Lesefähigkeit und der schriftlichen Ausdrucksfähigkeit gibt es auch für einsprachige Kinder keine normierten Verfahren, so dass man auch hier ebenfalls auf Analyseraster und Kriterienkataloge angewiesen ist.

5 Kurzbeschreibung standardisierter Verfahren

Die folgenden Beschreibungen beziehen sich ausschließlich auf die Anwendbarkeit der Verfahren bei Kindern im Grundschulalter, die Deutsch als Zweitsprache lernen. Eine Beschreibung der Testverfahren ist auch bei der Testzentrale (www.testzentrale.de) einzusehen.

5.1 HSET: Heidelberger Sprachentwicklungstest

Autoren und Erscheinungsjahr	Grimm & Schöler 1977, 2. verbesserte Auflage 1999
Alter	3 bis 9 Jahre, somit von Klasse 1 bis 4 einsetzbar
Beschreibung	Individualtest zur differenzierten Erfassung sprachlicher Fähigkeiten von Kindern. Bei Kindern mit Entwicklungsstörungen kann er auch in höheren Altersstufen eingesetzt werden. Der Untersuchungsleiter stellt Aufgaben, die in der Regel mündlich zu lösen sind (Frage-Antwort), teilweise mit Bildunterstützung bzw. mit Figuren, um sprachliche Handlungen zu verdeutlichen. Diagnostiziert bei einsprachigen Kindern den grammatischen und lexikalischen Sprachbereich.
Durchführung und Auswertung	Durchführungsdauer bei 6-jährigen ca. 60-70 Minuten, Auswertung anhand von Normtabellen ca. 1 Stunde. Altersnormen in Form von T-Werten und Prozenträngen. Interpretation aufgrund der psycholinguistischen Grundlegung recht aufwändig.
Untertests/ Überprüfte Bereiche	Verstehen grammatischer Strukturen, Singular-Plural-Bildung, Imitation grammatischer Strukturformen, Korrektur semantisch inkonsistenter Sätze, Bildung von Ableitungsmorphemen, Benennungsflexibilität, Begriffsklassifikationen, Adjektivableitungen, In-Beziehung-Setzen von verbaler und nonverbaler Information, Enkodierung und Rekodierung gesetzter Intention, Satzbildung, Wortfindung, Textgedächtnis.
Hinweise auf Förderung	Aus einzelnen Untertests können Hinweise auf zu fördernde Bereiche der Sprachaneignung entnommen werden (z.B. Pluralbildung). Keine Zuweisung von Fördermaßnahmen.
Bezug zu Mehrsprachigkeit	Nicht vorhanden, einige Kriterien, die für mehrsprachige Kinder relevant sind, werden nicht überprüft (Genus, Kasus, Präpositionen).
Bemerkungen	Verfahren, das in der Sprachbehindertenpädagogik häufig angewendet wird. Die meisten Untertests sind im Hinblick auf bestimmte Kriterien gut bei mehrsprachigen Kindern anzuwenden, dabei können die Normtabellen jedoch nicht verwendet werden. Die Ergebnisse müssen individuell interpretiert werden. Vorsicht ist bei Nachsprechaufgaben geboten (z.B. Imitation grammatischer Strukturformen), hier scheitern mehrsprachige Kinder häufig, weil ihnen der Wortschatz fehlt, auch wenn sie bereits über die erfragten grammatische Kompetenzen verfügen (vgl. Jeuk 2009).

5.2 AST: Allgemeiner Deutscher Schulleistungstest

Autoren und Erscheinungsjahr	AST 2 (für Klasse 2): Rieder 1971, neu standardisiert 1991 AST 3 und 4: Fippinger 1971, neu standardisiert 1991
Alter	AST 2: Ende Klasse 2, AST 3 Ende Klasse 3, AST 4 Ende Klasse 4
Beschreibung	Der AST umfasst die jeweils für eine Klassenstufe relevanten Leistungen in verschiedenen Fächern. Der Test kann als Gruppentest durchgeführt werden, die Schülerinnen und Schüler müssen Aufgaben in einem Testheft schriftlich lösen, in der Regel mit kurzen Antworten.
Durchführung und Auswertung	Durchführungsdauer zwischen 50 und 90 Minuten, sprachbezogene Anteile ca. die Hälfte. Auswertung anhand von Normtabellen ca. 1 Stunde. Altersnormen in Form von T-Werten und Prozenträngen.
Untertests/ Überprüfte Bereiche	Für den sprachlichen Bereich relevant sind: AST 2: Wortschatz, Rechtschreiben, Leseverständnis, AST 3: Sprachverständnis, Rechtschreiben, AST 4: Sprachverständnis, Rechtschreiben.
Hinweise auf Förderung	Aus einzelnen Untertests können Hinweise auf zu fördernde Bereiche der Sprachaneignung entnommen werden (z.B. Rechtschreibung). Keine Zuweisung individueller Fördermaßnahmen.
Bezug zu Mehrsprachigkeit	Nicht vorhanden, wesentliche Kriterien, die für mehrsprachige Kinder relevant sind, werden nicht überprüft.
Bemerkungen	Mit dem AST werden sprachliche Bereiche weniger im Hinblick auf den Stand der Sprachaneignung untersucht, sondern im Hinblick auf explizit schulische Lernbereiche. Für die Überprüfung der Orthographie gibt es aktuellere Verfahren wie die HSP, die sprachlichen Aufgaben sind in der Regel komplex und erfordern mehrere Teilkompetenzen zur Lösung, sodass, insbesondere bei mehrsprachigen Kindern, unklar bleibt, warum sie an einer Aufgabe scheitern. Die Untertests müssen individuell interpretiert werden, die Normen sind für mehrsprachige Kinder nicht anwendbar. Die Untertests können andere Verfahren allenfalls partiell ergänzen.

5.3 SET 5–10: Sprachstandserhebungsverfahren für Kinder im Alter zwischen 5 und 10

Der Test erscheint im Laufe des Jahres 2009. Er soll der differenzierten Erfassung sprachlicher Fähigkeiten (Sprachverständnis, Sprachproduktion, Grammatik) sowie der Merkfähigkeit und der Verarbeitungsgeschwindigkeit dienen. Besonderes Augenmerk soll auf der sprachlichen Leistung von Risikokindern (Sprachentwicklungsstörungen, Kinder mit Migrationshintergrund) liegen. Einzelne Untertests sind vermutlich sehr geeignet, um sprachliche Kompetenzen mehrsprachiger Kinder zu erfassen. Es ist nicht bekannt, inwieweit Hinweise auf Fördermaßnahmen abzuleiten sind. Für Informationen s. Testzentrale (2008).

6 Kurzbeschreibung informeller Verfahren

Die folgenden Beschreibungen beziehen sich ausschließlich auf die Anwendbarkeit der Verfahren bei Kindern im Grundschulalter, die Deutsch als Zweitsprache lernen.

6.1 MSS: Marburger Sprachscreening

Autoren und Erscheinungsjahr	Holler-Zittlau, Dux, Berger 2003
Alter	4 bis 6-jährige Kinder, somit vor allem für die Einschulung geeignet.
Beschreibung	Individualtest zur differenzierten Erfassung sprachlicher Fähigkeiten von Kindern. Der Schwerpunkt liegt auf der Einschätzung einer Sprachentwicklungsverzögerung. Der Untersuchungsleiter stellt Fragen, die das Kind beantworten muss („Welche Farbe hat der Ball") und zeigt dabei ggf. auf Bilder („Woher hat das Mädchen den Sand geholt?"). Vom Kind werden zielsprachlich korrekte Antworten erwartet. Es werden die Bereiche abgedeckt, die für sprachentwicklungsverzögerte Kinder relevant sind („Dysgrammatismus").
Durchführung und Auswertung	Durchführungsdauer ca. 30 Minuten, Auswertung etwas länger. Auswertung nach „auffällig" und „unauffällig" anhand von Punkten je Untertest. Interpretation relativ eindeutig im Hinblick auf Kompetenzen in bestimmten Bereichen.
Untertests/ Überprüfte Bereiche	Sprachverständnis, Sprachproduktion (Bildbeschreibung), Artikulation, Gegenstände benennen, Adjektive, Verben („Was machen die Kinder"), Pluralbildung, Satzbildung, Präpositionen, Konjunktionen, Partizipbildung, Reimwörter, Wortlänge beurteilen („Welches Wort ist länger")

Hinweise auf Förderung	Aus einzelnen Untertests können Hinweise auf zu fördernde Bereiche der Sprachaneignung entnommen werden (z.B. Pluralbildung). Zuweisung individueller Fördermaßnahmen im Hinblick auf zu fördernde Bereiche recht differenziert, keine Hinweise auf konkrete Fördermaßnahmen.
Bezug zu Mehrsprachigkeit	Erhebung der Herkunftssprache, darüber hinaus keine Berücksichtigung. Die Kriterien sind für mehrsprachige Kinder relevant, es fehlt die Überprüfung des Genusgebrauchs.
Bemerkungen	Verfahren, das in der Sprachbehindertenpädagogik häufig angewendet wird. Nahezu alle Untertests sind im Hinblick auf bestimmte Kriterien gut bei mehrsprachigen Kindern anzuwenden. Die Ergebnisse müssen individuell interpretiert werden. Es werden Fragen zum Lernkontext und der Lernbiographie erhoben. Problematisch ist, dass häufig korrekte Antworten erwartet werden, die eher an der schriftlichen Norm orientiert sind (z.B.: Auf die Frage: „Was macht das Mädchen? Das Mädchen…" wird die Antwort „rennt" erwartet, im mündlichen Sprachgebrauch wäre „rennen" ebenfalls korrekt). Umfassende Erhebung der meisten sprachlich relevanten Bereiche im Hinblick auf den Erwerb der Grammatik des Deutschen.

6.2 HAVAS-5: Hamburger Verfahren zur Analyse des Sprachstands 5-jähriger Kinder

Autoren und Erscheinungsjahr	Reich & Roth 2003
Alter	5 bis 6 jährige Kinder, somit vor allem für die Einschulung geeignet
Beschreibung	Das Verfahren wurde explizit für die Anwendung bei mehrsprachigen Kindern entwickelt. Es liegt in mehreren Sprachen vor (Deutsch, Russisch, Türkisch, Spanisch, Italienisch, Polnisch, Portugiesisch). Wesentlich sind eine differenzierte Analyse mündlicher Sprache und der systematische Einbezug von Mehrsprachigkeit. Es bezieht sich auf aktuelle Forschungen zum Zweitspracherwerb und wurde dezidiert im Hinblick auf eine Förderung konzipiert. Das Kind soll eine Bildergeschichte mit 6 Bildern („Katze und Vogel") erzählen, die Äußerungen werden aufgezeichnet, transkribiert und auf verschiedenen Ebenen ausgewertet. Die untersuchten Bereiche decken weit mehr als die Grammatik ab, insbesondere die Fähigkeit, sprachlich zu handeln.

Durchführung und Auswertung	Durchführungsdauer 10 bis 15 Minuten, Auswertung mit etwas Routine ca. 45 Minuten. Auswertung und Zuteilungen von Punkten bei einigen Untertests auf Grund von Einschätzungen, hierzu gibt es genaue Anweisungen.
Untertests/ Überprüfte Bereiche	Aufgabenbewältigung: Sprachliche Vollständigkeit und Kohärenz der Erzählung; Gesprächsstrategien, Sprachliche Strategien wie Ausweichverhalten, Umgang mit fehlenden Ausdrücken, Sprechweise; Verbaler Wortschatz; Formen und Stellungen des Verbs (Morphologie und Syntax); Verbindung von Sätzen, Präpositionen.
Hinweise auf Förderung	Förderbedarf wird auf der Grundlage des für das jeweilige Kind und die jeweilige Mehrsprachigkeitskonstellation charakteristischen Qualifikationsprofils erstellt. Hinweise auf Zuweisung individueller Fördermaßnahmen ergeben sich auf Grund der Bearbeitung der Kriterien durch das Kind.
Bezug zu Mehrsprachigkeit	Dezidierter Bezug zu Mehrsprachigkeit, im Idealfall wird der Test zunächst in der besser beherrschten Sprache des Kindes durchgeführt (in der Regel die Erstsprache) und dann erst in der Zweitsprache Deutsch. Die untersuchten Kriterien in der Zweitsprache sind hoch relevant für den Zweitspracherwerb.
Bemerkungen	Die Auswertung auf der Grundlage von Tonaufnahmen und Transkripten erscheint gewöhnungsbedürftig, ist aber auf Grund der ansonsten kurzen Durchführungs- und Auswertungsdauer zu rechtfertigen. Das Verfahren ist durch aufwändige und genaue Vorgaben gut auszuwerten. Die Auswertungsanleitungen erhalten detaillierte Erläuterungen zu charakteristischen Aneignungsschritten im Zweitspracherwerb, somit dient die Testdurchführung gleichzeitig der Qualifikation der Lehrkräfte. Ausgewertet wird nicht nach richtig/falsch, sondern nach Bereichen differenziert qualitativ abwägend. Mit der Durchführung dieses Verfahrens gewinnt die Lehrkraft einen differenzierten Einblick in den Stand der Sprachaneignung des Kindes. Allerdings ist eine Fortbildung der Lehrkräfte im Vorfeld wünschenswert. Sehr zu empfehlen.

6.3 Kenntnisse in Deutsch als Zweitsprache erfassen. Screening-Modell für Schulanfänger

Autoren und Erscheinungsjahr	Staatsinstitut für Schulqualität und Bildungsforschung München 2002, Projektleitung: Petra Hölscher
Alter	Zeitpunkt der Einschulung, Kinder mit geringen Kenntnissen in der deutschen Sprache auch in Klasse 2.
Beschreibung	Mehrstufiges Screeningverfahren, das explizit für mehrsprachige Kinder konzipiert ist. Die Sprachkompetenz in der Zweitsprache Deutsch wird in einer Einzelsituation mit verschiedenen Methoden erhoben. Je nach den Fähigkeiten des Kindes werden verschiedene Stufen umgesetzt. Die vier Stufen des Screening-Modells können am Tag der Schuleinschreibung durchgeführt werden.
Durchführung und Auswertung	Durchführungsdauer je nach Ausführlichkeit zwischen 15 und 45 Minuten (geschätzt). Die Auswertung ist mittels der beigefügten Auswertungsraster klar und eindeutig und in ca. 20 bis 30 Minuten zu bewerkstelligen.
Untertests/ Überprüfte Bereiche	Stufe 1: Nach einem Anleitungsfaden gestaltetes Gespräch mit dem Kind und seiner Bezugsperson. Gewinnt die Lehrkraft den Eindruck, dass das Kind Rede und Antwort stehen kann, wird das Kind in die Regelklasse aufgenommen. Wenn nicht: Stufe 2. Stufe 2: Gespräch mit dem Kind: „Und was ist deine Lieblingsspeise?“ Auswertung anhand eines Kriterienkatalogs. Falls eine weitere Abklärung notwendig ist, z.B. weil das Kind sehr verschüchtert oder gehemmt war, wird nahtlos in Stufe 3 übergeleitet. Stufe 3: Bildmaterial zum Sprechanreiz: „Spielst du mit mir?“ Hier erfährt das Kind einen motivierenden Sprechanreiz. Zentral sind dabei die Bilder. Kann das Kind den Dialog auch hier nicht führen, wird in Stufe 4 überführt. Stufe 4: Es werden 14 Spielsituationen beschrieben. Jede Schule bzw. Lehrkraft kann eine eigene Auswahl zusammenstellen. Ziel ist herauszufinden, ob und in welchen Situationen das Kind mit der Lehrkraft kommunizieren kann. Diese Situationen eignen sich besonders, um sprechgehemmte Kinder zu motivieren. Stufe 4 ist für Kinder mit wenigen Kompetenzen in der deutschen Sprache sehr geeignet.

Hinweise auf Förderung	Ziel des Verfahrens ist, explizit zu entscheiden, ob eine Kind in eine Vorbereitungsklasse eingeschult werden soll oder in eine Regelklasse. Dennoch ist durch den informellen und vielfältigen Charakter der Spielsituationen davon auszugehen, dass die Lehrkraft eine Reihe wertvoller Informationen für die weitere Förderung des Kindes bekommt, insbesondere im Hinblick auf dialogische Kompetenzen. Aus einzelnen Spielsituationen kann auch auf phonologische und grammatische Kompetenzen geschlossen werden.
Bezug zu Mehrsprachigkeit	Nur für mehrsprachige Kinder geeignet.
Bemerkungen	Recht umfangreiches Verfahren mit dem Ziel, eine Einschulungsentscheidung herbeizuführen. Erfordert (besonders in Stufe 4) eine Lehrkraft, die sich im Bereich „Deutsch als Zweitsprache" auskennt. Sehr zu empfehlen und bis Ende Klasse 2 (insbesondere bei Neuzugängen) sehr gut einsetzbar.

6.4 SFD: Sprachstandsüberprüfung und Förderdiagnostik für Ausländer- und Aussiedlerkinder

Autoren und Erscheinungsjahr	Hobusch, Lutz, Wiest 1999
Alter	1. bis 4. Schuljahr
Beschreibung	Das Verfahren ist explizit für mehrsprachige Kinder konzipiert und soll einen Vergleich zu einsprachigen Kindern ermöglichen. Es kann als Individual- und partiell als Gruppentest durchgeführt werden. Dabei werden rezeptive und produktive Bereiche der Sprachaneignung in der Morphosyntax und der Semantik erfasst. Bei den Aufgaben müssen die Kinder Fragen beantworten, Aufforderungen befolgen oder Bilder beschreiben.
Durchführung und Auswertung	Durchführungsdauer 30 bis 50 Minuten, Auswertung mit etwas Routine ca. 45 Minuten. Auswertung mit Hilfe von Punktezuteilungen. Es liegt eine Normierung vor, die jedoch standardisierten Gütekriterien nicht standhält. Eine qualitative Auswertung ist möglich und sinnvoll.
Untertests/ Überprüfte Bereiche	Wortschatz (unter 4 Bildern das passende zu einem vorgegebenen Wort identifizieren) Farbenkenntnisse, Hörverständnis – Sätze, Hörverständnis – Text, Singular/Plural, Präpositionen (Hören und Ausführen), Präpositionen (Sprechen), Artikel, Bildergeschichte (Freies Sprechen).

Hinweise auf Förderung	Anhand einer Stichprobe werden die Leistungen der Kinder mit einsprachig deutschen Kindern verglichen. Die Kinder werden anschließend in Leistungsstufen eingeteilt. Auf Grundlage der individuellen Aufgabenlösungen können Förderprofile erstellt werden und zu fördernde Bereiche differenziert werden.
Bezug zu Mehrsprachigkeit	Expliziter Bezug zur Mehrsprachigkeit in der theoretischen Grundlegung, Test nur für mehrsprachige Kinder ausgelegt. Orientierung an Kriterien, die für mehrsprachige Kinder hoch relevant sind. Nur im Subtest „Wortschatz" wird im SFD 1 auch Bezug zu Herkunftssprachen genommen. In Bezug auf die Folgerungen bzw. Förderung wird nicht nach Herkunftssprachen differenziert.
Bemerkungen	Verfahren, das die meisten relevanten Bereiche in der Morphosyntax abdeckt, die für mehrsprachige Kinder relevant sind. Im Detail nicht unproblematisch, indem die Wortschatzuntersuchung z.B. fast auf Nomen begrenzt bleibt und einzelne Erwartungen in Bezug auf Aufgabenlösungen auf die schriftliche Sprachnorm fixiert sind. Eine Erfassung individueller Aneignungsdifferenzen ist nur möglich, wenn die Untertests differenziert und individuell qualitativ analysiert werden.

6.5 Diagnostische Leitfragen

Autoren und Erscheinungsjahr	Knapp 2001
Alter	Grundschulalter
Beschreibung	Fragebogen, der alle wesentlichen Aspekte erfasst, die für die Sprachaneignung in der Zweitsprache relevant sind. Grundlage der Auswertung sind Unterrichtsbeobachtungen der Lehrkraft. Die Fragen lassen sich ohne schriftliche Dokumente beantworten, es können aber auch teilweise schriftliche Äußerungen von Kindern hinzu gezogen werden. Dabei können Beobachtungsschwerpunkte gesetzt werden. Das Ausfüllen kann z.B. auf Grund einer intensiven Beobachtung eines Kindes erfolgen. Bei den Leitfragen werden die Bereiche untersucht, die bei dem jeweiligen Kind relevant erscheinen.
Durchführung und Auswertung	Fragenkatalog, der von der Lehrkraft informell abgearbeitet werden kann. Keine Normbezüge, keine Auswertungsvorgaben. Angaben auf Grund von Einschätzungen. Als Anhaltspunkt können die Leistungen von Kindern dienen, die besonders gute sprachliche Kompetenzen haben.

Untertests/ Überprüfte Bereiche	Sprachbiographie, Erfassung von Spracherfahrungen, Sprachliches Verhalten im Unterricht (Verstehen und Sprechen), Kommunikatives Verhalten gegenüber den Mitschülern, Sprechweise, Verbkomplex, Nominalphrasen, Reflexivpronomen, Präpositionen, Syntax. Lexik, Semantik. Schrifterfahrung.
Hinweise auf Förderung	Hinweise auf die Förderung müssen selbst hergeleitet werden. Der Fragebogen ist jedoch so detailliert und umfangreich, dass nahezu alle Kriterien sprachlichen Lernens abgearbeitet werden. Entsprechend der Kompetenzen der Kinder werden zu fördernde Bereiche detailliert herausgearbeitet.
Bezug zu Mehrsprachigkeit	Alle Kriterien, die für den Zweitspracherwerb relevant sind, werden abgedeckt. Expliziter Bezug zu Lernschwierigkeiten mehrsprachiger Kinder.
Bemerkungen	Der Fragebogen lässt keinen normierten Vergleich zu. Anhand der Erfüllung der Kriterien kann aber sehr genau ermittelt werden, welche sprachlichen Kompetenzen ein Kind hat. Wenn der Katalog abgearbeitet wurde, weiß man auf jeden Fall, wie der Förderbedarf eines Kindes ist. Allerdings erfordert der Fragebogen eine prozessorientierte Beobachtung, eine Einschätzung auf Grund kurzer Kontakte zu dem Kind ist nicht möglich. Eine Einbindung des Verfahrens in das Unterrichtsgeschehen ist möglich, eine einmalige Testdurchführung in einer Einzelsituation ist nicht notwendig und auch kaum machbar Der Beobachtungsbogen lässt sich gut mit anderen Verfahren verzahnen (z.B. Ergänzung durch einzelne Subtests standardisierter Verfahren). Sehr zu empfehlen.

6.6 Beobachtung des Zweitspracherwerbs im Anfangsunterricht – Schwerpunkt Grammatik

Autoren und Erscheinungsjahr	Jeuk & Schäfer 2007
Alter	Grundschulalter, Schwerpunkt Anfangsunterricht
Beschreibung	Beobachtungsraster, das nur bestimmte, für den Zweitspracherwerb besonders relevante Bereiche der Morphosyntax abdeckt. Die Konzeption des Bogens orientiert sich an der aktuellen Zweitspracherwerbsforschung. Das Analyseraster kann genau so gut auf schriftliche Texte angewendet werden.
Durchführung und Auswertung	Strukturierter Beobachtungsbogen, der von der Lehrkraft abgearbeitet werden kann. Grundlage ist im Idealfall eine transkribierte Tonaufnahme (analog HAVAS). Hierzu eignen sich insbesondere Bildergeschichten. Auswertungsdauer ca. 20 bis 30 Minuten.
Untertests/ Überprüfte Bereiche	Stellung des Verbs (analog zu Stufen nach Grießhaber 2005), Verbformen, Genus und Kasus, Präpositionen
Hinweise auf Förderung	Hinweise auf die Förderung müssen selbst hergeleitet werden. Entsprechend der Kompetenzen der Kinder werden zu fördernde Bereiche detailliert herausgearbeitet.
Bezug zu Mehrsprachigkeit	Alle untersuchten Kriterien sind für den Zweitspracherwerb relevant. Expliziter Bezug zu Lernschwierigkeiten mehrsprachiger Kinder.
Bemerkungen	Der Beobachtungsbogen lässt keinen normierten Vergleich zu. Das Beherrschen einzelner Aspekte gibt recht genaue Aussagen über die Kompetenzen des Kindes in den beschriebenen Bereichen. Den untersuchten Kriterien kommt Indikatorenfunktion zu, insofern kann der Beobachtungsbogen eine gute Ergänzung zu dem Verfahren von Knapp sein. Eine Datenerhebung mittels Tonaufnahme (Spontansprache) ist wünschenswert, aber nicht zwingend. Eine Einbindung des Verfahrens in das Unterrichtsgeschehen ist möglich. Der Beobachtungsbogen lässt sich gut mit anderen Verfahren verzahnen (z.B. Ergänzung durch einzelne Subtests standardisierter Verfahren).

Literatur

Ahrenholz, Bernt (Hrsg.) (2006): Zweitspracherwerb. Diagnosen, Verläufe, Voraussetzungen. Freiburg: Fillibach, S. 135-150.

Beauftragte der Bundesregierung für Migration, Flüchtlinge und Integration (2007): 7. Bericht über die Lage der Ausländerinnen und Ausländer in Deutschland Berlin.

Bredel, Ursula (2005): Sprachstandsmessung – eine verlassene Landschaft. In: Bundesministerium für Bildung und Forschung (Hrsg.): Anforderungen an Verfahren der regelmäßigen Sprachstandsfeststellung als Grundlage für die frühe und individuelle Förderung von Kindern mit und ohne Migrationshintergrund. Berlin, S. 77-119.

Bundschuh, Konrad (2005). Einführung in die sonderpädagogische Diagnostik. München: Reinhardt.

Eggert, Dietrich (2003): Von der Testdiagnostik zur qualitativen Diagnose in der Sonderpädagogik. In: Eberwein, Hans; Knauer, Sabine (2993): Lernprozesse verstehen. Weinheim: Beltz, S. 16-38.

Ehlich, Konrad (2005): Sprachaneignung und deren Feststellung bei Kindern mit und ohne Migrationshintergrund. In: Bundesministerium für Bildung und Forschung (Hrsg.): Anforderungen an Verfahren der regelmäßigen Sprachstandsfeststellung als Grundlage für die frühe und individuelle Förderung von Kindern mit und ohne Migrationshintergrund. Berlin, S. 12-75.

Frangenberg, Helmut (2007): Ein Delfin der Stress macht. Kölner Stadtanzeiger (Onlineversion) http://www.ksta.de/html/artikel/1174922311976.shtml (Stand: 21.4.2009).

Grießhaber, Wilhelm (2005): Sprachstandsdiagnose im kindlichen Zweitspracherwerb: Funktionalpragmatische Fundierung der Profilanalyse. [online]: http://spzwww.uni-muenster.de/~griesha/pub/tprofilanalyse-azm-05.pdf (Stand: 21.4.2009).

Horstkemper, Marianne (2006): Fördern heißt diagnostizieren. Friedrich Jahresheft, S. 4-7.

Jeuk, Stefan (2006): Zweitspracherwerb im Anfangsunterricht – Erste Ergebnisse. In: Ahrenholz, Bernt (Hrsg.): Kinder mit Migrationshintergrund. Spracherwerb und Fördermöglichkeiten. Freiburg: Fillibach, S. 186-202.

Jeuk, Stefan (2008): „Der Katze sieht den Vogel". Aspekte des Genuserwerbs im Grundschulalter. In: Ahrenholz, Bernt (Hrsg.): Zweitspracherwerb. Diagnosen, Verläufe, Voraussetzungen. Freiburg: Fillibach, S. 135-150.

Jeuk, Stefan (2009): Sprachstandserhebung bei mehrsprachigen Kindern. In: Kelle, Helga (Hrsg.): Kulturen der Entwicklungsdiagnostik. In: ZSE (Zeitschrift für Soziologie der Erziehung und Sozialisation), S. 141-156.

Kany, Werner; Schöler, Hermann (2007): Fokus: Sprachdiagnostik. Berlin: Cornelsen.

Knauer, Sabine (2003): Zum Problem des Diagnosebegriffs im Zusammenhang pädagogischer Handlungsfelder. In: Eberwein, Hans/Knauer, Sabine (Hrsg.): Lernprozesse verstehen. Weinheim: Beltz, S. 54 - 65.

Reich, Hans H. u.a. (2002): Spracherwerb zweisprachig aufwachsender Kinder und Jugendlicher. Ein Überblick über den Stand der nationalen und internationalen Forschung. [online]: http://www.erzwiss.uni-hamburg.de/personal/gogolin/files/Gutachten.pdf (Stand: 21.4.2009).

Reich, Hans H. (2003): Tests und Sprachstandsmessungen bei Schülern und Schülerinnen die Deutsch nicht als Muttersprache haben. In: Bredel, Ursula, u.a. (Hrsg.): Didaktik der deutschen Sprache Band 2, S. 914 - 923.

Schöler, Hermann (2003): Sprachleistungsmessungen. In: Bredel, Ursula, u.a. (Hrsg.): Didaktik der deutschen Sprache Band 2, S. 898 - 913.

Siebert-Ott, Gesa (2001). Frühe Mehrsprachigkeit. Tübingen: Niemeyer.

Tracy, Rosemarie (2006): Wie Kinder Sprachen lernen. Tübingen: Francke.

Beschriebene Testverfahren

Fippinger, Franz (1991): AST 3 Allgemeiner Schulleistungstest für 3. Klassen. Göttingen: Hogrefe.

Fippinger, Franz (1992): AST 4, Allgemeiner Schulleistungstest für 4. Klassen. Göttingen: Hogrefe.

Grimm, Hannelore; Schöler, Hermann (1999): HSET, Heidelberger Sprachentwicklungstest. Göttingen: Hogrefe.

Hobusch, Anna/Lutz, Nevin/Wiest, Uwe (1999): SFD, Sprachstandsüberprüfung und Förderdiagnostik für Ausländer- und Aussiedlerkinder 1. bis 4. Schuljahr. Horneburg: Persen.

Holler-Zittlau, Inge/Dux, Winfried/Berger, Roswitha (2003): MSS, Marburger Sprach-Screening für 4 - bis 6 -jährige Kiner. Horneburg: Persen.

Jeuk, Stefan/Schäfer, Joachim (2007): Beobachtung des Zweitspracherwerbs im Anfangsunterricht – Schwerpunkt Grammatik. In: Grundschule Deutsch 14, 2/07, S. 38 -39, ausführliche Fassung und Beobachtungsbogen auf CD-Rom.

Knapp, Werner. (2001): Diagnostische Leitfragen. In: Praxis Grundschule 3/01, S. 4 - 6.

Petermann, Franz (2008): SET 5 -10, Sprachstandserhebungsverfahren für Kinder im Alter zwischen 5 und 10 Jahren. Göttingen: Hogrefe.

Reich, Hans H., Roth, Hans-J. (2004): HAVAS 5. Hamburger Verfahren zur Analyse des Sprachstandes bei 5-jährigen. Hamburg: Behörde für Bildung und Sport.

Rieder, Oskar (1991): AST 2, Allgemeiner Schulleistungstest für 2. Klassen. Göttingen: Hogrefe.

Staatsinstitut für Schulqualität und Bildungsforschung München (2002): Kenntnisse in Deutsch als Zweitsprache erfassen. Screening-Modell für Schulanfänger. Stuttgart: Klett.

Testzentrale (2008): Testkatalog 2008/2009. Göttingen: Hogrefe. www.testzentrale.de

Böttcher, Ingrid/Becker-Mrotzek, Michael (2003): Texte bearbeiten, bewerten und benoten. Berlin: Scriptor.

May, Peter (2002): Hamburger Schreibprobe 1-9 (HSP). Hamburg: vpm.

May, Peter (2000): Hamburger Leseprobe (HLP), Klasse 1-4. Hamburg.

Birkel, Peter (2007): Weingartener Grundwortschatz Rechtschreib-Test für 1. und 2. Klassen (WRT): Göttingen: Hogrefe.

Sprachstandserhebungen bei Schülerinnen und Schülern mit Deutsch als Zweitsprache in der Sekundarstufe

ALEXANDRA JUNK-DEPPENMEIER

1 Warum Sprachstandserhebung?

Jugendliche mit nicht-deutscher Herkunftssprache verfügen häufig nicht über ausreichende Kompetenzen in der Zweitsprache Deutsch, um dem Unterricht in dieser, für sie schwierigen Sprache, angemessen folgen zu können. Dies zeigt sich u.a. darin, dass mehrsprachige Jugendliche in Deutschland überproportional häufig Haupt- und Förderschulen besuchen und bei einer Reihe von Vergleichstudien überdurchschnittlich schlecht abschneiden. Der Stellenwert der Sprache ist gerade für Schüler und Schülerinnen mit Deutsch als Zweitsprache sehr hoch, da von ihrer Sprachkompetenz ihre Schullaufbahn, ihr Schulerfolg und damit auch der Verlauf des weiteren Lebens abhängt (vgl. Kniffka/Siebert-Ott, 2007, S. 16).

In allen Bundesländern gibt es bereits Bemühungen, die sprachlichen Kompetenzen mehrsprachiger Schülerinnen und Schüler zu fördern. Diese setzen bereits im Elementarbereich ein. In der Sekundarstufe stellen sprachliche Schwierigkeiten mehrsprachiger Jugendlicher nach wie vor ein großes Problem dar. Knapp spricht von „verdeckten Sprachschwierigkeiten", die aufgedeckt werden, wenn der Unterricht sich mehr an konzeptioneller Schriftlichkeit orientiert. In einem eher konzeptionell mündlich ausgerichteten Unterricht (wie dies in den ersten Jahren der Primarstufe der Fall ist) können Schüler oft auf ritualisierte sprachliche Strukturen zurückgreifen oder auch Vermeidungsstrategien anwenden und sprachliche Äußerungen, die ihnen Schwierigkeiten bereiten, durch bekannte Formulierungen ersetzen. Erst wenn die Unterrichtsinhalte komplexer werden und auf bereits vermittelten Inhalten aufgebaut wird, fallen diese Schwierigkeiten auf (vgl. Knapp 1999, S. 31).

Auf Grund der aktuellen Diskussion und neuer Vorschriften in einigen Bundesländern, wie z.B. der neuen Verwaltungsvorschrift „Grundsätze zum Unterricht für Kinder und Jugendliche mit Sprachförderbedarf an allgemein bildenden und beruflichen Schule" in Baden-Württemberg, nach der bei mehrsprachigen Jugendlichen vor der Genehmigung einer Fördermaßnahme ein Sprachstandsfeststellungsverfahren durchgeführt werden muss, wird der Bedarf geeigneter Sprachstandserhebungen für Schülerinnen und Schüler mit Deutsch als Zweitsprache in der Sekundarstufe immer größer. Für Jugendliche ab zehn Jahren gibt es jedoch bisher keine geeigneten Verfahren, mit denen individueller Förderbedarf identifiziert werden kann.

Hier muss zum einen zwischen Diagnose zum Zweck der Zuweisung zu bestimmten Fördermaßnahmen bzw. der Ermittlung des quantitativen Bedarfs an Fördermaßnahmen und zum anderen der Diagnose zum Zweck der Feststellung des individuellen Förderbedarfs mit inhaltlichen Hinweisen auf eine konkrete Förderung unterschieden werden. Für beide Zielsetzungen wird der Begriff der Diagnostik verwendet, aber die Fragestellungen unterscheiden sich grundsätzlich. In diesem Beitrag wird der Frage nachgegangen, welche Verfahren für die individuelle Sprachstandsfeststellung und als Grundlegung für die Förderung geeignet sind.

2 Schwierigkeiten der Sprachstandsfeststellung bei Schülerinnen und Schülern in der Sekundarstufe

Die Gruppe der Schülerinnen und Schüler in der Sekundarstufe mit Deutsch als Zweitsprache ist sehr heterogen. Einige Jugendliche leben schon seit ihrer Geburt in Deutschland und lernen in den ersten Jahren vor ihrer Einschulung zunächst nur ihre Erstsprache, andere lernen sowohl die Erst- als auch die Zweitsprache nur unzureichend, wieder andere kommen erst mit der Einschulung oder aber als sogenannte Seiteneinsteiger während der Schulzeit nach Deutschland. Ihr Spracherwerb setzt sich aus gesteuerten und ungesteuerten Elementen zusammen, d.h. sie lernen bzw. erwerben die deutsche Sprache sowohl im Unterricht als auch in alltäglichen Situationen.

Deutsch ist für diese Schülerinnen und Schüler zugleich Medium des Unterrichts und Ziel des Zweitspracherwerbsprozesses. Während sie die Sprache noch lernen, bekommen sie parallel Fachwissen in dieser vermittelt und sind gefordert, fachsprachliche Kompetenzen in ihr auszubilden. Die an sie gestellten sprachlichen Anforderungen und ihre tatsächlich vorhandenen Sprachkompetenzen gehen teilweise weit auseinander (vgl. Kniffka, Sieber-Ott, 2007, S. 17). Schülerinnen und Schüler, denen evtl. in der Primarstufe aufgrund guter konzeptionell mündlicher Kenntnisse eine gute allgemeine Sprachkompetenz bescheinigt wird, können in der Sekundarstufe erhebliche Schwierigkeiten bekommen, da ihnen die Kenntnisse für den im Gegensatz zur Primarstufe eher konzeptionell schriftlich aufgebauten Unterricht fehlen. Sowohl die Unterrichtskommunikation als auch die Texte in der Sekundarstufe stellen wegen der höheren Komplexität andere Anforderungen an die Planung, außerdem verfügen sie über eine höhere Informationsdichte als Texte in der Primarstufe.

Der Spracherwerb ist ein komplexer Vorgang, der auf verschiedenen sprachlichen Ebenen stattfindet und in verschiedenen Entwicklungsschritten verläuft. Dabei ist zu beachten, dass der Zweitspracherwerb Jugendlicher auf anderen kognitiven Strategien beruht als der Spracherwerb im frühen Kindesalter (vgl. Kniffka, Sieber-Ott, 2007, S. 38). Hierbei spielen unterschiedliche Einflussfaktoren wie Kontaktalter, Kontaktintensität, Einfluss der Erstsprache, sozio-kulturelle Bedingungen und individuelle Voraussetzungen eine Rolle.

Auch entwickeln L2-Lerner auf dem Weg zur Zielsprache sogenannte Interlanguages, die sowohl Merkmale aus der Erstsprache als auch der Zweitsprache, aber auch Merkmale, die keiner der beiden Sprachen zuzuordnen sind, enthalten können. Diese Lernersprachen sind dynamisch, d.h. sie verändern sich ständig und nähern sich schrittweise an das System der Zielsprache an.

Für die Erhebung des Sprachstandes lässt sich aufgrund der o.g. Bedingungen schlussfolgern, dass bei Jugendlichen mit Deutsch als Zweitsprache ein kriterienbezogener Rahmen angewendet werden muss, der möglichst viele Faktoren berücksichtigt (vgl. Reich 2003, S. 916). Die didaktische Ausrichtung des Erhebungsverfahrens sollte nicht nur auf die Zuweisung zu bestimmten Fördermaßnahmen zielen, wie dies aktuelle Forderungen der Bildungspolitik verlangen, sondern auch auf Möglichkeiten der konkreten Förderung der Jugendlichen hinweisen, damit eine Verbesserung der Bildungschancen erzielt wird.

3 Bisherige Verfahren zur Einschätzung des Sprachstandes

Die auf dem Markt erhältlichen Verfahren beziehen sich zum größten Teil auf den Elementarbereich, einige sind im Primarbereich angesiedelt, berücksichtigen aber die mehrsprachige Entwicklung nicht ausreichend. Für die Sekundarstufe gibt es keine normierten Verfahren, die für Schülerinnen und Schüler mit Deutsch als Zweitsprache anwendbar sind. Zwar wird häufig die Forderung erhoben, solche Verfahren zu konzipieren, ob diese jedoch dazu geeignet sind, individuelle Entwicklungen zu erheben, ist umstritten (vgl. Jeuk 2009). Aktuell gibt es in vielen Bundesländern Aktivitäten, die die o.g. Schwierigkeiten aufgreifen, Ergebnisse sind bisher jedoch noch nicht zugänglich.

Auch die auf dem Markt erhältlichen Materialien der Verlage entsprechen nicht immer der aktuellen Forschungsgrundlage (sowohl testtheoretisch als auch sprachwissenschaftlich und sprachdidaktisch) und bieten keine Hinweise darauf, wie man mit den Bedürfnissen und Voraussetzungen der Schüler mit Deutsch als Zweitsprache umgehen soll.

Im Folgenden werden einige sehr unterschiedliche Verfahren kurz dargestellt:[1]

P-ITPA: Potsdam-Illinois Test für Psycholinguistische Fähigkeiten (5-10 Jahre) (Esser & Wyschkon, in Vorb.)

Dieses Verfahren soll Auffälligkeiten im sprachlichen und schriftsprachlichen Bereich bei Kindern kurz vor dem Schuleintritt und bis zum Ende der fünften Klasse erheben. Folgende Bereiche werden erfasst: Verbale Intelligenz, Wortschatz, expressive Sprache, phonologische Bewusstheit, verbales Kurzzeitgedächtnis, Lesen (sinnhaft und sinnfrei) und Rechtschreiben (sinnhaft und sinnfrei). Allerdings befindet sich das Verfahren noch in Vorbereitung. (weitere Informationen unter www.testzentrale.de).

SET 5-10: Sprachstandserhebungsverfahren für Kinder im Alter zwischen 5 und 10 Jahren (Petermann u.a. in Vorb.)

Der *Set 5-10* soll der differenzierten Erfassung der sprachlichen Fähigkeiten dienen. Besonderes Augenmerk liegt auf der Erfassung der sprachlichen Leistung bei Risikokindern (z.B. Kindern mit Migrationshintergrund, Kinder mit Sprachentwicklungsverzögerungen).

Es können unterschiedliche Aspekte des Sprachentwicklungsniveaus besonders bei sprachauffälligen Kindern erfasst werden.

Der Test besteht aus neun Untertests, die eine Diagnose sprachlicher Defizite im semantischen, grammatikalischen und kommunikativen Bereich ermöglichen sollen und umfasst die Bereiche: Wortschatz, Sprachverständnis, Sprachproduktion, Grammatik, Lexikon, Satzstruktur, dialogische Kompetenz, Verarbeitungsgeschwindigkeit und Merkfähigkeit. Auch dieses Verfahren befindet sich noch in Vorbereitung (weitere Informationen unter www.testzentrale.de).

C-Test (Bauer & Spettmann 2007/2008)

Der *C-Test* ist ein schriftlicher Test, welcher die Lese- und Schreibfähigkeit der Schüler voraussetzt. Er besteht aus 4-5 authentischen in sich geschlossen Texten, die dem vorauszusetzenden Wissen der Adressaten entsprechen. In den Texten werden Teile von Wörtern nach einem bestimmten Muster getilgt. Für die Sekun-

[1] Es wird kein Anspruch auf Vollständigkeit erhoben. Die genannten Verfahren sollen lediglich eine grobe Übersicht darstellen.

darstufe hat sich eine so genannte 3er Tilgung als sinnvoll erwiesen, bei der die 2. Hälfte jedes dritten Wortes getilgt wird.

Der Test kann von der Lehrkraft selbst gestaltet und nach einer Einführung auch ausgewertet werden, eine Auswertung erfolgt durch die Festlegung der Lösungen und Lösungsvarianten. Die Auswertung sollte nach einem Richtig- Falsch-Wert (Grad der allgemeinen sprachlichen Kompetenz im Lesen und Schreiben) und einem Worterkennungswert (rezeptive sprachliche Kompetenz) erfolgen. Der Differenzwert spiegelt das Verhältnis zwischen rezeptiver und produktiver sprachlicher Fähigkeiten wieder. Zum Lösen des Testes muss zunächst die allgemeine Sprachkompetenz aktiviert werden, während der Bearbeitung werden Lese- und Texterschließungsstrategien aktiviert und trainiert.

Ein *C-Test* soll zur globalen Einschätzung der Sprachfähigkeit und zur Bestimmung von allgemeinen sprachlichen Kompetenzen eingesetzt werden. Im DaZ-Bereich dient er vor allem der Überprüfung der Lesekompetenz und des Textverständnisses. Durch das Ausfüllen der Lücken erhält man vor allem grobe Hinweise auf Schwächen in der Orthographie und in der Morphosyntax. Nach Bauer und Spettmann soll der *C-Test* als Förderinstrument für das Lesen weiterentwickelt werden, Ziel ist ein Screening der Schülerleistungen. Für Schüler mit schwachen Ergebnissen sollen Teilfertigkeitstests eingesetzt werden, mit denen je nach Tilgungsart sprachliche Fähigkeiten in verschiedenen Bereichen gezielt überprüft werden können. Diese sollen dann als Grundlage der individuellen Förderung dienen.

Der *C-Test* stellt ein nicht standardisiertes, informelles, qualitatives, aber dafür auf die individuellen Bedürfnisse der Kinder anzupassendes Verfahren dar.

Online-Diagnose Deutsch BW (Schroedel-Westermann 2008)

Dieses Online-Verfahren wird in Baden-Württemberg an Hauptschulen durchgeführt. Die gestellten Aufgaben beziehen sich zum größten Teil auf die Orthographie, jedoch werden einige orthographische Bereiche, insbesondere grundlegende Kompetenzen der Laut-Buchstaben-Beziehung, nicht erfasst, sodass nicht alle Fehlschreibungen in die Auswertung einbezogen werden. Des Weiteren werden die Bereiche „Sprache untersuchen“ und „Texte verfassen“ in Ansätzen überprüft.

Kompetenzen auf der Ebene der Mündlichkeit, des sprachlichen Ausdrucks, der syntaktischen und morphologischen Korrektheit des mündlichen und schriftlichen Ausdrucks, der Schreibkompetenz und des Wortschatzes werden nicht berücksichtigt. Problematisch ist, dass das Verfahren *Online-Diagnose Deutsch* genannt wird, die Aussagekraft jedoch auf den Bereich der Orthographie begrenzt ist. Ein Bezug zur Mehrsprachigkeit ist nicht gegeben.

100 Punkte Diagnose zur Erhebung sprachlicher Kompetenzen (Knapp, 2004)

Die *100 Punkte Diagnose* bezieht sich auf ein Schulbuch (*Deutschprofi*, Oldenbourg Verlag) und lässt sich in den Unterricht integrieren. Die einzelnen Teile können unabhängig von einander in beliebiger Reihenfolge durchgeführt werden und im Klassenverband durchgeführt werden. Eine Auswertung kann mit übersichtlichen Auswertungsbögen mit Vermerk über mögliche Förderschwerpunkte individuell für jeden Schüler erfolgen.

Die *100 Punkte Diagnose* liefert Auskunft über die sprachlichen Kompetenzen der Schüler und umfasst die Bereiche Lesen, Texte verfassen, Grammatik, Rechtschreiben und mündliche Kommunikation.

4 Wie sollte eine entsprechende Erhebung aussehen?

Wie bereits mehrfach erwähnt, gibt es kein standardisiertes oder formelles Verfahren, das als Sprachstandsfeststellungsverfahren für Schüler mit Deutsch als Zweitsprache in der Sekundarstufe eingesetzt werden könnte. Die beiden oben erwähnten standardisierten Verfahren sind auf die Alterstufe der 5-10 jährigen Schüler ausgerichtet und somit nur noch begrenzt für Schülerinnen und Schüler der Sekundarstufe 1 einsetzbar. Bei keinem der erwähnten Verfahren wird die Sprachbiographie mit einbezogen, die einen erheblichen Einfluss auf die Entwicklung und die Motivation haben kann. Auch findet eine Berücksichtigung der Mehrsprachigkeit nicht statt.

Ein geeignetes Verfahren, das versucht, alle im ersten Teil erläuterten Bedingungen und Voraussetzungen zu berücksichtigen, sollte aus mehreren Bausteinen bestehen. Die erwarteten Kompetenzen müssen zunächst formuliert werden, danach muss das Erhebungsverfahren auf diese ausgerichtet werden und im Anschluss daran müssen konkrete Aussagen über den Aufbau einer Förderung getroffen werden. Schwierig hierbei ist die Passung auf die einzelnen Altersstufen, eine Abstufung (Klasse 5/6; Klasse 7/8; Klasse 9/10) wäre ideal, da sich die erwarteten Kompetenzen von Klasse 5/6 und Klasse 9/10 erheblich unterscheiden und die Komplexität der Inhalte sowohl mündlich als auch schriftlich noch einmal zunimmt.

Im Folgenden soll kurz erläutert werden, wie ein solches nicht normiertes Verfahren aussehen könnte. Es sollte auf jeden Fall dazu geeignet sein, Differenzen in der Entwicklung, unterschiedliche Ausgangslagen, Lernweg und -zugänge zu berücksichtigen und zu erfassen. Auch muss es konkrete inhaltliche Hinweise zur individuellen Förderung geben können.

In einem Gespräch zur Sprachbiographie müssten zunächst alle Einflussfaktoren einbezogen werden, d.h. in diesem Gespräch sollten Daten zur Erstsprache (Unterschiede und Gemeinsamkeiten L1/L2), zum Kontaktalter, der Kontaktintensität, den sozio- kulturellen Voraussetzungen und der Einstellung zur Sprache, aber auch zum Lernen erhoben werden. Anhaltspunkte hierfür können die Diagnostischen Leitfragen von W. Knapp bieten, die zwar für den Anfangsunterricht konzipert wurden, aber abgewandelt auch für ältere Schülerinnen und Schüler einsetzbar sind (vgl. Knapp 2001, vgl. Jeuk in diesem Band).

Weitere Bausteine müssten sich mit dem Hör- und Leseverstehen auseinandersetzen. Hier könnten die Aufgaben unterschiedlich aufgebaut sein, evtl. ein Hörtext, zu dem die Schüler Fragen beantworten müssen oder Aufgaben ausführen sollen. Hier spielt allerdings die Merkfähigkeit eine Rolle, da der Inhalt beim Bearbeiten der Aufgaben nicht mehr präsent ist. Eine weitere Möglichkeit wäre ein Lesetext, zu dem die Schülerinnen und Schüler verschiedene Aufgaben basierend auf unterschiedlichen Schwierigkeitsstufen bekommen. Auch sollte die Fähigkeit zur Textproduktion mit einbezogen sein. Zum einen, um der konzeptionellen Schriftlichkeit Rechnung zu tragen, zum anderen, um bestimmte Textsorten mit einzubeziehen.

An Hand eines Eigentextes sollte eine Fehleranalyse sowohl im Hinblick auf die Orthographie als auch auf grammatikalische Schwerpunkte durchgeführt werden, um auf Grundlage einer Fehlerkategorisierung individuelle Förderschwerpunkte festzulegen (vgl. Chlosta, Christoph, u.a. 2008, S. 267 ff.). Mit Hilfe eines *C- Tests* könnte man zum einen die allgemeine Sprachfähigkeit erheben oder durch eine Akzentuierung (Art der Tilgung) bestimmte Bereiche (wie z.B. Wortschatz, Fachwortschatz, grammatikalische Schwerpunkte) unter die Lupe nehmen. Des Weiteren sollte auch die mündliche Kommunikationsfähigkeit in einem ungezwungenen Gespräch, aber auch in einer vorbereiteten Situation (Argumentation, Präsentation) erfasst werden.

Da eine Sprachstandserhebung immer nur eine Momentaufnahme darstellen kann, ist es notwendig, eine Erhebung zu unterschiedlichen Zeitpunkten der Schullaufbahn eines Schülers durchzuführen (ideal wäre: Anfang, Mitte und Ende eines jeden Schuljahres). Basierend auf den Ergebnissen sollte ein individueller Förderplan für jede Schülerin und jeden Schüler entwickelt werden, der fortgeschrieben wird. Die Dokumentation sowohl der Ergebnisse der Erhebung als auch der Förderung ist ein zentraler Bestandteil einer prozessorientierten Förderdiagnostik.

Literatur

Baur, Ruprecht S./Spettmann, Melanie (2007): Screening – Diagnos – Förderung: Der C-Test im Bereich DaZ. In: Ahrenholz, Bernt (Hrsg.): Deutsch als Zweitsprache – Voraussetzungen und Konzepte für die Förderung von Kindern und Jugendlichen mit Migrationshintergrund. Freiburg im Breisgau: Fillibach Verlag, S. 95-110.

Baur, Ruprecht S./Spettmann, Melanie (2008): Sprachstandsmessung und Sprachförderung mit dem C-Test. In: Bernt Ahrenholz und Ingelore Oomen-Welke (Hrsg.): Deutsch als Zweitsprache. Baltmannsweiler: Schneider-Verlag Hohengehren, S. 430-441.

Cantone, Katja Francesca/Haberzettl, Stefanie (2008): Zielsprache „Schuldeutsch": Entwicklung eines Sprachdiagnose-Instruments für mehrsprachige Schüler der Sekundarstufe I – ein Werkstattbericht. In: Ahrenholz, Bernt (Hrsg.): Zweitspracherwerb – Diagnose, Verläufe, Voraussetzungen. Beiträge aus dem 2. Workshop Kinder mit Migrationshintergrund. Freiburg im Breisgau: Fillibach Verlag, S. 93-113.

Chlosta, Christoph/Schäfer, Andrea/Bauer, S. Ruprecht (2008): Fehleranalyse. In: Bernt Ahrenholz und Ingelore Oomen-Welke (Hrsg.): Deutsch als Zweitsprache. Baltmannsweiler: Schneider-Verlag Hohengehren, S. 265-277.

Esser, G./Wyschken, A.: P-ITPA. http://www.testzentrale.de/?id=1333&mod=detail P-ITPA vom 19.05.09/15.45 Uhr.

Petermann, F. u.a.: SET 5-10. http://www.testzentrale.de/?mod=detail&id=1371 SET 5-10 vom 19.05.09/15.43 Uhr.

http://www.schroedel.de/diagnose vom 19.05.09/16.40 Uhr.

http://www.westermann.de/diagnose vom 19.05.09/16.45 Uhr.

Knapp, Werner (1999): Verdeckte Sprachschwierigkeiten In: Grundschule Heft 5. S. 30-33.

Knapp, Werner (2001): Diagnostische Leitfragen. In: Praxis GS, Heft 3. S. 4-6.

Knapp, Werner (Hrsg.) (2004): 100 Punkte Diagnose zur Erhebung sprachlicher Kompetenzen. In: Deutschprofi A2/A3, Lehrermaterialien. München: Oldenbourg.

Kniffka, Gabriele (2006): Sprachstandsermittlung mittels Fehleranalyse. In: Heints, Detlef u.a.: Kölner Beiträge zur Sprachdidaktik. Mehrsprachigkeit macht schule. Köln: Köber, Gilles und Freunde. S. 73-84.

Kniffka, Gabriele/Siebert-Ott, Gesa (2007): Deutsch als Zweitsprache – Lehren und lernen: Paderborn: UTB - Schöningh.

Ministerium für Kultus, Jugend und Sport Baden-Württemberg (2008): Grundsätze zum Unterricht für Kinder und Jugendliche mit Sprachförderbedarf an allgemein bildendenden und beruflichen Schulen. Villingen-Schwenningen. Verwaltungsvorschrift vom 1. August 2008. In: Kultus und Unterricht 5/08, Villingen-Schwenningen: Neckar-Verlag, S. 57-62.

Reich, Hans H. (2003): Tests und Sprachstandsmessungen bei Schülern und Schülerinnen, die Deutsch nicht als Muttersprache haben. In: Bredel, Ursula u.a.: Didaktik der deutschen Sprache. Bd. 2. Paderborn: UTB - Schöningh. S. 914 - 923.

Reich, Hans H. (2008): Sprachstandserhebungen, ein- und mehrsprachig. In: Bernt Ahrenholz und Ingelore Oomen-Welke (Hrsg.): Deutsch als Zweitsprache. Baltmannsweiler: Schneider-Verlag Hohengehren, S. 420 - 429.

Überlegungen zu einem Instrumentarium für die Sprachstandsmessung von Schülerinnen und Schülern mit Deutsch als Zweitsprache

DORIS GRÜTZ

Den hier vorgestellten Überlegungen zu einem Instrumentarium zur Erhebung des Sprachstandes von Schülerinnen und Schülern mit Deutsch als der zweiten oder weiteren Sprache in der Deutschschweiz liegt in weiten Teilen das Konzept von Grütz und Sigg (2007) [1] zugrunde, das im Rahmen eines Auftrags der Bildungsdirektion des Kantons Zürich an die Pädagogische Hochschule Zürich erstellt wurde.[2]

Grundlage für dieses Konzept sind Vorgaben der Bildungsdirektion sowie die Rahmenbedingungen des Schulsystems im Kanton Zürich, die durch das neue Volksschulgesetz (7. Februar 2005) gegeben sind. Das Volksschulgesetz schreibt die Förderung von Schülerinnen und Schülern mit Deutsch als Zweitsprache im Rahmen sonderpädagogischer Massnahmen fest.[3] Diese soll nun auf einer vorangegangenen genauen Sprachstandsfeststellung basieren. Ob die Förderung gewährt wird, wird im sogenannten Standortgespräch entschieden, an dem u.a. die Regellehrperson, die DaZ-Lehrperson, die Schulleitung und die Eltern teilnehmen (vgl. die sonderpädagogische Verordnung des Kantons Zürich vom 11. Juli 2007, § 37).

---

[1] In Teilen wurde das Projekt von Basil Schader, Brigit Eriksson und Judith Hollenweger begleitet.

[2] Startphase des Projektes war März 07; es war eine Laufzeit bis August 08 vorgesehen. Zu diesem Zeitpunkt konnten Grütz und Sigg dem Auftraggeber eine erste Fassung vorlegen (Sprachstandsfeststellung für alle vier Altersstufen; Handbuch).

[3] Das Volksschulgesetz sieht eine integrative Förderung der Schülerinnen und Schüler durch die Förder- und die Regellehrpersonen vor, d. h. dass die DaZ-Lehrperson innerhalb des Regelunterrichts die Schülerinnen und Schüler ein bis zwei Stunden pro Woche fördert.

1 Anforderungen an das Instrumentarium

1.1 Ziele und Funktionen

Das Instrumentarium soll Folgendes leisten:

- Der Sprachstand aller Schülerinnen und Schüler mit Deutsch als Zweitsprache soll in der Volksschule von der Vorschule bis zur Sekundarschule 1 diagnostiziert werden.
- Die Sprachstandsdiagnose soll beim Standortgespräch eine zuverlässige Entscheidungsgrundlage für die Zuweisung zum DaZ-Unterricht bzw. die für Entlassung aus demselben bieten (summative Funktion).
- Formativ dient die Sprachstandsdiagnose als Grundlage für eine optimale individuelle Förderplanung.
- Das Instrumentarium soll dabei so gestaltet sein, dass die sprachlichen Kompetenzen und der Lernfortschritt regelmässig überprüft werden können.
- Das Instrumentarium soll ferner dem Anspruch der Praktikabilität genügen.

1.2 Problemstellungen

Aus diesen Ansprüchen ergeben sich u. a. folgende Probleme:

- Die doppelte Funktion des Instrumentariums, Förderdiagnose- und Selektionsinstrument in einem zu sein, stellt eine grosse Herausforderung dar: Die Funktion der Förderdiagnostik verlangt eine sehr differenzierte Erhebung des Sprachstandes; hingegen kann sehr schnell festgestellt werden, ob ein Kind Förderunterricht DaZ benötigt oder nicht.
- Der Anspruch einer hohen Praktikabilität legt nahe, ein eher einfach strukturiertes Instrument zu schaffen. Dies mag in Bezug auf die Selektionsfunktion durchaus adäquat sein, widerspricht aber der Forderung nach einer ernst zu nehmenden individuellen Förderdiagnostik.[4]
- Die Entwicklung eines gemeinsamen Instrumentariums für Schülerinnen und Schüler mit Deutsch als Zweitsprache zwischen fünf und sechzehn Jahren kann nicht von einem allgemein gültigen Modell zum Zweitspracherwerbsverlauf ausgehen. Es müssen altersspezifische Erwerbsverläufe beachtet werden. Zu diesen gibt es aber nur bedingt Ergebnisse. Gut abgestützt sind Forschungen zu den Erwerbsverläufen von Kindern im Vorschul- und Primarschulalter und zur Syntax (vgl. die Synopse von Komor im Anhang zu Ehlich 2005, S. 64 ff. und Schnieders/Komor 2005).

[4] Auf dieses Problem haben auch Cantone und Haberzettl (2008, S. 108) hingewiesen.

Ein weiteres Problem, dem im Instrumentarium Rechnung getragen werden muss, ist die besondere Situation der medialen Diglossie in der Deutschschweiz:

1.3 Zur medialen Diglossie in der Deutschschweiz

Zu den Schwierigkeiten, die das sprachliche Aufwachsen von Kindern mit nicht deutscher Erstsprache in der Deutschschweiz prägen, zählt die enge Verwandtschaft von Schweizerdeutsch und Hochdeutsch. Gyger (2003) spricht zu Recht von einem „Diglossie-Dilemma". Während die Differenzierung zwischen Standard und Dialekt für schweizerdeutsche native-speakers in aller Regel kein grösseres Problem darstellt, dürfte die Ähnlichkeit der beiden Varietäten deren Unterscheidung für Kinder mit nicht deutscher Erstsprache markant erschweren. Dies ist umso folgenreicher, als Schüler/innen, die sich zwischen den beiden Varietäten nicht klar orientieren und sie auseinander halten können, erhebliche Schwierigkeiten insbesondere im speziell selektionswirksamen schriftlichen Bereich haben werden. Wie Gyger (2000 und 2003) zeigt, führt das Diglossie-Dilemma bei Kindern mit nicht deutscher Erstsprache immer wieder zu Mischphänomenen und Code-Fluktuationen, wie sie bei Schweizer Kindern in der Regel nur zu Beginn der Schulzeit zu beobachten sind. Einen massgeblichen Einfluss auf die wichtige Kompetenz, sich zwischen den beiden Varietäten zu orientieren, hat der schulische Umgang[5] mit denselben.[6]

Das Volksschulgesetz sieht seit geraumer Zeit Hochdeutsch als Unterrichtssprache vor.[7] Danach richtet sich auch das Instrumentarium. Sprechen im Dialekt wird aber bei der Sprachstandserhebung von Kindergartenkindern berücksichtigt.

Die genannten Anforderungen und Probleme können in diesem Beitrag nicht umfänglich diskutiert, sondern zum Teil nur angerissen werden. In den Kapiteln 2 und 3 stehen grundsätzliche Überlegungen zur Erstellung eines Sprachstands-

[5] Untersuchungen von Schader (2003 a und b; 2006) zeigen, dass Schüler/innen, die den schulischen Sprachgebrauch als weitgehend hochdeutschgeprägt erleben, sich deutlich besser zwischen den beiden Varietäten orientieren können, als solche, die angeben, in der Schule werde Hochdeutsch und Schweizerdeutsch gemischt oder sogar mehr Schweizerdeutsch gesprochen. Die Ergebnisse untermauern die inzwischen kaum mehr hinterfragte Forderung nach einem möglichst integralen Hochdeutschgebrauch in der Schule bzw. nach einer klaren Deklaration von Sprachwechseln, wo solche vorgenommen werden. Zugleich untermauern sie die Forderung nach einer gezielten schulischen Förderung von Schülerinnen und Schülern mit Deutsch als Zweitsprache im Hochdeutschen.

[6] Dieser Absatz zur medialen Diglossie ist von Basil Schader verfasst und dem Konzept von Grütz/Sigg (2007, S. 4) entnommen.

[7] Zur konkreten Umsetzung vgl. das „Handbuch Hochdeutsch" von Neugebauer/Bachmann 2007 und die Broschüre „Hochdeutsch als Unterrichtssprache" der Bildungsdirektion des Kantons Zürich (2003).

instrumentariums DaZ im Mittelpunkt, das dem Gedanken der Förderdiagnostik verpflichtet ist. Das Instrument der Profilanalyse wird in Kap. 4 vorgestellt. Kap. 5 setzt sich mit der Frage nach Umsetzung der Zuweisungsfunktion des Instrumentariums auseinander.

2 Einteilung in Altersstufen

Das Sprachstandsinstrumentarium Deutsch als Zweitsprache, kurz SSI-DaZ, richtet sich an alle Schülerinnen und Schüler mit Deutsch als Zweitsprache in der Volksschule, und zwar von der Vorschule bis zur Sekundarstufe I. Es besteht aus vier Versionen, die sich nicht vorrangig nach den Schulstufen (Kindergarten, Unterstufe, Mittelstufe, Oberstufe) richten, sondern aus entwicklungspsychologischen Gründen nach dem Kriterium des Lebensalters der jeweiligen Schülerin/des jeweiligen Schülers. Es ist jedoch naheliegend, dass das schulische Curriculum wegen der Etappierung des Schriftspracherwerbs nicht ohne Einfluss auf die Festlegung der Versionen bleibt. Die Versionen betreffen folgende Altersstufen:

Alterstufe 1:	5 - 6 Jahre:	Mündlichkeit, beginnender Schriftspracherwerb
Alterstufe 2:	7 - 9 Jahre:	Phase der Schriftspracherwerbs
Alterstufe 3:	10 - 13 Jahre:	Abgeschlossener Schriftspracherwerb
Alterstufe 4:	14 - 16 Jahre:	Abgeschlossener Schriftspracherwerb

Die Vierteilung gemäß Lebensaltersgruppen erlaubt es, durch annähernd altersgerechte Aufgabenstellungen den Lebenswelten und den Entwicklungsphasen der Schülerinnen und Schüler Rechnung zu tragen. Die Erwerbsverläufe von Kindern mit Migrationshintergrund verlaufen höchst unterschiedlich. Im „Normalfall" würde z.B. eine Schülerin/ein Schüler, die/der den Schriftspracherwerb gerade abgeschlossen hat, etwa acht Jahr alt sein. Bei einem Migrationshintergrund kann von diesem für muttersprachliche Schülerinnen und Schüler gültigen Zusammenhang zwischen Alter und Schriftspracherwerb aber nicht zwingend ausgegangen werden. Das Bildungssystem des Herkunftslandes und der Zeitpunkt der Immigration bestimmen den Lebens- und Lernweg. Eine Schülerin/ein Schüler mit Deutsch als Zweitsprache kann bei gerade abgeschlossenem Schriftspracherwerb auch wesentlich älter, z.B. 15 Jahre alt sein. Diesen Schülerinnen und Schülern sollte man nicht mit Aufgaben für die Primarstufe begegnen, sondern es muss Aufgabenmaterial zur Verfügung gestellt werden, das ihren Interessen entspricht. Nur so sind sprachliche Produktionen (Wortschatz, Komplexität der Äusserung) zu erwarten, die annähernd ihrem tatsächlichen Kompetenzniveau entsprechen.[8]

3 Anforderungen an eine Sprachstandsdiagnostik zwecks einer individuellen Förderung

3.1 Multiperspektivität der Erhebung

Um der formativen Funktion gerecht zu werden, Grundlage für eine individuelle Förderplanung zu sein, muss der Sprachstand der Schülerin/des Schülers unter mehreren Perspektiven erhoben werden. Reich (2005) unterbreitet in einem noch vorläufigen Entwurf vier Aspekte, die der interindividuellen Unterscheidung dienen und die eine Sprachdiagnostik in Bezug auf mögliche Förderentscheidungen berücksichtigen sollte:

- Unterscheidung zwischen einer Förderung für Kinder mit normaler geistiger Entwicklung und solchen, die unter einer spezifischen Sprachentwicklungsstörung leiden (vgl. Reich 2005, 153 f.). Zwar sind die DaZ-Fördermassnahmen im Kanton Zürich im sonderpädagogischen Bereich angesiedelt, doch richtet sich das Instrumentarium an Kinder und Jugendliche mit normaler geistiger Entwicklung. Eine vergleichende Abklärung in der Erstsprache und in der Zweitsprache kann aber Hinweise auf mögliche Sprachentwicklungsstörungen geben. So kann es z. B. sein, dass ein Kind in der Zweitsprache stottert, nicht aber in der Erstsprache. In so einem Fall lägen die Gründe nicht auf einer allgemeinen Sprachentwicklungsstörung, sondern sie haben mit der Art des Erwerbs der Zweitsprache zu tun.
- Unterscheidung nach den Dominanz- und Domänenverhältnissen zwischen den Sprachen des DaZ-Kindes (ebenda). Hieran kann sich zeigen, inwieweit die Erstsprache(n) zur Förderung des Deutschen herangezogen werden kann/können. Allgemeingültige Aussagen dazu gibt es aber nicht, da die Spracherwerbsverläufe und die kognitiven Fähigkeiten höchst unterschiedlich sind. So hat die Studie von Moser et al. (2008) bei Vorschulkindern mit Migrationshintergrund aus eher bildungsfernen Elternhäusern ergeben, dass eine Förderung der Erstsprache (zumindest während der zweijährigen Interventionszeit) keine – weder positive noch negative – Effekte auf die Zweitsprache (u. a. Wortschatz) hat[9] (vgl. dazu Grütz 2009).

---

[8] Auch bei der Sprachrezeption konnte Naceur (2001) den Zusammenhang zwischen Interesse und Textverstehen aufzeigen. Dies lässt generell den Schluss zu, dass kognitive und sprachliche Leistungen dann optimal erbracht werden können, wenn die Thematik interessiert.

[9] Bei Kindern aus bilingualen und bildungsnahen Elternhäusern mag der Transfer – gemäß der Interdependenzhypothese – gegeben sein. Diese Kinder sind jedoch von der hier fokussierten Population wohl weitgehend ausgenommen. Werden bei einem DaZ-Kind in der

- Unterscheidung nach dem persönlichen Umgang mit der Sprache, nach dem „Erwerbstyp". Unter diese Rubrik fallen sogenannte vor-einzelsprachlich angelegte Persönlichkeitsmerkmale, die sich in den Sprachen äussern, wie Einstellungen zu den Sprachen, Sprachbewusstheit, kommunikative Gewohnheiten, Umgang mit der Schriftsprache u. a. (vgl. Reich 2005, 153). In diesem Bereich kann z. B. das Augenmerk auf das Phänomen der verdeckten Sprachschwierigkeiten gelenkt werden: Schülerinnen und Schüler, die im Mündlichen zum Teil eine hohe Kommunikationsbereitschaft zeigen, sich am Unterrichtsgespräch intensiv beteiligen, können wider Erwarten grosse Schwierigkeiten im Schriftsprachlichen haben. Umgekehrt müssen schweigsame DaZ-Schülerinnen und Schüler nicht notwendig grundlegende sprachliche Defizite aufweisen. Ein weiteres Beispiel bezieht sich auf die Bedeutung der Einstellung zu den Sprachen für die Förderung der Zweitsprache: Manche Kinder besitzen einen vehementen Willen zur Integration, so dass sie den Kontakt mit der Erstsprache auf die Kommunikation in der Familie beschränken und ausserhalb der Familie nur die Zielsprache sprechen möchten. Zeit mit der Förderung der Herkunftssprache zu verbringen, wäre im Falle einer ablehnenden Einstellung zu dieser ineffektiv.
- Unterscheidung zwischen den sprachlichen Bereichen innerhalb einer Sprache: Ermittlung individueller einzelsprachlicher Profile. Der Förderung kann es nach Reich dienlich sein, die Kompetenzen der Schülerinnen und Schüler mit Migrationshintergrund auf den Gebieten der Syntax, der Morphosyntax, der Lexik und der Pragmatik zu erheben und dabei Stärken wie Schwächen festzustellen. Auf der Grundlage von Zweitspracherwerbsmodellen können ermittelte Kompetenzen für das Erreichen der „Zone der nächsten Entwicklung" genutzt werden (vgl. ebenda, S. 153f.).

Wie diese vier förderorientierten Aspekte der Sprachstandsdiagnose in einem Instrumentarium umgesetzt werden können, zeigt das folgende Kapitel.

3.2 Folgerungen für die funktionalen Bestandteile eines Instrumentariums

Um den Sprachstand mit Blick auf eine optimale Förderplanung so facettenreich wie oben beschrieben erheben zu können, sind unterschiedliche Instrumente nötig. Dieses Konzept ergibt sich ausserdem aus der Forderung nach grösstmöglicher

Erstsprache lediglich (rudimentäre) Kenntnisse auf der BICS-Ebene festgestellt, kann eine sinnvolle Fördermassnahme die intensive und ausschliessliche Förderung der Zweitsprache sein (vgl. Hopf 2005).

Objektivität, denn der subjektive Zugang von Beurteilenden ist bei keinem Verfahren auszuschliessen (vgl. Ehlich 2005, S. 52 f.). Ein mehrteiliges Instrumentarium ist auch wegen des Umstandes geboten, dass sich durch die Art der Beobachtung das sprachliche Verhalten ändert (vgl. Bredel 2005, S. 100 f.). Es ist zu vermuten, dass durch den gleichzeitigen Einsatz von verschiedenen Erhebungs- und Beurteilungsinstrumenten der individuelle Sprachstand mit all seinem Entwicklungspotential so gut erfasst werden kann, dass sich der Diagnose eine angemessene Förderung anschliessen kann. Das SSI-DaZ folgt diesem Prinzip der Multiperspektivität; es sieht drei Instrumente vor:

- erstens eine linguistisch basierte Sprachstandsfeststellung, die Profilanalyse[10], um in zum Teil quasi-natürlichen, zum Teil gelenkten Sprachhandlungssituationen die zielsprachlichen Stärken und Schwächen zu ermitteln. Sie soll zu einem einzigen gegebenen Zeitpunkt den aktuellen Sprachstand schwerpunktmässig auf grammatischem und semantischem Gebiet, am Rande auch auf pragmatischem, diskursivem und literalem Gebiet erheben. Hierbei handelt es sich um sogenannte „harte“, kontextfrei erhobene sprachliche Daten. Diese Momentaufnahme muss durch sogenannte „weiche“ Daten ergänzt werden, die in einem längeren Zeitraum und durch eine andere Beurteilungsperson erhoben wurden.
- zweitens ein Beobachtungsbogen, der im Regelunterricht eingesetzt wird, um das sprachproduktive und -rezeptive sowie das sprachpragmatische Verhalten der Schülerinnen und Schüler mit Deutsch als Zweitsprache über einen längeren Zeitraum hinweg zu beobachten. Durch den situativen Gebrauch von Sprache werden kontextgebundene Sprach(verhaltens)daten erhoben. Dabei ist es wichtig, nicht nur aufgabenbezogenes sprachliches Verhalten zu beobachten, sondern auch das kommunikative Verhalten in spontansprachlichen, ausserunterrichtlichen Situationen (Pausen, Sportveranstaltungen etc.). Der Beobachtungsbogen soll zum Instrument der Sprachstandsfeststellung/Profilanalyse kompatibel sein.
- drittens ein Instrument zur Einschätzung der Erstsprache, das sich an verschiedene Personen wendet: Eltern, Lehrpersonen der Kurse für heimatliche Sprache und Kultur (HSK), Bezugspersonen und ab einem gewissen Alter die

[10] Der Begriff „Profilanalyse“ wird hier verwendet, um im Unterschied zu Schätzverfahren, Beobachtungen und standardisierten Tests die umfassende, qualitative, linguistische Sprachstandsfeststellung zu bezeichnen, die Grundlage für ein individuelles Förderprogramm sein soll. Sie bezieht sich auf die Sprachstandserhebung in der mündlichen und schriftlichen Sprachproduktion sowie auf die im rezeptiven Bereich.

Kinder selbst. Dieses ist geeignet, auf einer pragmatischen Ebene die sprachlichen Kompetenzen sowie die Einstellung zur Herkunftssprache und zum Deutschen einzuschätzen. Wünschenswert wäre es, parallel zur Sprachstandsfeststellung – wie Ehlich das fordert (2005, S. 50, AVRS 8) – die Erstsprache in einer Profilanalyse erheben zu können. Dies würde aber einen ungeheuren Aufwand bedeuten, da die Profilanalyse für DaZ nicht ohne Weiteres auf eine andere Sprache übertragen werden kann. Ein Einschätzungsverfahren, das im Gegensatz zu einer Profilanalyse lediglich vage Ergebnisse bringt, bietet immerhin Anhaltspunkte für eine individuelle Förderung, und sei es „nur" in soziolinguistischer und motivationaler Hinsicht.

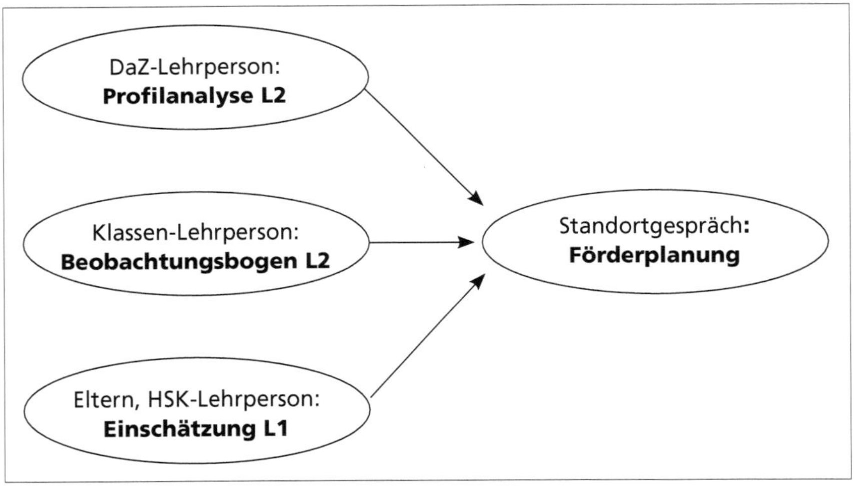

Abbildung 1: Bestandteile eines Instrumentariums für eine förderorientierte Sprachstandsdiagnose DaZ

Mit Hilfe dieser drei Instrumente wird man der Bedeutung des Standortgesprächs gerecht, das dazu dient, im Sinne einer optimalen Förderung den individuellen Lernweg beim Erst- und Zweitspracherwerb zu berücksichtigen.

3.3 Grundlagen für alle drei Instrumente und für alle Alterstufen

3.3.1 Fertigkeitsbereiche

In den von Ehlich et al. (2005, S. 12; 22 ff.) formulierten Anforderungen an Verfahren der regelmässigen Sprachstandsfeststellung werden sieben Basisqualifikationen aufgelistet, die im Laufe der Sprachaneignung ausgebildet werden. Diese Basisqualifikationen werden in unterschiedlichem Ausmass in den einzelnen Instrumenten des SSI-DaZ berücksichtigt.

Folgende Rahmenbedingungen bestimmen die Festlegung der Fertigkeitsbereiche, in denen der Sprachstand der DaZ-Kinder erhoben wird. Die DaZ-Förderung ist im Kanton Zürich eng mit dem schulischen Regelunterricht verzahnt und wird in integrierter Form durchgeführt. Da die DaZ-Förderung die Schülerinnen und Schüler befähigen soll, am Schulunterricht mit Erfolg teilzunehmen und da sich der Erfolg letztlich am schulischen Zeugnis bemisst, werden die dort ausgewiesenen Fertigkeitsbereiche im Fach Deutsch auch bei der Erhebung des Sprachstandes zugrunde gelegt. Diese sind:

Sprachrezeptiv:	Hörverstehen und Leseverstehen
Sprachproduktiv:	Sprechen (monologisch und dialogisch) und Schreiben.

Diese Fertigkeitsbereiche liegen allen drei Instrumenten zugrunde, damit im Gespräch über die Förderung der Schülerin/des Schülers (Standortgespräch) eine gemeinsame Ausgangsbasis vorliegt.

Einige der von Ehlich et al. (2005) genannten Basisqualifikationen sind darauf ausgerichtet, eher durch den Beobachtungsbogen im Regelunterricht beachtet zu werden, wie die pragmatischen und die diskursiven Basisqualifikationen, andere wiederum werden insbesondere in der Profilanalyse fokussiert: die morphosyntaktische, die semantische und die literale Qualifikation.

3.3.2 Niveaustufen

Bei der Festlegung von Niveaustufen ist zwischen zwei Kategorien zu unterscheiden: einer alters- und interessensabhängigen Niveaustufung in Bezug auf die Aufgaben (was wird gekonnt) und einer kompetenzorientierten Stufung in Bezug auf die Beurteilung (wie gut wird etwas gekonnt).

Zum einen geht es darum, in Abhängigkeit vom Lebensalter, der allgemeinen kognitiven Entwicklung sowie von den altersspezifischen Interessen kommunikative Aufgaben zu stellen, in denen die Schülerin/der Schüler ihre/seine sprachlichen Kompetenzen zeigen kann. Als Norm für den Komplexitätsgrad der Aufgaben eignen sich die im Gemeinsamen europäischen Referenzrahmen für Sprachen (GER) formulierten Niveaustufen.[11] Zwar wurde der GER für andere Zwecke, nämlich für den Fremdsprachenunterricht, konzipiert, doch in Ermangelung eines Referenzrahmens für die Zweitsprache greifen wir hilfsweise

[11] Desgleichen im Europäischen Sprachenportfolio und in Profile deutsch (Glaboniat et al. 2005).

darauf zurück. Einen Hinweis auf L2-Lernende gibt der GER dann doch: Es wird vorgeschlagen, „in einer Sprachlernumgebung im Zielsprachengebiet den Stamm ‚Selbständige Sprachverwendung' weiter zu verzweigen (2001, S. 42f.). B1+ ist dann als „starke Variante“ von B1 vorgesehen. Als zu erreichendes Niveau haben wir diese Stufe vorgesehen.

Der GER ist vor allem in Bezug auf die aufgabenorientierte Skala für die Testautoren nützlich (vgl. Kap. 4). Die beurteilungsorientierten Skalen (GER, S. 47) eignen sich jedoch für eine Sprachstandsdiagnose aufgrund mangelnder Trennschärfe erwartungsgemäss nicht.[12]

Um für alle Fertigkeitsbereiche und alle Altersstufen des SSI-DaZ Kompetenzstufen festzulegen, um die „Zone der nächsten Entwicklung“ auszumachen, bedürfte es eines umfassenden Spracherwerbsmodells, das es in dieser Form noch nicht gibt. Eine Lösung könnte sein, bei der Beurteilung sprachlicher Daten Spracherwerbsmodelle, die sich auf einzelne sprachliche Phänomene bei einer bestimmten Population beziehen (z.B. Erwerb der Syntax, Haberzettl, 2005; Clahsen, 1986 oder Genuserwerb im Grundschulalter, Jeuk 2008), vorläufig auf alle Alterstufen anzuwenden, bis weitere Forschungsergebnisse bekannt werden.

Im Folgenden wird das Augenmerk auf die Sprachstandsfeststellung, die Profilanalyse, gelegt. Sie ist der Kern des gesamten Sprachstandsinstrumentariums DaZ.[13]

---

[12] Dies soll ein Beispiel illustrieren (GER 2001, S. 37f.). Für die mündliche Kommunikation lauten die Beurteilungsformulierungen unter dem Kriterium „Korrektheit“ wie folgt: B1: „Verwendet verhältnismässig korrekt ein Repertoire gebräuchlicher Strukturen und Redeformeln, die mit eher unvorhersehbaren Situationen zusammenhängen“. B2: „Zeigt eine recht gute Beherrschung der Grammatik. Macht keine Fehler, die zu Missverständnissen führen und kann die meisten eigenen Fehler selbst korrigieren“. Es ist u.a. zu fragen, wo der Unterschied zwischen einer „verhältnismässig korrekten“ Verwendung und einer „recht guten Beherrschung“ liegt. Und lässt sich pragmalinguistisch ein Unterschied zwischen „gebräuchlichen Strukturen“ und der „Grammatik“ ausmachen? Das liegt wohl im Ermessen der beurteilenden Person. Eine kriterienbasierte Beurteilung gibt es nicht.

[13] Für den Beobachtungsbogen liegt ein Konzept vor, auf dessen Skizzierung hier aus Platzgründen verzichtet wird; das Verfahren zur Einschätzung der L1 ist noch in der Planung.

4 Linguistisch basierte Sprachstandsfeststellung in der Zweitsprache: Profilanalyse

4.1 Die Kompetenzbereiche und Aufgabenfelder

Die Profilanalyse erfolgt in den folgenden Bereichen:

<table>
<tr><th colspan="2">Sprachrezeption</th><th colspan="2">Sprachproduktion</th></tr>
<tr><th>Hörverstehen</th><th>Leseverstehen</th><th>Sprechen</th><th>Schreiben</th></tr>
<tr><td>global</td><td>Vorlesen</td><td>Dialog: Rollenspiel</td><td rowspan="3">Text mit Ich-Bezug</td></tr>
<tr><td>detailliert</td><td>wörtlich</td><td>Dialog: Imaginativ „Was würdest du sagen, wenn …“ (Bewältigung von Alltagssituationen)</td></tr>
<tr><td>gezielt</td><td>deutend</td><td>Monolog: Erzählen</td></tr>
</table>

Abbildung 2: Kompetenzbereiche und Aufgabenfelder im SSI-DaZ

In diesem Beitrag wird nur auf die Sprachproduktion eingegangen. Der Kern der Profilanalyse ist die genaue Diagnose der sprachproduktiven mündlichen wie schriftlichen Kompetenzen, und zwar schwerpunktmässig in der Syntax, der Morphosyntax und der Lexik, am Rande auch in der Phonetik (Artikulation) und der Rechtschreibung[14] sowie in der diskursiven (Frage-Antwort-Paar) und in der Textkompetenz.[15]

4.2 Die Aufgaben

Die Aufgaben, die der Profilanalyse zugrunde liegen, folgen dem handlungsorientierten Ansatz, wie er auch im GER (2001, S. 21) vorgegeben ist. Sprache wird funktional als Sprachverwendung in bestimmten sozialen und kommunikativen

[14] Die Rechtschreibung wird lediglich in der vierten Alterstufe berücksichtigt, wenn der Schriftspracherwerb als abgeschlossen gilt und im Regelunterricht nur mehr randständig behandelt wird.

[15] Zwar konnten Cantone und Haberzettl (2008) bei der Analyse von Brieftexten, die von DaZ-Schülerinnen und Schülern aller Schultypen der Sekundarstufe I verfasst wurden, eindrücklich darauf verweisen, dass der grösste Unterschied zwischen „guten“ und „schlechten“ Schülern nicht in der Grammatik liegt, sondern im pragmatischen und literalen Bereich bei der Erfassung der Aufgabenstellung und des Stils (2008, S. 105 ff.). Dieses Ergebnis birgt wegen der geringen Probandenzahl und wegen der nicht validierten Aufgabenstellung allerdings noch ein paar Unwägbarkeiten, so dass wir an der Grammatik als kompetenzunterscheidendem Kriterium festhalten.

Situationen betrachtet. Demgemäss sind die Aufgaben kommunikativ gestaltet; sie versetzen die DaZ-Schülerin/den DaZ-Schüler in eine soziale Rolle aus dem persönlichen (Sohn/Tochter, Freund/Freundin, Nachbarskind), schulischen (Schüler/in, Klassensprecher/in, Aussenseiter/in, „Star") oder gesellschaftlichen (Sportler/in, Verkehrsteilnehmer/in, Konsument/in) Umfeld, aus der heraus sie/er sprachlich agiert. Die Aufgaben sind ferner so formuliert, dass die Verwendung bestimmter grammatischer Strukturen und ein bestimmter Wortschatz nahegelegt werden. Ein Beispiel:

> "Schreibe einen Text über: Ich möchte ein Natel[16] / ein Velo/ ein ... kaufen. Begründe deinen Eltern gegenüber, warum du ein bestimmtes Natel / Velo/... einem anderen vorziehst."

Diese Aufgabenstellung verlangt wegen des sprachpragmatischen Bereiches „etwas wünschen/wollen" in grammatischer Hinsicht Satzstrukturen mit dem Modalverb, wegen der verlangten Begründung und der impliziten Folgen kausale und konsekutive Nebensätze oder adverbiale Bestimmungen. Der Wortschatz betrifft u.a. die Bereiche *Form, Funktion, Preise.*

Die Aufgabenstellung ist relativ knapp und offen gehalten. Dies hat gegenüber profilierten und differenzierten Aufgabenstellungen, wie sie z.B. von Cantone und Haberzettl (2008, S. 96) in ihrem Pilotprojekt zu schriftsprachlichen Kompetenzen von DaZ-Schülerinnen und Schülern der Sekundarstufe I verwendet werden, den Vorteil, dass nicht u.U. mangelndes Leseverstehen den Schreibprozess behindern könnte (vgl. ebenda, S.107). Sie hat den weiteren Vorteil, dass die offen gehaltene kommunikative Situation leicht begreiflich ist und die Schüler schnell einen Text verfassen können. Für einen Fertigkeitsbereich sind nämlich lediglich ca. zehn Minuten vorgesehen. Die knappe und offene Formulierung birgt aber auch einen grossen Nachteil: Die Texte können weit differieren, was deren Vergleichbarkeit behindert und die Ermittlung von standardisierten Kompetenzstufen erschwert, wenn nicht gar verunmöglicht. Dieses Problem ist noch nicht gelöst. Die Aufgaben werden in einem längerfristigen Zeitraum auf ihre Validität und Funktionalität hin zu überprüfen sein.

4.3 Das Beurteilungsraster

Die mündlichen und die schriftlichen Texte werden einem fast gleichen Beurteilungsraster unterzogen. Unterschiede gibt es lediglich durch die Bereiche Phonetik im Mündlichen und Rechtschreibung im Schriftlichen. Die Spalten für den Eintrag

[16] Natel: schweizerdeutsch für „Handy"; Velo: schweizerdeutsch für „Fahrrad".

der Belege im Mündlichen und im Schriftlichen sind im Beurteilungsraster nebeneinander angeordnet (s. Abbildung 3). Anliegen ist es, einen Vergleich zwischen diesen beiden medialen Repräsentationen zu erhalten. Wenn im Mündlichen bestimmte sprachliche Phänomene belegt sind, im Schriftlichen jedoch kaum oder nicht, lässt das auf latente sprachliche Defizite schliessen.

Uns ist bewusst, dass im Mündlichen – und insbesondere unter den Bedingungen der konzeptionellen Mündlichkeit – Sätze aus pragmatischen Gründen als richtig oder zumindest als akzeptabel erachtet werden müssen, die im Schriftlichen (innerhalb eines Kontinuums von konzeptioneller Mündlichkeit bis konzeptioneller Schriftlichkeit) als Fehler gewertet würden. Die Analyse erfolgt anhand gleicher Kategorien, die Bewertung der Sprachdaten hingegen muss für die schriftliche und die mündliche Sprachproduktion nach je eigenen Massstäben erfolgen.

Es wurde die Entscheidung getroffen, im Beurteilungsraster die sprachlichen Distraktoren in allen vier Alterstufen des SSI-DaZ in der jeweils gleichen Reihenfolge aufzulisten. Diese folgt nicht spracherwerbsbasierten, sondern sprachsystematisch orientierten Kriterien. Dies ist dem Fehlen eines gesicherten Modells zu den Spracherwerbsverläufen von Kindern mit Migrationshintergrund geschuldet, das es angesichts der unterschiedlichen Lernwege und Herkunftssprachen womöglich auch nicht geben kann. Eine einheitliche sprachsystematische Anlage von Deskriptoren hat den Vorteil, dass eine DaZ-Lehrperson bei jedem Beurteilungsraster ein gleiches Schema vorfindet und sich leicht zurechtfindet, wenn sie die Sprachstandsfeststellung bei Kindern auf unterschiedlichen Alterstufen durchführt. Es hat den weiteren Vorteil, dass nach einer geraumen Zeit festgestellt werden könnte, in welcher Reihenfolge in einem bestimmten Alter und mit einer bestimmten Erstsprache welche Strukturen und Kategorien erworben werden bzw. vorhanden sind.

Die Profilanalyse des SSI-DaZ folgt dem Prinzip der Ressourcenorientierung. Dies äussert sich in der Anlage des Beurteilungsrasters. Die sprachlichen Daten werden nicht nach Defiziten abgesucht – wie das bei der Beurteilung durch Lehrpersonen habituell der Fall ist. Es gilt der Ansatz, herauszufinden, was die Schülerin/der Schüler schon kann. Durch die Kategorien „richtig benützt" und „benützt" wird sichtbar, welche sprachlichen Kompetenzen schon sicher aufgebaut sind und welche sich noch in der Aneignungsphase befinden. Im unten stehenden Beispiel (Abbildung 3) kommen die sprachlichen Belege für unregelmässige Verbformen im Präteritum jeweils in beiden Kategorien vor: im Schriftlichen häufiger *richtig benützt* als nur *benützt*; im Mündlichen, das deutlicher der spontanen Sprachproduktion unterliegt, überwiegt, dass die Form *benützt* wurde, wenn auch nicht richtig (z. B. (er) „gehte" oder „ginge"). Legt man die U-Kurve von Karmiloff-Smith (1992, in Bredel 2008, S. 87) zugrunde, lässt sich auf die Aneignungsphase der „Entdeckung von Regel und Abweichung" schliessen. Bei der Förderplanung lässt sich so die „Zone der nächsten Entwicklung" ausfindig machen.

Morphologie	Mündlich		Schriftlich	
	richtig benützt	benützt	richtig benützt	benützt
Präteritum – unregelmässiges Verb	x	x x	x x x x	x
…				

Abbildung 3: Ressourcenorientierter Ansatz bei der Profilanalyse in den produktiven Fertigkeitsbereichen Sprechen und Schreiben

4.4 Die Durchführung

Für die Erhebung der sprachlichen Daten, also die Durchführung der Aufgaben, ist eine Schulstunde von 45 Minuten vorgesehen. Von den mündlichen Sprachdaten müssen anschliessend Transkriptionen angefertigt werden. Um die Texte systematisch zu analysieren, sollte der Text in fünf Durchgängen analysiert werden: jeweils mit dem Fokus auf eine andere Kategorie. Wir sprechen von den „fünf Brillen", die jeweils aufgesetzt werden:

Der Aufbau des Beurteilungsrasters	**Die „fünf Brillen" – oder wie man einen Text analysiert**
I. Syntax (Satzbau)	1. Durchgang: „Syntaxbrille"
II. Morphologie (Wortbeugungen im Satz)	2. Durchgang: „Morphologiebrille"
III. Wortschatz	3. Durchgang: „Wortschatzbrille"
IV. Phonetik (Artikulation) und Orthografie (Rechtschreibung)	4. Durchgang: „Artikulationsbrille" und „Rechtschreibebrille"
V. Textkohärenz (innerer Textzusammenhalt)	5. Durchgang: „Brille der Textkohärenz"

Abbildung 4: Aufbau des Beurteilungsrasters nach Fertigkeitsbereichen und Hinweise auf das Vorgehen bei der Analyse

Die Sprachstandsdiagnose mit der Profilanalyse ist sehr zeitaufwändig, vor allem für wenig routinierte Beurteilungspersonen, und sie erfordert eine hohe Qualifikation der DaZ-Lehrpersonen im sprachsystematischen Bereich. Das Beurteilungsraster verlangt ausserdem ein Umdenken, eine Abkehr von der bisherigen defizitorientierten Beurteilungskultur. Die Denkweise eines ressourcenorientierten Ansatzes ist für viele DaZ-Lehrpersonen anfangs sicher eine Hürde. Im Handbuch werden ausführliche Beispiele dazu gegeben (Grütz/Sigg 2008).

5 Anforderungen an eine Sprachdiagnostik als Zuweisungsinstrument

5.1 Bedingungen und eine mögliche Lösung

Um mit der Profilanalyse auch eine Grundlage für die Entscheidung über die Zuweisung zum DaZ-Unterricht zu haben, müssten idealerweise folgende Bedingungen gegeben sein:

- Vergleichbarkeit der sprachlichen Daten der Schülerinnen und Schüler. Dies ist nur mit einer stark gelenkten Aufgabenstellung zu leisten, die weitgehend vergleichbare Texte hervorbringt.
- Festlegen einer obersten Bezugsnorm als 100%-Marke des zu Erreichenden (Ergebnisse deutschsprachiger Kinder); dies nach umfangreichen Untersuchungen.
- Festlegen von summativen Kompetenzstufen in Bezug auf die erreichbare Norm (Angabe von Prozentskalen).

Obwohl diese Bedingungen derzeit nicht vorliegen (geringe Vergleichbarkeit der Texte, keine ausreichende Erprobungszeit), wurden Lösungen überlegt, von denen eine kurz skizziert wird:

Die Zahl der richtig benützten Belege eines Textes wird – getrennt nach den Kategorien Syntax und Morphologie – in Bezug zur Gesamtzahl der Textbelege gesetzt. Die Länge des Textes kann zusätzlich mit einem Produktivitätsfaktor berücksichtigt werden. Daraus lassen sich rein rechnerisch Kompetenzstufen, vergleichbar mit den schulischen Noten, ermitteln, die anzeigen, ob DaZ-Unterricht auf jeden Fall, unter Umständen oder auf keinen Fall notwendig ist. Diese Lösung müsste längerfristig erprobt werden. Mehr oder weniger aufwändig wäre nur das Auszählen der Textbelege.

Es zeigt sich, dass die formative Funktion des Instrumentariums mit dem Anspruch einer individuellen Förderung und die gleichzeitige Funktion, ein wenig aufwändiges Zuweisungsverfahren zum DaZ-Förderunterricht zu sein, konfligieren. Das an sich schon aufwändige Verfahren einer Profilanalyse wird durch die aktuellen Rahmenbedingungen noch verstärkt: Es stehen noch nicht genügend qualifiziert ausgebildete DaZ-Lehrpersonen zur Verfügung, die in der Lage sind, mit einem linguistisch basierten Instrument umzugehen, auch wenn sich die Situation durch die wissenschaftliche Ausbildung an den Pädagogischen Hochschulen und durch die Zusatzlehrgänge DaZ als Weiterbildung für DaZ-Lehrpersonen inzwischen gebessert hat.

Ein weiteres Problem liegt in der unterschiedlich hohen Zahl an DaZ-Schülerinnen und Schülern in den Gemeinden. DaZ-Lehrpersonen sind abhängig vom Schulhaus unterschiedlich stark ausgelastet. Bei einer einstündigen Durchführung, einer weiteren guten Stunde für die Transkription und ein bis zwei weiteren Stunden für die Auswertung der sprachlichen Daten ist es DaZ-Lehrpersonen, die viele Schülerinnen und Schüler betreuen, kaum möglich, diesen Arbeitsaufwand ohne Zusatzstunden zu bewältigen.

5.2 Alternative Lösungen

Will man daran festhalten, die Sprachstandsfeststellung/Profilanalyse gleichzeitig summativ wie formativ zu verwenden, kommt man im Sinne der Zeitökonomie nicht umhin, routinierte ExpertInnen für Sprachstandsdiagnostik – zumindest für eine Übergangsphase – zuzulassen; dies ist bislang nicht so vorgesehen. Diese Empfehlungen werden durch Ehlich (2005, 61 f.) gestützt, der für eine „effektive Diagnostik und Förderung" eine adäquate Ausbildung des künftigen Lehrpersonals anmahnt sowie Sprachberater fordert, die diesen Bereich effizient und systematisch betreuen. „Eine realistische Förderkultur" – und um die geht es letztlich trotz der an dieser Stelle fokussierten Aufgabe der Zuweisung – „bedarf sowohl räumlicher wie zeitlicher wie materieller Ressourcen" (ebenda, S. 62, AVRS S. 22).

Eine Lösung aus diesem Dilemma könnte eine Trennung der Funktionen durch ein zweistufiges Verfahren sein. Zum Zwecke einer schnellen Zuweisungsentscheidung käme für alle DaZ - Schülerinnen und Schüler ein bestehendes standardisiertes Testinstrument in Einsatz, wie z.B. der C-Test mit einer Durchführungsdauer von etwa 20 Minuten (Grotjahn 1992) (dieser allerdings nur ab dem weitgehend abgeschlossen Schriftspracherwerb). Sobald die Entscheidung zugunsten einer Förderung gefallen ist, kann mit Hilfe der Profilanalyse eine genaue Sprachstandsdiagnose mit dem Ziel einer individuellen Förderplanung durchgeführt werden. Die Durchführung der Sprachstandsfeststellung selbst gestaltet sich dann als Förderunterricht. Zweistufige Verfahren schlägt auch Bredel (2005, S. 108 f.) vor.

6 Derzeitiger Stand und Ausblick

Das SSI-DaZ mit seinen vier Alterstufen wurde binnen eineinhalb Jahren unter knappen finanziellen Ressourcen konzipiert und das Instrument der Profilanalyse ausgearbeitet. Nach einer kleinen Erprobung mit ausgewählten DaZ-Lehrpersonen und einer Überprüfung der Ergebnisse durch Experten wurde die Profilanalyse weiterentwickelt (Aufgabenstellung und Beurteilungsraster). Derzeit liegt die erste Fassung zur Begutachtung beim Auftraggeber. Die Instrumente *Beobachtungsbogen* und *Einschätzung der Erstsprache* sind konzipiert bzw. geplant. Eine längerfristige und breit angelegte Erprobung der Profilanalyse an ausgewählten Schulen wäre wünschenswert: im Sinne der Validierung der Aufgaben und des Beurteilungsrasters, der Ermittlung von förderbezogenen Erwerbsstufen sowie von zuweisungsbezogenen, summativen Kompetenzstufen und um Aufschluss über Anforderungen an die sprachdiagnostische Weiterbildung von DaZ-Lehrpersonen zu erhalten.

Literaturverzeichnis

Ahrenholz, Bernt (Hg.): Zweitspracherwerb. Diagnosen, Verläufe, Voraussetzungen. Freiburg im Br.: Fillibach.

Bredel, Ursula (2005): Sprachstandsmessung – eine verlassene Landschaft. In: Ehlich et al. (Hg.). Anforderungen an Verfahren der regelmässigen Sprachstandsfeststellung als Grundlage für die frühe und individuelle Förderung von Kindern mit und ohne Migrationshintergrund. Bonn/Berlin. Reihe Bildungsreform, Bd. 11. Herausgegeben vom BM für Bildung und Forschung. S. 78 - 119.

Bildungsdirektion des Kantons Zürich/Pädagogische Hochschule Zürich (2003): Hochdeutsch als Unterrichtssprache. Befunde und Perspektiven. www.bildungsdirektion.zh.ch.

Cantone, Katja Francesca/Haberzettel, Stefanie: Zielsprache „Schuldeutsch“ (2008): Entwicklung eines Sprachdiagnoseinstruments für mehrsprachige Schüler der Sekundarstufe I – ein Werkstattbericht. In: Ahrenholz, Bernt (Hg.): Zweitspracherwerb. Diagnosen, Verläufe, Voraussetzungen. Freiburg im Br.: Fillibach. S. 93 - 113.

Clahsen, Harald (1986): Die Profilanalyse. Ein linguistisches Verfahren für die Sprachdiagnose im Vorschulalter. Berlin: Carl Marhold.

Diehl, Erika/Christen, Helen/Leuenberger, Sandra/Pelvat, Isabelle/Studer, Thérèse (2000): Grammatikunterricht: Alles für der Katz? Untersuchungen zum Zweitsprachenerwerb Deutsch. Tübingen: Niemeyer.

Ehlich, Konrad (2005): Sprachaneignung und deren Feststellung bei Kindern mit und ohne Migrationshintergrund: was man weiss, was man braucht, was man erwarten kann. In: Ehlich et al. (Hg.). Anforderungen an Verfahren der regelmässigen Sprachstandsfeststellung als Grundlage für die frühe und individuelle Förderung von Kindern mit und ohne Migrationshintergrund. Bonn/Berlin. Reihe Bildungsreform, Bd. 11. Herausgegeben vom BM für Bildung und Forschung. S. 11-75.

Ehlich, Konrad in Zusammenarbeit mit Ursula Bredel, Brigitta Garme, Anna Komor, Hans-Jürgen Krumm, Tim McNamara, Hans H. Reich, Guido Schnieders, Jan D. ten Thije, Huub van den Bergh (2005): Anforderungen an Verfahren der regelmäßigen Sprachstandsfeststellung als Grundlage für die frühe und individuelle Förderung von Kindern mit und ohne Migrationshintergrund. Bonn, Berlin: Bundesministerium für Bildung und Forschung.

Europarat (2001): Gemeinsamer europäischer Referenzrahmen für Sprachen. Berlin/München/Wien/Zürich/New York: Langenscheidt.

Glaboniat, Manuela/Müller, Martin/Rusch, Paul/Schmitz, Helen/Wertenschlag, Lukas (2005): Profile deutsch. Berlin, München: Langenscheidt.

Grotjahn, Rüdiger (1992): Der C-Test. Theoretische Grundlagen und praktische Anwendungen. Band 1. Bochum: Universitätsverlag Dr. N. Brockmeyer (Manuskripte zur Sprachlehrforschung Band 39/1).

Grütz, Doris (2009): „Übung macht den Meister". Zu den Ergebnissen der Studie „Entwicklung der Sprachkompetenzen in der Erst- und Zweitsprache von Migrantenkindern" von Moser, Bayer und Tunger (2008). In: Babylonia 2/09, S. 14-15.

Grütz, Doris/Sigg, Marianne (2007): Das Sprachstandsinstrumentarium für Deutsch als Zweitsprache SSI-DaZ. Detailliertes Konzept (unveröffentlicht).

Grütz, Doris/Sigg, Marianne (2008): Das Handbuch zum Sprachstandsinstrumentarium für Deutsch als Zweitsprache SSI-DaZ (Manuskript, unveröffentlicht).

Gyger, Mathilde (2000): Das Diglossie-Dilemma: Jugendliche Migranten im Spannungsfeld zwischen Mundart und Standardsprache. In: Häcki Buhofer/ Annelies (Hrsg.): Vom Umgang mit sprachlicher Variation: Soziolinguistik, Dialektologie, Methoden und Wissenschaftsgeschichte. Tübingen/Basel: Francke; S. 227-244.

Gyger, Mathilde (2003): Jugendliche Migrantinnen und Migranten zwischen Mundart und Standardsprache: Mischphänomene der schriftlichen Sprachproduktion. In: Häcki Buhofer, Annelies (Hrsg.): Spracherwerb und Lebensalter. Tübingen/Basel: Francke; S. 243-254.

Haberzettl, Stefanie (2005): Der Erwerb der Verbstellungsregeln in der Zweitsprache Deutsch durch Kinder mit russischer und türkischer Muttersprache. Tübingen: Niemeyer.

Hopf, Diether (2005). Zweisprachigkeit und Schulleistung bei Migrantenkindern. In: Zs. für Pädagogik. 51. Jg., H. 2. S. 236-251.

Jeuk, Stefan (2008): Der Katze sieht den Vogel. Aspekte des Genuserwerbs im Grundschulalter. In: Ahrenholz, Bernt (Hg.): Zweitspracherwerb. Diagnosen, Verläufe, Voraussetzungen. Freiburg im Br.: Fillibach. S. 135 - 150.

Moser, Urs/Bayer, Nicole/Tunger, Verena/Berweger, Simone (2008): Entwicklung der Sprachkompetenzen in der Erst- und Zweitsprache von Migrantenkindern. Schlussbericht. Institut für Bildungsevaluation, Assoziiertes Institut der Universität Zürich, Universitäres Forschungszentrum für Mehrsprachigkeit, Institut für Sprachwissenschaften, Universität Bern.

Naceur, Abdelmajid (2001): Interesse und Textverstehen. Dissertation. Universität Bielefeld, Abt. für Psychologie, Arbeitseinheit 12: Lernen und Kognition. http://bieson.ub.uni-bielefeld.de/volltexte/2004/490/.

Neugebauer, Claudia/Bachmann, Thomas (2007): Handbuch Hochdeutsch. Grundlagen, Praxisberichte und Materialien zum Thema Hochdeutschsprechen in der Schule. Zürich: Lehrmittelverlag des Kantons Zürich.

Reich, Hans H. (2005): Forschungsstand und Desideratenaufweis zu Migrationslinguistik und Migrationspädagogik für die Zwecke des „Anforderungsrahmens“. In: Ehlich et al. (Hg.): Anforderungen an Verfahren der regelmässigen Sprachstandsfeststellung als Grundlage für die frühe und individuelle Förderung von Kindern mit und ohne Migrationshintergrund. Bonn/Berlin. Reihe Bildungsreform, Bd. 11. Herausgegeben vom BM für Bildung und Forschung. S. 121 - 169.

Schader, Basil (2003 a): Schwiizerdütsch oder Hochdeutsch. Sprachliche Orientierungskompetenz. In: zlv-Magazin 3/03, S. 8 -13.

Schader, Basil (2003 b): Zur Orientierungskompetenz zwischen Dialekt und Standardsprache: Befunde aus zwei aktuellen Untersuchungen. In: Interkulturell und Global 1/2 2003, S. 16 - 31.

Schader, Basil (2006): Albanischsprachige Kinder und Jugendliche in der Schweiz. Hintergründe, sprach- und schulbezogene Untersuchungen. Zürich: Verlag Pestalozzianum.

Schnieders, Guido/Komor, Anna (2005): Eine Synopse aktueller Verfahren der Sprachstandsfeststellung. In: In: Ehlich et al. (Hg.): Anforderungen an Verfahren der regelmässigen Sprachstandsfeststellung als Grundlage für die frühe und individuelle Förderung von Kindern mit und ohne Migrationshintergrund. Bonn/Berlin. Reihe Bildungsreform, Bd. 11. Herausgegeben vom BM für Bildung und Forschung. S. 261 - 342.

Schweizerische Konferenz der kantonalen Erziehungsdirektoren (2006): Europäisches Sprachenportfolio. Bern: Schulverlag.

Sonderpädagogische Verordnung des Kantons Zürich vom 11. Juli 2007.

Staatsinstitut für Schulpädagogik und Bildungsforschung (Hg.) (2002): Kenntnisse in Deutsch als Zweitsprache erfassen. Screening-Modell für Schulanfänger. München: Staatsinstitut für Schulpädagogik und Bildungsforschung. Stuttgart: Klett.

III
DIAGNOSE UND FÖRDERUNG DES LESENS

Ergebnisse einer Interventionsstudie zum basalen Lesen im differenzierten Unterricht

UTE FISCHER & BARBARA GASTEIGER-KLICPERA

für Jakob Ossner zum 60. Geburtstag

Einleitung

Längsschnittstudien der Leseerwerbsforschung zeigen zwei wesentliche Befunde: zum einen, dass die Leseentwicklung der Kinder im ersten Unterrichtsjahr noch relativ flexibel verläuft, zum anderen, dass ein Rückstand in der Leseentwicklung – einmal etabliert – kaum mehr aufgeholt werden kann, sondern im Gegenteil zu Rückständen in weiteren Unterrichtsfächern führt (vgl. Stanovich 1986; Juel 1988; Klicpera/Gasteiger-Klicpera/Schabmann 1993). Eine frühe Intervention bei Kindern mit Schwierigkeiten im Lesen und Schreiben kann daher erfolgreicher sein als eine spätere (Torgesen 2006; Hurry & Sylva 2007).

Das Ziel der vorliegenden Untersuchung bestand darin, den Leselernprozess der Kinder schon frühzeitig zu unterstützen, damit sie eventuelle erste Schwierigkeiten überwinden und somit längerfristig im Leselernprozess weiter voranschreiten und keinen Rückstand aufbauen sollten. Das Konzept, mit dem dies erreicht werden sollte, basierte auf einer frühzeitigen Diagnostik von Lesestrategien, das Hand in Hand ging mit einer Unterrichtsdifferenzierung, die an den Lesefähigkeiten der Kinder ausgerichtet war. Die Förderung wurde in den Klassenunterricht integriert, da eine solche Art der Unterstützung erfolgreicher zu sein verspricht als eine externe Förderung (Strickland 2002; Snow & Joel 2006).

Lesetheoretische Grundlagen

Lesen wird in der aktuellen Leseforschung beschrieben als interaktiver Konstruktionsprozess. Nach dieser Vorstellung ist Lesen ein äußerst komplexer, seriell wie parallel ablaufender kognitiver Vorgang, bei dem Informationen sprachlicher Art verarbeitet werden. Angestoßen von visuellen Wahrnehmungsprozessen kommt es im Idealfall durch das Zusammenspiel von sprachlichen und kognitiven Verarbeitungsweisen am Ende des Verstehensprozesses zur Bildung von mentalen Situationsmodellen (vgl. Ballstaedt & Mandl 1995; Christmann & Groeben 2001,

PISA 2000; Alexander & Fox 2006). Neben dieser kognitiven Betrachtungsweise wird Lesen in der aktuellen Forschung auch als ästhetisches und soziokulturelles Phänomen verstanden. In der vorliegenden Studie liegt der Akzent auf den kognitiven Verarbeitungsprozessen, insbesondere auf der Ebene des Wortverstehens und den daran beteiligten Prozessen.

Im Rahmen der Theorien des Lesens wurden in den letzten Jahren unterschiedliche Modelle konzipiert, die die Prozesse in verschiedener Weise darstellen. Unabhängig davon, ob die Theorien eher top-down oder bottum-up orientiert sind, als konnektionistische Modelle oder nicht-konnektionistische Modelle verfasst sind, besteht nach Coltheart (2006) ein breiter Konsens in der Annahme, dass es beim lauten Lesen zwei Verarbeitungsweisen gibt, die man als direkte und indirekte Route bezeichnet (vgl. Klicpera & Gasteiger-Klicpera 1998; Eysenck & Keane 2005; Van Ordern & Kloos 2006). Bei der indirekten Route nutzt der Leser die Graphem-Phonembeziehungen und ist in der Lage, neue Wörter oder Pseudowörter zu erlesen. Außer der phonologischen Rekodierung können unterschiedliche Lesestrategien eingesetzt werden, um ein unbekanntes Wort zu erschließen. Neben dem Dekodieren werden phonologische Analogien beachtet, Vorhersagen aufgrund des Kontextes getätigt oder die Wörter visuell wiedererkannt (sight-word reading) (Ehri & McCormick 2006, S. 366 - 367). Bei der direkten Route vernachlässigt der Leser die Graphem-Phonem-Korrespondenz und kann ein Wort direkt aus dem mentalen Lexikon abrufen. Beide Wege sind sowohl durch experimentelle Lesestudien als auch durch die Forschung bei erworbenen Dyslexien gut belegt (vgl. Klicpera/Schabmann/Gasteiger-Klicpera 2007, S. 44 - 48). Während in den frühen Modellen noch davon ausgegangen wurde, dass die Prozesse getrennt verlaufen, haben die neueren Modelle, darunter insbesondere das Dual-Route-Cascaded Model von Ziegler/Perry/Coltheart (2000) von den konnektionistischen Modellen (Seidenberg & Mc Clelland 1989) die Idee der Interaktion übernommen und den möglichen Zugriff auf die Semantik berücksichtigt. Verschiedene Studien, die die Frage nach der Beteiligung der Phonologie beim geübten Lesen untersucht haben, konnten zeigen, dass die Trennung zwischen den beiden Routen nicht strikt ist (Van Orden & Kloos 2006, S. 63).

Die verschiedenen Theorien und Modelle wurden hauptsächlich in der angloamerikanischen Forschung entwickelt und mit Hilfe von Studien in englischer Sprache überprüft. So problematisch es auch ist, diese Forschungsergebnisse für das deutsche Schriftsystem zu übernehmen, so gilt doch die „dual route theory" als eine Theorie, deren Grundannahmen von der Orthographie einzelner Sprachen unabhängig sind (Scheerer 1987; Ziegler/Perry/Coltheart 2000; Coltheart 2006).

Dies zeigt auch die erfolgreiche Erprobung des DRC Modells in der deutschen Sprache.

Bereits 1991 wurde von Scheerer-Neumann das „Dual-Route-Model" ins Deutsche übertragen und erweitert. So berücksichtigt sie beim indirekten Weg größere Einheiten wie Silben, orthographische und morphematische Strukturen und in das mentale Lexikon sind semantische, phonologische und orthographische Komponenten ebenso integriert wie der Kontext, der semantische und syntaktische Informationen liefert und in dem Modell Einfluss auf das innere Lexikon nimmt (Scheerer-Neumann 2003, S. 515). Die Beteiligung dieser verschiedenen sprachlichen Aspekte wurde in unterschiedlichen Studien gut belegt (vgl. Pollatsek & Lesch 1996, S. 957 - 971).

Neben dem Fokus auf das englische Schriftsystem ist noch eine zweite Einschränkung bei der Orientierung an den Erkenntnissen der Leseforschung zu bedenken. Das Wissen über den Ablauf und die Art des Leseprozesses wurde durch Untersuchungen von geübten Lesern gewonnen. Bei geübten Lesern kann man davon ausgehen, dass sie über einen umfangreichen Bestand an Einträgen im orthographischen Lexikon verfügen und die verschiedenen graphischen wie sprachlichen Informationen nutzen können. Beim Leseanfänger ist das weniger der Fall. Er muss zuerst mit den graphischen Merkmalen der Buchstaben vertraut werden, dann den Bezug zu den Phonemen herstellen lernen und durch die Strategie des phonologischen Rekodierens sein orthographisches Lexikon erst aufbauen. Es sind die Probleme beim Verstehen und Gebrauch des alphabetischen Prinzips, die dazu führen, dass flüssiges und genaues Lesen auf der Wortebene nicht gelingt. Daraus ergibt sich die besondere Bedeutung des alphabetischen Weges beim Erlernen des Lesens (vgl. Torgesen 2006, S. 522).

Entwicklung der Lesefähigkeit

Das Modell des alphabetischen und lexikalischen Lesens auf das Erstlesen von Kindern und den Leseerwerbsprozess zu übertragen, ist nur teilweise möglich. Dennoch wird im Rahmen verschiedener Entwicklungsmodelle versucht, den Erwerb der Schriftsprache als eine Folge von Phasen oder Entwicklungsstadien zu beschreiben, die vom alphabetischen zum lexikalischen bzw. orthographischen Lesen und Schreiben führen. Das bekannteste und einflussreichste Modell der Leseentwicklung wurde bereits 1985 von Uta Frith vorgestellt. Dieses Modell ist für Leser aus dem angloamerikanischen Sprachraum entwickelt worden. Für deutsche Kinder trifft es nur zum Teil zu, da sich der Leseerwerbsprozess deutscher Kinder in mehreren Aspekten deutlich von jenem angloamerikanischer Kinder unterscheidet (Wimmer/Hartl/Moser 1990). Zum einen ist bei deutsch lesenden Kindern eine logographische Phase des Lesens fast nicht erkennbar. Deutsche Kinder beginnen schon nach wenigen Wochen systematischen Leseunterrichts, neue und unbekannte Wörter alphabetisch zu erlesen. Sie erwerben also bereits mit Beginn der Leseinstruktion auch das phonologische Rekodieren. Zum anderen ist der Leseerwerbsprozess im Deutschen durch eine viel stärkere Integration von alphabetischem und lexikalischem Lesen gekennzeichnet. Beide Leseweisen werden von deutschen Kindern weitgehend parallel genutzt. Häufige Wörter werden rasch im mentalen Lexikon gespeichert und von dort abgerufen, während längere und seltenere Wörter alphabetisch erlesen werden. Lediglich eine Dominanz der einen oder anderen damit verbundenen Strategie ist zu Beginn des Erwerbs der Schriftsprache erkennbar.

Folglich muss zu Beginn des Lesenlernens, wenn keine oder nur geringe Einträge im orthographischen Lexikon vorhanden sind, der Weg über die phonologische Route genommen werden. Werden Wörter häufig gelesen, so ergibt sich ein Eintrag im orthographischen Lexikon und die lexikalische Route bzw. der direkte Weg zur Worterkennung kann genutzt werden. Im Verlauf des ersten Schuljahres wird dann die orthographische Strategie immer dominanter, bis die Kinder fast ausschließlich auf das orthographische bzw. lexikalische Lesen zurückgreifen. Aufgrund dieser Unterschiede zum angloamerikanischen Sprachraum erschien es notwendig, für deutsche Kinder ein Modell zu entwickeln, das die besondere Art der Leseentwicklung im Deutschen berücksichtigt. Dieses Modell wurde als „Kompetenzentwicklungsmodell des Lesens" bezeichnet und von Klicpera/Schabmann/Gasteiger-Klicpera (2007, S. 25 - 29) vorgestellt. Es beschreibt in Anlehnung an Ehri (1999) die Ausdifferenzierung der Fertigkeiten in den ersten Stadien der Leseentwicklung und teilt sie ein in ein präalphabetisches Stadium, dem ein alphabetisches Stadium mit geringer, fortgeschrittener und schließlich vollständiger und konsolidierter Integration folgt (siehe Abbildung 1).

Das Modell unterscheidet sich von anderen vor allem dadurch, dass es auf empirische Daten der Leseforschung aus dem deutschen Sprachraum zurückgreift, daher vor allem auf deutsche Kinder zugeschnitten ist und auch den Einfluss der Leseinstruktion mit berücksichtigt.

Das präalphabetische Stadium ist ein Vorläuferstadium des eigentlichen Lesens, es ist durch ein logographemisches Lesen gekennzeichnet und im Wesentlichen vor Beginn der Schule und damit der Leseinstruktion anzusetzen. Dieses Stadium ist im deutschen Sprachraum – wie oben bereits ausgeführt – nur über eine sehr kurze Zeit beobachtbar. Sehr rasch beginnen die Kinder alphabetisch zu lesen. Im alpha-

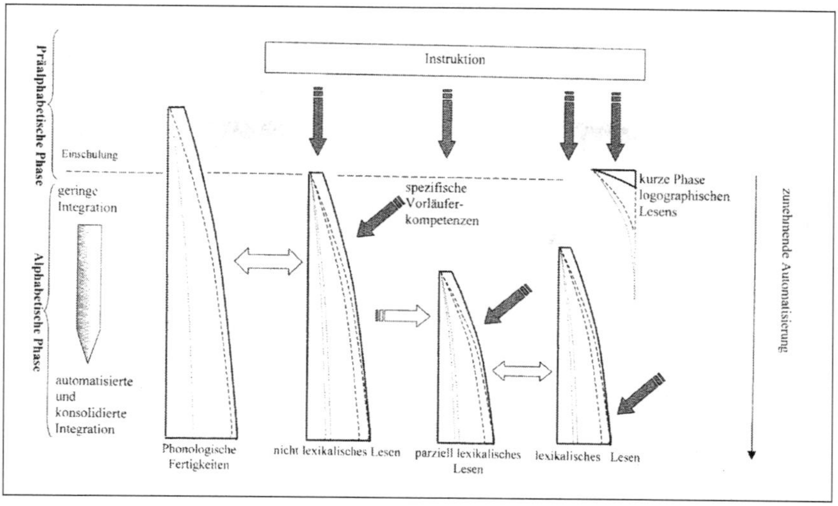

Abb. 1 aus: Klicpera/Schabmann/Gasteiger-Klicpera 2007, S. 26

betischen Stadium mit geringer Integration beginnen die Kinder Wörter buchstabenweise zu erlesen. Mit der Einführung der Grapheme im Unterricht lernen sie phonologisch zu rekodieren. Die dabei entstehenden Klangmuster haben oft nur entfernte Ähnlichkeit mit dem tatsächlichen Wort. Unterschiedliche Lesestrategien lassen sich hier beobachten. Keineswegs gehen die Kinder strikt additiv vor. Teilweise versuchen sie schon in einem sehr frühen Stadium der Klangproduktion, den Kontext zu nutzen oder im auditiven Lexikon ihnen bekannte Wörter abzurufen, die eine analoge phonologische Struktur haben. Bei dieser Strategie werden phonologische und/oder semantische Informationen schneller genutzt als visuelle Informationen. So entstehen typische Lesefehler.[1] Gleichzeitig entwickeln sich auch bereits Fragmente des orthographischen bzw. lexikalischen Lesens. Wurden erste Wörter oft genug gelesen, werden sie ins mentale Lexikon übertragen und nun nicht mehr sequenziell erlesen, sondern unmittelbar aus dem Lexikon abgerufen und direkt erkannt. Im alphabetischen Stadium mit fortgeschrittener Integration wird das im vorherigen Stadium erlernte phonologische Rekodieren erfolgreicher und rascher ausgeführt. Im Stadium des partiell lexikalischen Lesens nutzen weiter fortgeschrittene Kinder schriftsprachliche Einheiten wie z.B. die Silbe für eine Lesestrategie zwischen phonologischem Rekodieren und direktem

1 Haben die Kinder z.B. schon früh „Esel" lesen gelernt, so lesen sie das Wort „Essen" nach der Entschlüsselung der ersten Phoneme häufig in einem ersten schnellen Zugriff als „Esel".

lexikalischen Lesen. Parallel dazu entwickelt sich das orthographische Lexikon weiter, sodass immer mehr Wörter direkt erkannt werden können. Schließlich ist das alphabetische Stadium mit konsolidierter Integration durch eine Dominanz der lexikalischen Lesestrategie gekennzeichnet. Die meisten Wörter werden aus dem orthographischen Lexikon direkt abgerufen und sehr rasch und automatisiert gelesen. Nur mehr in Ausnahmefällen muss auf das phonologische Rekodieren zurückgegriffen werden. Auch bei unbekannten Wörtern können zumindest einzelne Bausteine, wie etwa Silben und bestimmte Morpheme, sofort erkannt werden. Ab diesem Zeitpunkt geht es vor allem um eine Erhöhung der Lesegeschwindigkeit. Die verschiedenen Lesestrategien werden von den Kindern häufig nebeneinander genutzt. Bei der Ausbildung dieser grundlegenden Kompetenz spielt auch das inhaltliche und sprachliche Vorwissen eine entscheidende Rolle.

Sprachdidaktische Grundlagen

Wir gehen in unserem Vorhaben davon aus, dass der Gegenstand – die Schrift – und die Art und Weise, wie den Kindern dieser Gegenstand vermittelt wird, mit darauf Einfluss nehmen, wie gut der Erwerbsprozess gelingt. Um den Kindern den Erwerb der Schriftsprache zu erleichtern, erscheint es sinnvoll, den Übergang zwischen mündlicher und schriftlicher Sprache so zu gestalten, dass sprachliche Strukturen implizit genutzt werden können (vgl. Rigol 1998). Dass ein solches Vorgehen günstig zu sein verspricht, darauf weisen Forschungsarbeiten von Landerl (2000) hin, die zeigen, dass die systematische Struktur der Schrift den Erwerb erleichtern kann. Landerl untersuchte zwei Gruppen englischsprechender Kinder, die mit unterschiedlichen Methoden unterrichtet und mit einer Gruppe deutschsprachiger Kinder verglichen wurden. Die Ergebnisse machen deutlich, dass für den Leseerwerbsprozess zwei Aspekte entscheidend sind: Zum einen ist es die Methode, mit der Kinder das Lesen erlernen[2] und zum anderen die Systematik der Orthographie. Im Vergleich zwischen der englischen und deutschen Schriftsprache zeigt sich, dass durch die „flachere" Orthographie des Deutschen die deutschsprachigen Kinder gegenüber den englischsprachigen weniger Schwierigkeiten haben. Dies wurde in der Folgezeit auch von weiteren Studien bestätigt. So zeigten z.B. die Forschungsarbeiten von Seymour zum Leseerwerbsprozess in verschiedenen

[2] Im englischsprachigen Raum haben sich im Wesentlichen zwei Methoden durchgesetzt. Das ist zum einen die „phonics instruction" und zum andern der „whole-language approach". Phonics ist nur teilweise mit dem synthetischen Ansatz im Deutschen zu vergleichen. Es handelt sich dabei um ein explizites Training der Laut-Buchstabenbeziehung. „Whole-language approach" ist mit dem Vorgehen des Spracherfahrungsansatzes vergleichbar (Snow & Juel 2006).

europäischen Sprachen, dass die Transparenz des Regelsystems einer Schriftsprache ihren Erwerb stark beeinflusst (Seymour/Aro/Erskine 2003; Ziegler/Perry/Coltheart 2000; Mann&Wimmer 2002; Hutzler/Ziegler/Perry/Wimmer/Zorzi 2004; Schabmann/Klicpera/Gasteiger-Klicpera 2009). Aus dem Gesagten kann man den Schluss ziehen, dass die didaktische Berücksichtigung von sprachlichen Strukturen den Schriftspracherwerb unterstützt. Aus diesem Grund wurde das in der Förderung eingesetzte Wortmaterial analysiert und unter sprachstrukturellen Gesichtspunkten ausgewählt. Dafür wurde auf eine Theorie zurückgegriffen, die ihre Bereiche so erklärt, dass sie am wenigsten Widersprüche erzeugt und sich damit didaktisch besonders empfiehlt (Ossner 2008, S. 154).

Die Kategorie, die üblicherweise dem didaktischen Denken im Schriftspracherwerb zugrunde liegt, ist das lexikalische Wort. Wie die Phonem-Graphem-Beziehung sich darstellt und wie sie gelehrt wird, ergibt sich aus der Betrachtung dieser Einheit.[3] Das Wort ist aber sowohl für das Schreiben- wie für das Lesenlernen nicht der geeignetste Kandidat. Müssen die Kinder beim Lesen von der Graphie auf das einzelne Phonem schließen, so haben sie eine Vielfalt an Beziehungen zu beachten, da der alphabetischen Schrift keine simple Graphem-Phonem-Korrespondenz zugrunde liegt. Aus der schriftlichen Form kann nur teilweise auf die mündliche Form geschlossen werden und umgekehrt. Die Graphie auf der Ebene des Wortes macht Kindern die suprasegmentalen Einheiten, die beim Lesen involviert sind, nicht transparent. Betonungsverhältnisse und Vokalqualitäten sind nicht immer markiert. Zwar gibt die geschriebene Form immer auch Hinweise auf die Aussprache, aber diese Hinweise müssen „gelesen" werden können. Mit Hilfe von Wortmaterial, das sprachstrukturelle Erfahrungen ermöglicht, können sie besser genutzt werden. Um diese Erfahrungen zu ermöglichen und zu unterstützen ist die Silbe eine geeignete Größe, da sie auf der Phonem-Graphemebene die Zusammenhänge vereinfacht (vgl. Rigol 1998, Ossner 1998, 2008).

Die silbische Leseweise berücksichtigt eher die Aussprache der Phoneme in der Koartikulation, so dass diese Lesestrategie näher an der prosodischen Struktur des Wortes ist als dies beim phonologischen Rekodieren der Fall ist. Dadurch können die Wörter auch leichter aus dem phonologischen Gedächtnis abgerufen werden. Die Kinder lesen also weniger Wortvorformen (Scheerer-Neumann 2003), die ihnen den Abruf der Bedeutung erschweren. Die Betrachtung der GPK auf der Grundlage der Silbe bedeutet didaktisch, für die Kinder eine größere Eindeutigkeit herstellen zu können, als dies auf der Grundlage des lexikalischen Wortes möglich

[3] Je nach zugrunde liegender Theorie kann diese sehr komplex sein (vgl. dazu Nerius 1987; 2007; Thomé 2000).

ist. Dabei wird eine Strategie des Lesens ausgebildet, die helfen soll, den Übergang zwischen phonologischem Rekodieren und lexikalischem Lesen zu erleichtern.

Grundlage der silbischen Analyse

Die Analyse und Auswahl des Wortschatzes orientiert sich an der autosegmentalen Phonologie, die Ton, Intonation, Harmonieprozesse und Länge von Phonemen als relevante Aspekte betrachtet. Die Zuordnung des Merkmals *Silbe* geschieht nicht in Abhängigkeit zu den Segmenten, sondern auf einer abstrakteren Ebene, der CV-Schicht. C und V lehnen sich zwar an Konsonant und Vokal an, geben jedoch nur bedingt Eigenheiten von Lauten wieder (Grewendorf/Hamm/Sternefeld 1994, S. 110-113).

Die Silbenstruktur im Deutschen kann für den Normalfall mit (C) CVC (C) angegeben werden (Wiese 2000, S. 44). Der Silbenbau ist durch einen Anfangsrand, einen Kern und einen Endrand gekennzeichnet. Die CVC Positionen können auf der Ebene der Graphie unterschiedlich realisiert werden. Der Anfangsrand (Onset) kann entweder aus einer Leerstelle für den Glottislaut bestehen oder mit bis zu vier Schriftzeichen besetzt sein (*Schwein*). Der Kern (Nukleus) besteht immer aus einem sonoranten Schriftzeichen, während der Endrand (Coda) durch den gespannten Vokal mit Akzent besetzt sein kann (sogenannter langer Vokal). Auch bis zu vier konsonantische Buchstabenzeichen sind möglich. Die phonotaktische Ordnung der Laute innerhalb der Silbe ist durch das allgemeine Silbenbaugesetz bestimmt, dabei spielt die Sonorität die entscheidende Rolle (Vennemann 1982, S. 283). Jede Silbe beginnt – bis auf wenige extrasilbische Phänomene – im Onset mit einem konsonantischen Maximum. Allerdings ist das konsonantische Maximum ein relatives Kriterium. In der jeweiligen konkreten lautlichen Umgebung kann dies einmal ein Obstruent, aber auch ein Nasal sein.

Als relevante Eingabeeinheit für die Silbifizierung wurde bei der Analyse des Wortmaterials das phonologische Wort zu Grunde gelegt, das nach dem Algorithmus von Yu bestimmt wurde[4] (vgl. Ossner 1996, S. 374-377). In der Förderung wurden hauptsächlich trochäische Zweisilber verwendet, welche die Struktur der optimalen Silbe abbilden.[5]

---

[4] Phonologische Wörter können folgendermaßen gefunden werden:
1. jeder Stamm ist ein phonologisches Wort,
2. jedes Präfix ist ein phonologisches Wort
3. Suffixe, die mit einem Konsonanten beginnen, sind phonologische Wörter (Yu 1992 zit. n. Ossner 1996).

[5] Zur Bedeutung der trochäischen Struktur im Deutschen siehe Eisenberg 1989.

Lesedidaktisches Fazit

Die Prozesse des basalen Lesens stehen bei dieser Interventionsstudie im Mittelpunkt. Der Erwerb der Wortlesefähigkeit und das schnelle und genaue Dekodieren der Wörter sind Grundvoraussetzungen für das verstehende Lesen (Klicpera & Gasteiger-Klicpera 1998; Scheerer-Neumann 2003, S. 513) und einer der Prädiktoren der Lesenkompetenz (PISA 2000). Zudem stützen wir uns in dem Vorhaben auf die in der Leseforschung gut belegten zwei Verarbeitungsweisen der „dual route theory", und beachten in der Intervention den Auf- und Ausbau der entsprechenden Strategien und des mentalen Lexikons. Für das in der Intervention eingesetzte Wortmaterial bedeuten die vorherigen Überlegungen, dass häufige, den Kindern in der mündlichen Sprache möglichst vertraute Wörter ausgewählt werden, die es ermöglichen, ein implizites Wissen bezüglich des silbischen Aufbaus von Wörtern in der deutschen Sprache zu erwerben. Die Silbe bildet die zentrale Einheit, da sie zum einen von der Mündlichkeit zur Schriftlichkeit eine Brücke bilden kann und zum anderen die Phonem-Graphembeziehungen vereinfacht, was vor allem auch dem (Recht-)Schreiben nutzt (vgl. Ossner 1998).

Eine solche Konzentration auf die basalen Leseprozesse und insbesondere die Wortverarbeitung will nicht die Faktoren des Leseinteresses und der Lesemotivation vernachlässigen. Dies sind ohne Zweifel zentrale Aspekte für den Aufbau von Kompetenz (vgl. Weinert 2001; Hurrelmann 1994; Richter/Plath/Goethe u. a. 2007). Neuere Forschungsergebnisse zeigen aber auch, dass im Zusammenhang von Lesemotivation, Leseverhalten und Lesekompetenz die Kompetenz die zentrale Rolle spielt und der entscheidende Faktor für den Aufbau von Lesemotivation ist (McElvany/Kortenbruck/Becker 2008, S. 207-219). Motivation und Interesse können nur erhalten bleiben bzw. aufgebaut werden, wenn lesetechnische Fähigkeiten und Fertigkeiten zu Beginn des Leseerwerbs automatisiert wurden. Die Schwierigkeiten bei den höheren Prozessen des Leseverstehens, die bei PISA, IGLU oder DESI festgestellt wurden, hängen vermutlich gerade auch mit den Problemen im Dekodieren auf der Wortebene zusammen.[6] Auch das Vorhersagemodell der Lesekompetenz bei PISA 2000 zeigt, dass die Dekodierungsfähigkeit nicht vernachlässigt werden darf (PISA 2000, S. 129).

---

[6] Dass hier auch noch Wortschatzprobleme eine Rolle spielen, hat der DESI Wortschatztest gezeigt. 38,2% der Jugendlichen verfügten nicht über einen Basiswortschatz, der für das Verstehen von Texten zentral ist. (vgl. Willenberg 2007, S. 151).

Forschungsfragen

Dem Vorhaben liegen folgende Fragestellungen zugrunde:

- Kann man ca. 10 Wochen nach Schulbeginn zuverlässig jene Schüler/innen identifizieren, die beim Erwerb des Lesens Schwierigkeiten haben?
- Kann man einen Test für diesen Zeitpunkt so konstruieren, dass er nicht nur die Leseleistung misst, sondern auch förderdiagnostische Hinweise gibt?
- Kann man die Förderung so gestalten, dass sie in den Unterricht integriert werden kann?
- Ist diese Förderung erfolgreich, wenn sie so gestaltet wird, dass sie in der „Zone der nächsten Entwicklung" liegt und das Wortmaterial unter sprachstrukturellen Gesichtspunkten ausgewählt wurde?

Untersuchungsmethode

Stichprobe:

Die Stichprobe der Untersuchung umfasste 8 erste Grundschulklassen, davon bildeten 5 Klassen die Fördergruppe (100 Kinder) und 3 Klassen die Kontrollgruppe (63 Kinder). Die Untersuchungsgruppe bestand aus 78 Mädchen und 85 Jungen im Alter von 6;03 und 7;11 Jahren. Ein Teil der Kinder kam aus dem städtischen Raum (5 Klassen), ein Teil aus dem ländlichen Raum (3 Klassen); 25 Kinder hatten einen Migrationshintergrund (15%).

Untersuchungsdesign:

- Pilotphase: Konstruktion des Testverfahrens, Erprobung der Unterrichtsstruktur und der Materialien
- Interventionsphase:
  - Information und Fortbildung der beteiligten fünf Lehrkräfte (Nov. 06)
  - Pretest mit **B**asale-**L**ese-**F**ähigkeiten (BLF) I (Dez 06)
  - Intervention 5 Schulwochen je 2 Schulstunden (Jan. bis Mitte Feb. 07)
- Posttest mit BLF II (Ende Feb. 07)
- Follow-up mit Leseteil des Salzburger Lese- und Rechtschreibtest (SLRT) (Juli 07)

Untersuchungsinstrumente:

Basale Lesefähigkeiten (BLF) I und II (Fischer & Gasteiger-Klicpera, unver. Manuskript)

Um die Schüler/-innen mit Schwierigkeiten im Lesen identifizieren zu können und Veränderungen in den Lesefähigkeiten festzustellen, wurden in Anlehnung an die Graphem-Phonem-Progression und das im Unterricht verwendete Wortmaterial zwei eigene Testverfahren entwickelt, die sich an den Wiener Früherkennungstest (WFT) anlehnen (Klicpera/Humer/Gasteiger-Klicpera/Schabmann 2008). Für die Verfahren BLF I und II liegt eine Normierung an einer Stichprobe von 163 Kindern vor. Die beiden Testverfahren sind leselehrgangspezifische Verfahren, die zu einem bestimmten Zeitpunkt im Unterricht eingesetzt werden können. Der BLF I wird nach der Einführung des 10. Buchstabens, der BLF II nach der Einführung des 15. Buchstabens eingesetzt.

Beide Verfahren prüfen sowohl die Graphem-Phonemkenntnisse, als auch Fertigkeiten des lexikalischen Lesens sowie des phonologischen Rekodierens. Neben der quantitativen Auswertung mit Hilfe der Normtabellen (Prozentrangbänder) kann die Lesestrategie der Kinder qualitativ erfasst werden. Folgende Kategorien wurden gebildet:

1 = Kind fixiert das Wort, liest es spontan oder nach einer kurzen Pause
2 = silbisches Erlesen */na-se/*
3 = leise murmelndes oder lautes gedehnt verbundenes Lesen der Laute */nnnaassee/*
4 = einzelne Laute werden gelesen aber nicht verbunden */n-a-s-e/*
5 = Kind liest die Laute richtig, rät danach ein anderes Wort
6 = Lesen nicht versucht oder durch das Kind abgebrochen

Beide Testverfahren bestehen aus 4 Subtests:

1. Graphem-Phonemkenntnisse (BLF I: 10 Grapheme; BLF II: 15 Grapheme)
2. Bekannte Wörter (BLF I: 16 Wörter; BLF II: 24 Wörter)
3. Unbekannte Wörter (BLF I: 11 Wörter; BLF II:16 Wörter)
4. Pseudowörter (BLF I: 8 Pseudowörter; BLF II: 12 Pseudowörter)

Reliabilität: Cronbachs-α der drei Untertests (bekannte, neue Wörter und Pseudowörter) liegt bei .82 und .90, die Split-half-Reliabilität liegt zwischen .82 und .88. Der Gesamtscore für die drei Untertests (bekannte Wörter, neue Wörter und Pseudowörter) hat ein Cronbachs-α = .95, die Split-half-Reliabilität = .91.

Salzburger Lese- und Rechtschreibtest SLRT (Landerl/Wimmer/Moser, 2006)

Der Leseteil des SLRT besteht aus Wortlisten mit häufigen Wörtern und Pseudowörtern, sowie einem kurzen Text. Gemessen werden Lesefehler und Lesezeit. Der Test kann frühestens Ende der ersten Klasse vorgegeben werden.

Konzeption der Förderung

Die Kinder wurden aufgrund der Ergebnisse der Eingangsdiagnostik in kleine Gruppen eingeteilt und innerhalb des Klassenverbandes während fünf Doppelstunden statt des normalen Deutschunterrichts gefördert. Das Verfahren wurde bereits 2004 in einer anderen Studie zum Leseverstehen in der 5. Klasse erprobt und hat sich dort bewährt (Fischer 2004; 2008). Im Rahmen einer Stationenarbeit wurden den Kindern verschiedene Übungsmöglichkeiten angeboten, abhängig davon, auf welchem Niveau sich ihr Leseprozess befand. Leitend war dabei der Gedanke der „Zone der nächsten Entwicklung“ (vgl. Vygotskij 2003, S. 298 - 306).

Die Stationen waren abwechslungsreich gestaltet und beinhalteten schwerpunktmäßig verschiedene Übungen. Es ging um das Identifizieren und Festigen der Graphem-Phonem-Beziehungen, das Zusammenlauten und phonologische Rekodieren, das silbische Lesen, das Lesen von Wörtern und kurzen Texten. Die Auswahl des verwendeten Wortmaterials geschah nach den oben beschriebenen sprachstrukturellen Gesichtspunkten.[7] Es wurden möglichst native, trochäische Wörter mit optimaler Silbenstruktur (CVC) aus dem Wortmaterial der Fibel ausgewählt und die Silbe als Einheit für eine Lesestrategie zwischen alphabetischem Erlesen einzelner Laute und lexikalischem Lesen eingesetzt.

Ergebnisse

Lesegeschwindigkeit

Die Entwicklung der Lesegeschwindigkeit wurde über die zwei Zeitpunkte in einer Varianzanalyse mit den Faktoren Zeit und Wortart berechnet. Die Zugehörigkeit zur Kontroll- und Interventionsgruppe wurde als interindividueller Faktor betrachtet.

Die Analyse zeigt einen deutlichen Haupteffekt für die Zeit ($F(1,133)=23{,}17$, $p<0.001$, $\eta^2=0{,}15$). Dies weist, wie erwartet, auf den Leistungszuwachs aller Kinder über diese Zeit hin. Ein weiterer Haupteffekt zeigt sich für die Wortart ($F(4,130)=440{,}10$, $p<0.001$, $\eta^2=0{,}93$), sowie ein deutlicher Interaktionseffekt für Zeit mal Förderung ($F(1,133)=5{,}51$, $p<0.05$, $\eta^2=0{,}04$), und schließlich auch für Wortart mal Zeit ($F(4,130)=40{,}28$, $p<0.001$, $\eta^2=0{,}55$).

[7] Hier mussten aus pragmatischen Gründen Kompromisse gemacht werden.

Die Lesefähigkeit nimmt also bei allen Wortarten zu, und vor allem die Förderung zeigt einen deutlichen Effekt. Dieser ist zwar nicht sehr bedeutsam, aber nachweisbar. Bedenkt man zudem, dass die Kinder lediglich eine andere Art des Unterrichts in derselben Zeit erhielten, und dass dies nicht mehr als fünf Doppelstunden lang andauerte, so ist dies ein durchaus beachtlicher Erfolg.

Die Zuwächse in der Lesegeschwindigkeit zeigen sich zudem nicht in allen Wortarten gleichermaßen, sondern insbesondere – wie die Mittelwerte zeigen – bei den bekannten Wörtern, und ein wenig auch bei den neuen. Am wenigsten deutlich wird der Zuwachs der Lesegeschwindigkeit bei den Pseudowörtern. Dies könnte damit zusammenhängen, dass das sprachsystematische Konzept der Förderung die Übertragung der Lesefähigkeit auf neue, ähnliche Wörter in besonderer Weise erleichtert, was somit die eingangs erwähnte Hypothese unterstützt.

Subtest	Test-zeitpunkt	Interventionsklassen		Kontrollklassen	
		Mittelwert	Standardabw.	Mittelwert	Standardabw.
Zeit BW.	T1	145,34	59,85	142,30	56,21
	T2	94,14	47,41	101,68	47,75
Zeit NW	T1	206,86	68,53	192,94	55,62
	T2	199,07	58,54	206,15	49,32
Zeit PW	T1	83,60	42,43	77,11	30,46
	T2	66,40	31,05	67,85	27,40

BW = Bekannte Wörter, NW = Neue Wörter, PW = Pseudowörter

Tab. 1: Entwicklung der Lesegeschwindigkeit bei bekannten, neuen und Pseudowörtern vom ersten zum zweiten Messzeitpunkt in den Interventions- und Kontrollklassen

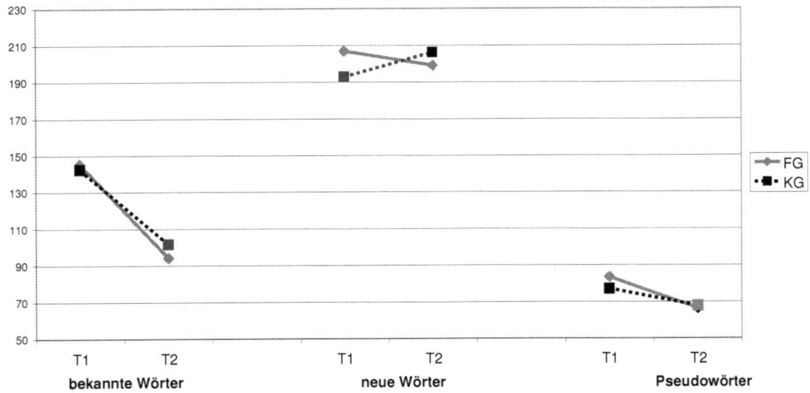

Diagramm 1: Entwicklung der Lesegeschwindigkeit für bekannte, neue und Pseudowörter in der Förder- und Kontrollgruppe (Mittelwerte der Zeit in sec)

Lesegenauigkeit

Bei der Berechnung der Entwicklung der Lesegenauigkeit über die Zeit zeigt sich ein deutlicher Effekt der Wortart ($F(2,160) = 1,13$, $p < 0,001$, $\eta^2 = 0,93$) und der Zeit ($F(1,161) = 432,01$, $p < 0,001$, $\eta^2 = 0,73$), ebenso ein signifikanter Interaktionseffekt für Wortart mal Förderklasse ($F(2,160) = 4,40$, $p < 0,05$, $\eta^2 = 0,052$). Dies heißt, dass in den Förderklassen Kinder bei bestimmten Wortarten besondere Fortschritte erzielen konnten, bei anderen wiederum nicht. Betrachtet man die Mittelwerte der Entwicklung (Tab. 2), so wird deutlich, dass die Lesegenauigkeit der Förderkinder vor allem bei den bekannten Wörtern zugenommen hat, weniger bei unbekannten und Pseudowörtern.

Dieser unterschiedliche Lernerfolg zeigt sich jedoch auch bei der Gesamtgruppe und wird in der Interaktion Zeit mal Wortart deutlich ($F(2,160) = 97,48$, $p < 0,001$, $\eta^2 = 0,55$).

Die Interaktion Zeit mal Förderklasse bleibt jedoch unter dem Signifikanzniveau, ebenso wie die Dreifachinteraktion von Wortart, Zeit und Förderklasse.

Subtest	Test zeitpunkt	Interventionsklassen		Kontrollklassen	
		Mittelwert	Standardabw.	Mittelwert	Standardabw.
Zeit:	T1	12,98	3,59	11,16	4,82
BW	T2	21,19	4,83	19,67	6,44
Zeit:	T1	8,02	3,184	7,02	3,81
NW	T2	12,92	3,76	12,41	4,38
Zeit:	T1	5,39	2,62	4,27	2,68
PW	T2	9,37	2,80	8,81	3,33

Tab. 2: Entwicklung der Lesegenauigkeit in den Interventions- und Kontrollklassen vom ersten zum zweiten Messzeitpunkt (Mittelwert und Standardabweichung der richtig gelesenen Wörter)

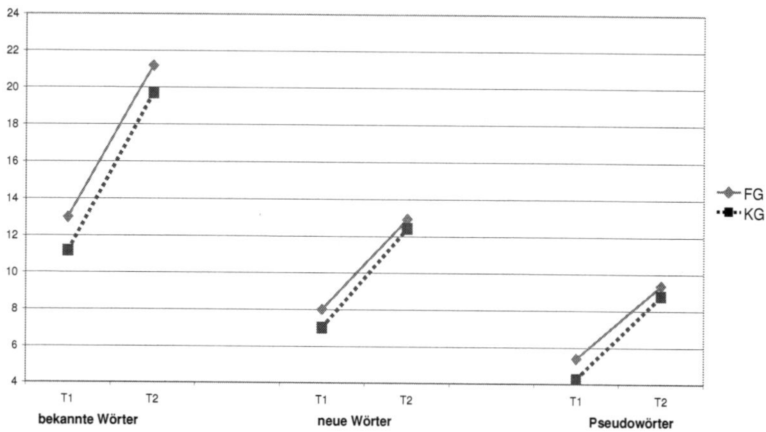

Diagramm 2: Entwicklung der Lesegenauigkeit für bekannte, neue und Pseudowörter in der Förder- und Kontrollgruppe (Mittelwerte der Zeit in sec)

Zusammenhang zwischen Lesegeschwindigkeit und Lesegenauigkeit

Um nicht nur den Aspekt des schnellen, sondern auch jenen des genauen Lesens mit einzubeziehen, wurde die Anzahl der richtigen Wörter pro Minute für jedes Kind berechnet. Die Varianzanalyse mit den Faktoren Zeit und Wortart, sowie der Zugehörigkeit zu einer Förderklasse als Zwischensubjektfaktor zeigt einen hochsignifikanten Haupteffekt für die Wortart ($F(2,147) = 89,23$, $p < 0.001$). Ebenso hochsignifikant ist der Zeiteffekt ($F(1,148) = 1,80$, $p<0.001$), der die markante Entwicklung über die Zeit belegt, sowie der deutliche Interaktionseffekt zwischen

Zeit und Wortart, der darauf hinweist, dass sich die Entwicklung über die Zeit nicht auf alle Wortarten gleichermaßen bezieht, sondern dass sich einige stärker verbessern als andere. Die Interaktionseffekte Zeit x Förderklasse sowie Wortart x Förderklasse ebenso wie die Dreifachinteraktion Zeit, Wortart und Förderklasse sind nicht signifikant.

Bezieht man also die Lesegenauigkeit mit ein, so sind die deutlichen Effekte der Förderung zwar noch erkennbar, verfehlen jedoch das Signifikanzniveau. Die Intervention scheint demnach vor allem die Lesegeschwindigkeit zu verbessern, nicht unbedingt auch die Lesegenauigkeit.

Richtige Wörter pro min	Testzeitpunkt	Interventionsklassen		Kontrollklassen	
		Mittelwert	Standardabw.	Mittelwert	Standardabw..
Bekannte Wörter	T1	6,99	5,08	6,30	4,34
	T2	18,09	13,39	15,21	11,83
Neue Wörter	T1	2,79	1,50	2,75	1,43
	T2	4,36	1,97	3,88	1,83
Pseudowörter	T1	5,39	4,41	4,70	4,02
	T2	10,97	7,07	9,62	6,71

Tab. 3: Entwicklung der Lesegeschwindigkeit und Lesegenauigkeit vom ersten zum zweiten Testzeitpunkt bei bekannten, neuen und Pseudowörtern (Mittelwert und Standardabweichung)

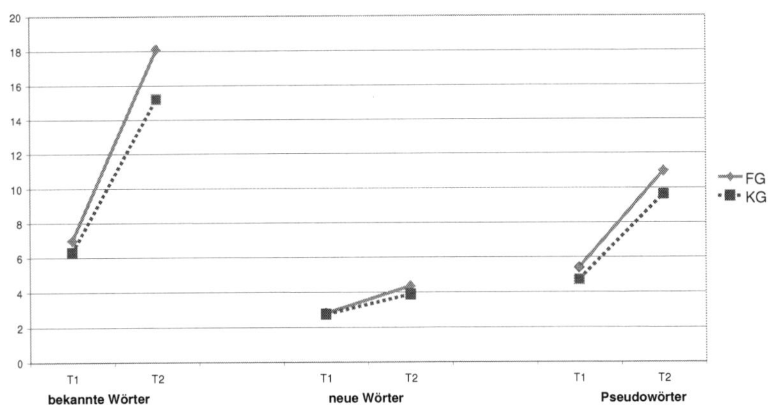

Diagramm 3: Entwicklung der Lesegeschwindigkeit und Lesegenauigkeit (richtige Wörter pro Minute) in der Förder- und Kontrollgruppe

Ergebnisse der Follow-up Untersuchung am Ende des Schuljahres

Wichtig erscheint auch die Frage, ob sich durch eine so kurze Intervention langfristige Effekte nachweisen lassen, ob also die erzielten Fortschritte stabil bleiben. Zur Prüfung der Stabilität der Effekte der Förderung wurde am Ende der ersten Klasse der Leseteil des SLRT vorgegeben. Die Ergebnisse zeigen, dass sich bei allen drei Wortarten die Stabilität der Effekte nicht halten ließ.

	Interventionsklassen		Kontrollklassen	
	Mittelwert	Standardabw.	Mittelwert	Standardabw.
bekannte Wörter T3	63,28	37,70	58,98	31,31
neue Wörter T3	55,09	42,32	49,11	32,34
Pseudowörter T3	87,52	47,73	79,13	30,71

Tab. 4: Lesegeschwindigkeit: Mittelwert und Standardabweichung im SLRT zum dritten Messzeitpunkt

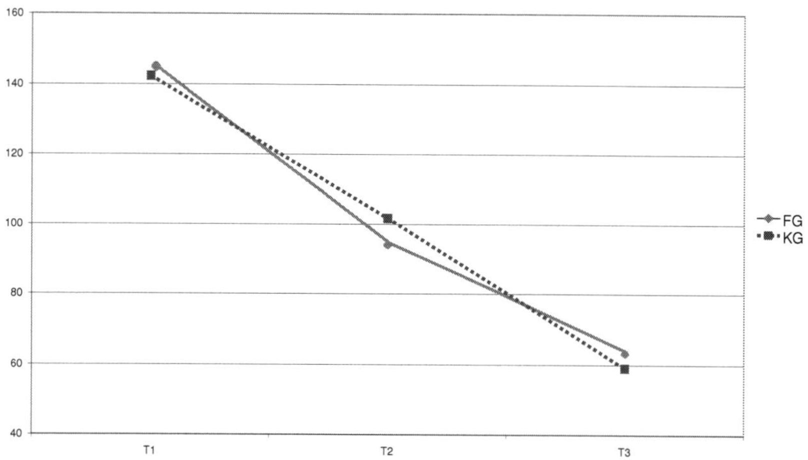

Diagramm 4: Lesezeit für häufige Wörter: Entwicklung über drei Zeitpunkte (BLF-I, BLF-II, SLRT)

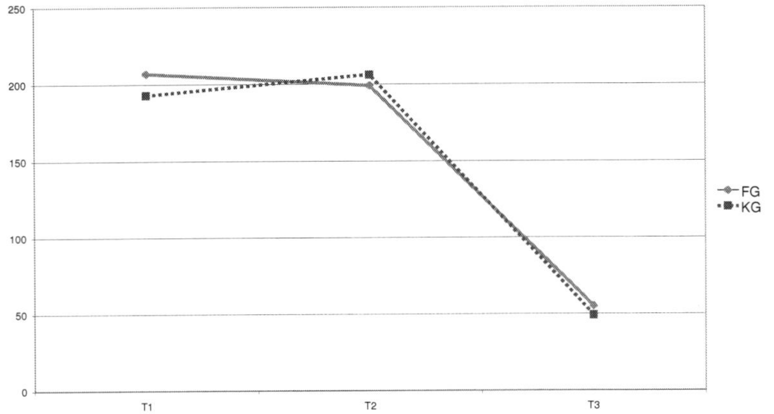

Diagramm 5: Lesezeit für kurze Texte über die drei Zeitpunkte (BLF-I, BLF-II, SLRT)

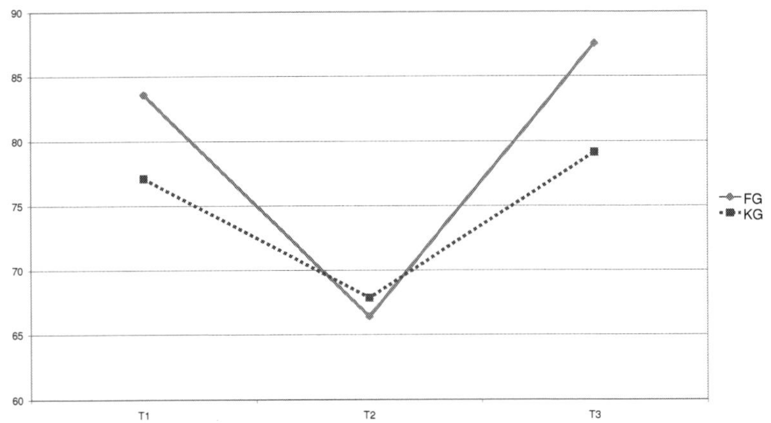

Diagramm 6: Lesezeit für Pseudowörter über die drei Zeitpunkte (BLF-I, BLF-II, SLRT)

Zusammenfassung und Diskussion

Dem Vorgehen lag die Frage zugrunde, ob es gelingen kann, im Klassenunterricht die Lesefähigkeiten der schwachen Schüler/innen zu verbessern, wenn die Förderung an ihre Lernvoraussetzungen angepasst wird. In zehn Unterrichtsstunden übten die Kinder in Form einer Stationenarbeit mit entsprechend ausgewähltem Wortmaterial in dem Bereich des Lesens, der in ihrer Zone der nächsten Entwicklung lag. Die Leseübungen sollten das alphabetische Lesen sowie das lexikalische Lesen unterstützen. Die Ergebnisse der statistischen Prüfung zeigen, dass es durch eine systematische Individualisierung des Unterrichts gelingen kann, diesen mit einem geringen Aufwand soweit zu verbessern, dass alle Kinder Fortschritte erzielen. Besonders deutlich zeigt sich die Verbesserung bei der Lesegeschwindigkeit von bekannten und neuen Wörtern. Hiermit lässt sich belegen, dass eine Förderung, die auf sprachstrukturellen Gesichtspunkten aufbaut, den Kindern das Erlernen des Lesens deutlich erleichtern kann.

Einige Aspekte der vorliegenden Untersuchung sind kritisch zu betrachten: Zum einen erweisen sich die Effekte der Intervention nicht als stabil. Hier bleibt die Frage offen, woran dies gelegen sein mag. Neben der kurzen Dauer der Intervention wäre eine Möglichkeit, dass die Kontrollklassen insgesamt leistungsstärker waren, und daher den kleinen Fortschritt, den die Förderklassen machten, rasch wieder wettmachen konnten. Denkbar wäre auch, dass das Ergebnis mit der speziellen Struktur des Fördermaterials zusammenhängt. Die Fördergruppe schnitt nämlich gerade beim Subtest *Pseudowörter lesen* im SLRT schlechter ab. Das Wortmaterial, das der SLRT hier verwendet, ist nach einer schematischen Vorstellung der Silbifizierung aufgebaut und berücksichtigt nicht die deutsche Wortstruktur, was sich deutlich an Wörtern wie z.B. *surime* zeigt, wohingegen das Wortmaterial, das in der Förderung und im BLF verwendet wurde, nach den oben beschriebenen sprachstrukturellen Gesichtspunkten ausgewählt war und vor allem die trochäische Wortstruktur berücksichtigte, so dass die Pseudowörter des SLRT weniger gut geeignet sein dürften, Aussagen über den Leistungszuwachs nach der Förderung zu machen.

Des Weiteren könnte die Rückmeldung der Ergebnisse der 2. Testung die Lehrer in der Kontrollgruppe dazu veranlasst haben, ihren Leseunterricht zu verändern. Teilweise wurden die schwachen Kinder zusätzlich zum Unterricht gefördert. Das zeigte sich in den Leitfadeninterviews, die mit den Lehrkräften am Ende des Projekts durchgeführt wurden.[8] In einer Folgeuntersuchung sollte überprüft

---

[8] Den Zuwachs zum 2. Testzeitpunkt allein auf die Tatsache zurückzuführen, dass eine Förderung stattfand, halten wir nicht für überzeugend. Evidenzbasierte Förderkonzepte zeigen, dass

werden, ob die Effekte bei einer längeren Arbeit mit dem Fördermaterial stabil bleiben und inwiefern die sprachstrukturelle Aufarbeitung des Materials darauf Einfluss nimmt.

Schließlich kann man der hier vorgestellten Studie auch den Vorwurf machen, dass wichtige Bedingungsfaktoren des Lesens, wie familiärer Hintergrund, Intelligenz, sprachliche Fähigkeiten, Migrationshintergrund usw. außer Acht gelassen wurden.

> "However, although one or more of these factors are often present when children are experiencing difficulty learning to read, none is an automatic barrier to literacy development." (Strickland 2002, S. 68)

Insofern kann man daran zweifeln, dass es gerade diese Faktoren sind, die den Ausschlag geben, dass ein Kind nicht lesen lernt. Die Studie zeigt, dass es erfolgreich sein kann, mit einem ausgewählten Wortschatz zu arbeiten, die kognitiven Teilfertigkeiten beim Lesen zu diagnostizieren und die Förderung entsprechend auszurichten.

Literatur

Alexander, Patricia A. & Fox, Emily (2006): A Historical Perspective on Reading Research and Practice. In: R.B. Ruddell & N. Unrau (Eds.): Theoretical models and processes of reading (5th ed.). Newark, DE: International Reading Association, S. 33 - 68.

Artelt, Cordula/Stanat, Petra/Schneider, Wolfgang (2001): Lesekompetenz: Testkonzeption und Ergebnisse. In: J. Baumert/E. Klieme/M. Neubrand, u.a. (Hrg.): PISA 2000. Basiskompetenzen von Schülerinnen und Schülern im internationalen Vergleich. Opladen: Leske+Buderich, S. 69 -131, (zitiert als PISA 2000).

Ballstaedt, Steffen-Peter & Mandl, Heinz (1995): Leserpsychologie. In: Stiftung Lesen (Hrg.): Lesen im internationalen Vergleich Teil II. Berlin, München: Quintessenz-Verlags GmbH, S. 309 - 326.

Christmann, Ursula & Groeben, Norbert (2001): Psychologie des Lesens. In: B. Franzmann (Hrg.): Handbuch Lesen. Schneider: Hohengehren, S. 145 - 207.

Coltheart, Max (2006): Modeling Reading: The Dual-Route Approach. In: M. Snowling & Ch. Hulme (Eds.): The Science of Reading. A Handbook, S. 6 -23.

es nicht automatisch zu einen Lernzuwachs bei einer Förderung kommen muss (Gasteiger-Klicpera & Fischer 2008).

Ehri, Linnea (1999): Phases of development in learning to read words. In: J. Oakhill & R. Beard (Eds.): Reading Development and the Teaching of Reading: A Psychological Perspective. Oxford, UK: Blackwell Publishers, S. 79 - 108.

Ehri, Linnea & McCormick, Sandra (2006): Phases of Word Learning: Implications for Instruction with Delayed and Disabled Readers. In: R.B. Ruddell & N. J. Unrau (Eds.): Theoretical models and processes of reading (5th ed.). Newark, DE: International Reading Association, S. 365 - 389.

Eisenberg, Peter (1989): Die Schreibsilbe im Deutschen. In: P. Eisenberg & H. Günther (Hrg.): Schriftsystem und Orthographie. Tübingen: Niemeyer, S. 57- 85.

Eysenck, Michael W. & Keane, Mark T. (2005): Cognitive Psychology. 5. Auflage. Hove: Psychology Press.

Fischer, Ute (2004): Lesen auf Stufen. Leseverstehen diagnostizieren und binnendifferenziert trainieren. In: Praxis Deutsch. Lesestrategien, 187, S. 22 -30.

Fischer, Ute (2008): Leseförderung nach Kompetenzstufen. Differenzierte Materialien für die Klasse 5 und 6. Donauwörth: Auer Verlag.

Fischer, Ute & Gasteiger-Klicpera, Barbara (2008): Diagnose und Förderung basaler Lesefähigkeiten. Testverfahren (BLF) und Fördermaterial für den differenzierten Unterricht (unver. Manuskript).

Frith, Uta (1985): Beneath the surface of develomental dyslexia. In: K. E. Patterson/J.C. Marshall/M. Coltheart (Eds.): Surface dyslexia: Neuropsychological and cognitive studies of phonological reading. Erlbaum: London, S. 301-330.

Gasteiger-Klicpera, Barbara & Fischer, Ute (2008): Evidenzbasierte Förderung bei Lese - Rechtschreibschwierigkeiten. In: M. Fingerle & S. Ellinger (Hrg.): Sonderpädagogische Förderprogramme im Vergleich. Stuttgart: Kohlhammer, S. 67- 84.

Grewendorf, Günther/Hamm, Fritz/Sternefeld, Wolfgang (1994): Sprachliches Wissen. Eine Einführung in moderne Theorien der grammatischen Beschreibung. 7. Aufl. Frankfurt a.M.: Suhrkamp.

Hurrelmann, Bettina (1994): Leseförderung. In: Praxis Deutsch, 127, S. 17- 26.

Hurry, Jane & Sylva, Kathy (2007): Long-term outcomes of early reading intervention. In: Journal of Research in Reading 30, S. 227- 258.

Hutzler, Florian/Ziegler, Johannes C./Perry, Conrad/Wimmer, Heinz/Zorzi, Marco (2004): Do current connectionist learning models account for reading development in different languages? Cognition, 91, S. 273 - 296.

Juel, Connie (1988): Learning to read and write. A longitudinal study of 54 children from first through fourth grades. Journal of Educational Psychology, 85, S. 437 - 447.

Klicpera, Christian/Gasteiger-Klicpera, Barbara/Schabmann, Alfred (1993): Lesen und Schreiben. Entwicklung und Schwierigkeiten. Bern.

Klicpera, Christian & Gasteiger-Klicpera, Barbara (1998): Psychologie der Lese- und Schreibschwierigkeiten. Entwicklung, Ursachen, Förderung. Weinheim: Beltz.

Klicpera, Christian/Schabmann, Alfred/Gasteiger-Klicpera, Barbara (2007): Legasthenie. Modelle, Diagnose, Therapie und Förderung. 2. Aufl. München/Basel: Ernst Reinhardt Verlag.

Klicpera, Christian/Humer, Rita/Gasteiger-Klicpera, Barbara/Schabmann Alfred (2008): Der Wiener Früherkennungstest – WFT. Wien: Dorner.

Landerl, Karin & Wimmer, Heinz (1998): Lesenlernen bei deutsch- und englischsprachigen Kindern – Normaler und gestörter Erwerb. In: R. Weingarten & H. Günther (Hrg.): Schriftspracherwerb. Hohengehren: Schneider, S. 82-97.

Landerl, Karin (2000): Influences of orthographic consistency and reading instruction on the development of nonword reading skills. European Journal of Psychology of Education, 15, S. 239-257.

Landerl, Karin/Wimmer, Heinz/Moser, Ewald (2006): Salzburger Lese- und Rechtschreibtest (SLRT). Verfahren zur Differentialdiagnose von Störungen des Lesens und Schreibens für die 1. bis 4. Klassenstufe. Bern: Huber.

Mann, Virginia & Wimmer, Heinz (2002): Phoneme awareness and pathways into literacy: A comparison of German and American children. Reading and Writing, 15, S. 653-682.

McElvany, Nele/Kortenbruck, Marthe/Becker, Michael (2008): Lesekompetenz und Lesemotivation. Entwicklung und Mediation des Zusammenhangs durch Leseverhalten. In: Zeitschrift für Pädagogische Psychologie 22, S. 207-219.

Nerius, Dieter (Hrg.) (1987): Deutsche Orthographie. Leipzig. VEB Bibliographisches Institut.

Nerius, Dieter (Hrg.) (2007): Deutsche Orthographie. 4. Aufl. Hildesheim/Zürich/New York: Georg Olms Verlag.

Ossner, Jakob (1996): Silbifizierung und Orthographie des Deutschen. In: Linguistische Berichte, Opladen/Wiesbaden: Westdeutscher Verlag, 165, S. 369-400.

Ossner, Jakob (1998): Rechtschreibsprache. Die Modellierung der Orthographie für den eigenaktiven Erwerb. In: R. Weingarten & H. Günther (Hrg.): Schriftspracherwerb. Hohengehren: Schneider, S. 5-18.

Ossner, Jakob (2008): Sprachdidaktik Deutsch, 2. Aufl. Paderborn/München/Wien/Zürich: Ferdinand Schöningh.

Pollatsek, Alexander & Lesch, Mary (1996): The Perception of Words and Letters. In: H. Günther/O. Ludwig/J. Baurmann (Eds.), Schrift und Schriftlichkeit. Ein interdisziplinäres Handbuch internationaler Forschung. Band 10.2. Handbücher zur Sprach- und Kommunikationswissenschaft. Berlin: de Gruyter, S. 957-971.

Richter, Karin/Plath, Monika/Goethe, Franziska/Jahn, Leonore/Radisch, Falk (2007): Lesemotivation in der Grundschule: Empirische Befunde und Modelle für den Unterricht. Weinheim/München: Juventa.

Rigol, Rosemarie M. (1998): Alphabet und Silbe. Erfahrungen mit dem Anfang der Schriftlichkeit. In: R. Weingarten & H. Günther (Hrg.): Schriftspracherwerb. Hohengehren: Schneider, S. 19-35.

Ruddell, Robert B. & Unrau, Norman J. (Eds.) (2006): Theoretical models and processes of reading (5th ed.). Newark, DE: International Reading Association.

Schabmann, Alfred/Klicpera, Christian/Gasteiger-Klicpera, Barbara (2009): Early stages of learning to read in a shallow orthography: Do different methods of reading instruction make a difference? (im Druck).

Scheerer, Eckart (1987): Visual word recognition in German. In: A. Allport/ D. MacKay/W. Prinz/E. Scheerer (Eds.): Language perception and production: Shared mechanism in listening, speaking, reading and writing. London: Academic Press, S. 227-244.

Scheerer-Neumann, Gerheid (1991): Entwicklungsverläufe beim Lesenlernen im offenen Unterricht. In: Sandhaas, Bernd (Hrg.): Lesenlernen – Schreibenlernen: Beiträge zu einer interdisziplinären Wissenschaftstagung aus Anlaß des Internationalen Alphabetisierungsjahres, Bregenz, 4. bis 7. Nov. 1990. Wien: Österr. UNESCO-Komm., S. 109-116.

Scheerer-Neumann, Gerheid (2003): Entwicklung der basalen Lesefähigkeit. In: U. Bredel/H. Günther/P. Klotz/J. Ossner/G. Siebert-Ott (Hrg.): Didaktik der deutschen Sprache – ein Handbuch, Band 1. Paderborn/München/ Wien/Zürich: Schöningh, S. 514-521.

Seidenberg, Mark S. & McClelland, James (1989): A distributed, developmental model of word recognition. Psychological Review, 94, S. 523-568.

Seymour, Philip/Aro, Mikko/Erskine, Jane M. (2003): Foundation literacy acquisition in European orthographies. British Journal of Psychology, 94, S. 143-174.

Snow, Catherine E. & Juel, Connie (2006): Teaching Children to Read: What Do We Know about How to Do it. In: M. J. Snowling & Ch. Hulme (Eds.): The Science of Reading: A Handbook, S. 501-520.

Stanovich, Keith E. (1986): Matthew effects in reading: Some consequences of individual differences in the acquisition of literacy. Reading Research Quarterly, 21, S. 360-407.

Strickland, Dorothy S. (2002): The Importance of Effective Early Intervention. In A.E. Farstrup, & S. Samuels (Eds.): What Research Has to Say About Reading Instruction. Newark: International Reading Association, S. 69 - 86.

Thomé, Günther (2000): Linguistische und psychologische Grundlagen der Orthographie. In: R. Valtin (Hrg.): Rechtschreiben lernen in den Klassen 1 - 6. Frankfurt: Grundschulverband, S. 12 - 16.

Torgesen, Joseph K. (2006): Recent Discoveries on Remedial Interventions for Children with Dyslexia. In: M. J. Snowling & Ch. Hulme (Eds.): The Science of Reading. Malden: Blackwell, S. 521 - 537.

Van Orden, Guy C. & Kloos, Heidi (2006): The Question of Phonology and Reading. In: M. J. Snowling & Ch. Hulme (Eds.): The Science of Reading. Malden: Blackwell, S. 61 - 78.

Vennemann, Theodor (1982): Zur Silbenstruktur der deutschen Standardsprache. In: Th. Vennemann (Hrg.): Silben, Segmente, Akzente, Tübingen: Niemeyer, S. 261 - 305.

Vygotskij, Lew (2003): Ausgewählte Schriften. Band 2. Hrsg. v.: J. Lompscher, Lehmanns Media-LOB.de.

Weinert, Franz E. (2001): Vergleichende Leistungsmessung in Schulen – eine umstrittene Selbstverständlichkeit. In: F. E. Weinert (Hrg.): Leistungsmessungen in Schulen. Weinheim und Basel: Beltz, S. 17 - 31.

Wiese, Richard (2000). The phonology of German. Oxford: Oxford University Press.

Willenberg, Heiner (2007): Der vergessene Wortschatz. In: H. Willenberg (Hrg.): Kompetenzhandbuch für den Deutschunterricht. Hohengehren: Schneider, S. 148 -156.

Wimmer, Heinz/Hartl, Michael/Moser, Ewald (1990): Passen „englische“ Modelle des Schriftspracherwerbs auf „deutsche“ Kinder? Zweifel an der Bedeutsamkeit der logographischen Stufe. In: Zeitschrift für Entwicklungspsychologie und Pädagogische Psychologie, 22, S. 136 -154.

Ziegler, Johannes C./Perry, Conrad/Coltheart, Max (2000): The DRC model of visual word recognition and reading aloud: an extension to German. In: European Journal of Cognitive Psychology, 12 (3), S. 413 - 430.

Frames und Scripts als Instrumente zur Diagnose und Förderung von Lesekompetenz – Grundlagen der Testkonstruktion und Ergebnisse des Forschungsprojekts „Sachtexte erschließen"

FLORIAN HILLER

Kenntnisse über den Leseprozess

Während man in früheren Ländervergleichen zur Untersuchung des Bildungsstands der Bevölkerung oft nur den Anteil der Analphabeten als Maßstab für die Lesefähigkeit betrachtete, werden seit den Achtzigerjahren des letzten Jahrhunderts verschiedene Teilaspekte von Lesekompetenz im Rahmen großer, international angelegter Studien untersucht. Lesen wird nicht mehr nur als eine einzelne Fähigkeit betrachtet, die man besitzt oder nicht besitzt (vgl. Murray et al. 1998, S. 17). Vor dem Hintergrund der sich schnell ändernden Bedingungen in der Arbeitswelt und der allgemein zunehmenden und ebenso vielfältigen Bedeutung von Lesekompetenz gilt der Leseprozess als komplexe Tätigkeit, die sich aus vielen, aber nicht aus einer unbegrenzten Menge von Teilkompetenzen zusammensetzt (vgl. ebd.). Ein Messinstrument, mit dem die Lesefähigkeit untersucht werden soll, muss diesem Umstand Rechnung tragen; es muss also die verschiedenen Operationen, die einen erfolgreich verlaufenden Leseprozess konstituieren, berücksichtigen und in Kategorien fassen. Damit geht die Förderung von Lesekompetenz einher, denn wenn einzelne Operationen des Lesens separat untersucht werden, dann können aus den Ergebnissen Rückschlüsse gezogen werden, welche Bereiche förderwürdig sind.

In der Leseverstehensforschung unterscheidet man im Allgemeinen zwischen dem technischen Aspekt des Dekodierens (dem Entschlüsseln von Buchstaben und Wörtern) sowie der Bedeutungskonstruktion (der eigentlichen „Sinnstiftung"; vgl. Aust 2003, S. 525). Die hier beschriebene Anlage einer Forschungsstudie zur Förderung der Lesekompetenz betrachtet das Textverstehen von Achtklässlern der Hauptschule, der Realschule und des Gymnasiums, so dass die höheren Textverstehensebenen in den Blick genommen werden, während das Dekodieren als grundlegende Kompetenz bereits vorausgesetzt wird.[1]

---

1 Es soll hier nicht außer Acht gelassen werden, dass die Dekodierfähigkeit der Schüler in der Sekundarstufe auch als ein Problemfeld betrachtet wird, wie einige an der Studie beteiligten

In der Folge der ersten PISA-Studie wurde einige Kritik an den Modellen zur Beschreibung des Textverstehensprozesses laut: Sie kreist häufig um die Frage, ob es einen „objektiven Textsinn" gibt oder ob das Resultat des Leseverstehens stets „subjektive Sinnkonstruktion" ist. Tatsächlich ist beispielsweise in den theoretischen Ausführungen der ersten PISA-Studie sowohl von „Bedeutungsentnahme" (PISA 2000, S. 71) als auch von „Bedeutungskonstruktion" (ebd.) die Rede. Besonders die Verwendung des erstgenannten Begriffs wurde kritisiert, da dadurch subjektives Sinnverständnis außer Acht gelassen und dem Text eine eindeutige Bedeutung zugeschrieben werde (vgl. z.B. Bremerich-Vos/Wieler 2003, S. 15-16). Dass in der PISA-Studie beide Begriffe verwendet werden, könnte jedoch darauf zurückzuführen sein, dass einmal mehr die „relative Eindeutigkeit" von Textinhalten in den Fokus der Betrachtung rückt, während bei den kognitiven Prozessen der Textverarbeitung die konstruktive Komponente eines Verstehensmodells betont wird, welches verschiedene Verstehensebenen differenziert. Kognitionsforscher, Literaturwissenschaftler und Didaktiker scheinen zumindest in dem Punkt übereinzustimmen, dass die Inhalte von Texten zwar durchaus mehrdeutig sein können, dass sie aber selten beliebig sind (vgl. Willenberg 2004, S. 6). Wenn das so ist, dann macht es auch Sinn, die Ergebnisse der „Auseinandersetzung mit Texten" mit einem vorausgesetzten oder angenommenen Textsinn zu vergleichen und somit die Lesekompetenzen zu testen.

Das nachfolgend dargestellte Modell zur Textverarbeitung gilt heute als etabliertes Instrument zur Beschreibung von Leseprozessen, die in die Sinnkonstruktion münden (vgl. z.B. Schiefele 1996, S. 100-103; PISA 2000, S. 71; Schnotz/Dutke 2004, S. 73-74). Das Modell basiert auf der Annahme, dass Textinhalte vom Leser auf unterschiedlichen Ebenen repräsentiert werden. „Repräsentationen sind Objekte oder Ereignisse, die für etwas anderes stehen, es repräsentieren" (Schnotz/Dutke 2004, S. 72). Zunächst stellt ein Text selbst eine Repräsentation dar, dessen Zeichen (Buchstaben, Wörter usw.) für den zu beschreibenden Sachverhalt stehen.[2] Diese äußere Repräsentation wird durch das Lesen in eine innere, mentale Repräsentation überführt.

Lehrer anmerkten. Die Fähigkeiten der Schüler beim lauten Vorlesen lassen offenbar darauf schließen, dass flüssig und ohne Fehler zu lesen bzw. vorzulesen häufig eben nicht vorausgesetzt werden kann. Eine Förderung in diesem Bereich bedürfte jedoch anderer bzw. weiterer Maßnahmen, als sie in der vorliegenden Interventionsstudie getroffen werden, daher werden die theoretischen Grundlagen hierzu nicht expliziert.

2 „Texte sind vor allem kognitive Konstrukte, Gedanken und Vorstellungen in den Köpfen von Schreibenden (= kognitiver Text ‚Schreiberin/Schreiber') und Lesenden (= kognitiver Text ‚Leserin/Leser') (Lindauer/Schneider 2007, S. 110). Neben diesen kognitiven Texten

1. Wörtliche Textrepräsentation: Ebene der Worterkennung; Erfassen von einzelnen Wortbedeutungen als Ergebnis des Dekodierens (auch „Textoberfläche" genannt).
   Beispiel: Als Ergebnis dieses Prozesses kann reines Auswendiglernen von Text gelten – eine Strategie, auf die Schüler manchmal ausweichen, wenn sie sich auf eine Wissensabfrage vorbereiten, den Textinhalt jedoch nicht verstehen (mit ihrem Vorwissen verknüpfen).
2. Ebene der „lokalen" Kohärenzbildung: einzelne Inhalte des Texts werden abgebildet und durch semantische und syntaktische Relationen zueinander in Beziehung gesetzt.
   Beispiel: Durch Erkennen eines Kontexts können Begriffsbedeutungen spezifiziert werden, indem gleichlautende Wörter mit unterschiedlicher Bedeutung disambiguiert werden (z.B. „Vorstellung": Ist hier eine *Zirkusvorstellung* oder eine *gedankliche Vorstellung* gemeint?).
3. Ebene der „globalen" Kohärenzbildung: Überführung der Mikrostruktur eines Texts in seine Makrostruktur: Der Text wird auf seine wichtigen Inhalte reduziert. Die Informationen eines Textes werden meist nicht wörtlich, sondern in Form von Bedeutungsgehalten vom Leser gespeichert. Das Abspeichern des genauen Wortlauts spielt bei der Bildung der gedanklichen Repräsentation eher eine untergeordnete Rolle. Insbesondere bei den Prozessen der Verarbeitung von längeren Texten geht man deshalb von der Bildung so genannter Makrooperationen aus, d.h., dass durch Weglassen und Verallgemeinern die Hauptgedanken des Texts gefasst werden. Eine gute Zusammenfassung gilt als passende Darstellung der Makrostruktur eines Texts.
   Beispiele: 1. Ein narrativer Text wird auf die grundlegende Handlung reduziert. 2. Der Inhalt eines Sachtexts wird in Form der wesentlichen Kategorien zusammengefasst, die das übergeordnete Thema explizieren, z.B. die Kategorien „Geografie", „Wirtschaft" und „Kultur" bei einem Ländervergleich.
4. Bildung eines Situationsmodells: Umfassende Verknüpfung des Textwissens mit dem Vorwissen, teilweise Loslösung von sprachlichen Strukturen (Bildung von Analogien, z.T. bildliche Vorstellungen). Bei einfachen narrativen Texten kann eine angemessene Vorstellung einer im Text beschriebenen Situation oft sofort hergestellt werden, bei schwierigen Texten müssen jedoch häufig Kohärenzlücken geschlossen werden: Das heißt, der Leser muss spezifisches Vorwissen gezielt einsetzen und unter Umständen einen gedanklichen Suchprozess im

---

unterscheiden Lindauer und Schneider materielle Texte als „Das, was auf dem Blatt Papier steht" (ebd).

Langzeitgedächtnis in Gang setzen, um die im Text fehlende Information zum aktuellen Verstehensprozess zu ergänzen und sich eine Vorstellung der beschriebenen Situation aufzubauen. Die Bildung des Situationsmodells (auch „mentales Modell" genannt) wird als höchste Stufe des Verstehens betrachtet.[3] Beispiel: Die genaue Beschreibung eines aufregenden Schwimmwettkampfs, verfasst aus der Sicht eines teilnehmenden Sportlers, kann zu unterschiedlichen Situationsmodellen bei verschiedenen Lesern führen: Ein Leser, der selbst gut schwimmen kann, wird eine andere Vorstellung aufbauen (bei der vermehrt auch spezifische taktile und akustische Elemente zum Tragen kommen) als ein Nichtschwimmer, der noch nie eine längere Strecke im Wasser zurückgelegt hat. Schnotz und Dutke bezeichnen Situationsmodelle auch als „sensorisch unspezifische Form der depiktionalen Repräsentation" (ebd., S. 73). Deshalb gehen Situationsmodelle über die Bildung semantischer Relationen hinaus.

Man geht davon aus, dass die einzelnen Verstehensebenen in der Regel nicht schrittweise durchlaufen werden, bis der gesamte Text angemessen gedanklich repräsentiert ist, sondern dass sich die Ebenen wechselseitig ergänzen und übersprungen werden können. So wird unter Umständen schon beim Lesen der Überschrift ein erstes Situationsmodell gebildet, welches im Rahmen der weiteren Lektüre falsifiziert oder verifiziert wird. Das Mehrebenenmodell ist also als flexibel zu betrachten, analog zur konstruktiven Komponente der Sinnbildung.

Die Rolle der Schemata: Frames und Scripts

Die Rolle des Vorwissens auf der Seite des Lesers wurde in der Darstellung oben deutlich. Für einen erfolgreich verlaufenden Leseprozess ist es auf allen Ebenen erforderlich und es kann nach verschiedenen Arten klassifiziert werden: Auf der untersten Verstehensebene ist es beispielsweise vor allem das sprachliche Wissen über Phoneme und Grapheme, welches das Dekodieren ermöglicht; auf den höheren Ebenen kommt vermehrt „fachliches Wissen" oder auch „Erfahrungswissen" über die im Text beschriebenen Sachverhalte zum Tragen. Für die vorliegende Studie wurde vor allem die Rolle des sogenannten *Schemawissens* genauer untersucht. Bei Schemata handelt es sich um *Frames* und *Scripts*, die das fachspezifische Wissen strukturieren (vgl. Linke et al. 2004, S. 266):

---

[3] Ob dabei die genannten anspruchsvollen Transfers notwendig sind oder ob es sich um einen schnell erfolgreich ablaufenden Prozess handelt, hängt von der Textschwierigkeit ab, die nur vor dem Hintergrund des Vorwissens einer angenommenen Leserschaft bestimmt werden kann.

a) Bei primär *statisch* organisiertem Wissen liegen die Informationen zu einem Sachbereich in hierarchischer Form vor – man weiß zum Beispiel, dass es in einem Supermarkt bestimmte Abteilungen gibt, in denen spezielle Warengruppen zu finden sind, die man jeweils in Untergruppen untergliedern kann, oder dass in einem solchen Betrieb verschiedene Berufsgruppen vom Marktleiter bis zur Anlieferung oder zum Reinigungspersonal zu finden sind. Eine solche Anordnung wichtiger Begriffe eines Themas wird als „Frame" bezeichnet (vgl. Minsky 1975, S. 212). Der Frame „Supermarkt" kann also durch Kategorien wie „Berufe", „Warengruppen", „Gebäude" usw. expliziert werden, die wiederum durch weitere Informationen ergänzt werden. Es handelt sich um eine „triadische" Struktur: Das *Rahmenstichwort* (übergeordneter Themenbegriff), die *Kategorien* (die Teilthemen oder untergeordneten Bereiche des Themas) und das *Beschreibungsinventar* (genauere Informationen zu den einzelnen Kategorien) sind die wesentlichen Komponenten dieser Dreigliederung (vgl. Duden Grammatik 1998, S. 592-593).
b) Beim Wissen zu *dynamischen* Prozessen ist eine Kenntnis davon vorhanden, dass Ereignisse nach einem typischen *Ablaufschema* aufeinander folgen – im Beispiel des Supermarkts wäre dies etwa der Ablauf eines Einkaufs von der Parkplatzsuche bis zum Bezahlen an der Kasse und dem Verlassen des Supermarktgeländes; oder, aus der Sicht eines Mitarbeiters, das Entladen von Waren und das Bestücken der Regale. Ein weiteres in der Literatur häufig genanntes „Script" ist das Restaurant-Script (vgl. Schank/Abelson 1977, S. 41-42; Duden Grammatik 1995, S. 575): Wenn ein Romankapitel mit dem Satz „Sie bezahlten die Rechnung und verließen das Restaurant" beginnt, kann der Leser ohne Weiteres folgern, dass zuvor das Restaurant betreten wurde, dass die Speisekarte gelesen, das Menü bestellt und gegessen wurde usw. – auch wenn dies im vorausgehenden Kapitel nicht expliziert wurde.

Es wurde häufig betont, dass Frames und Scripts eine „Hilfe" darstellen bei der Verknüpfung der Informationen aus dem Text mit den Informationen des Vorwissens des Lesers: „Schemata erleichtern die Integration neuer Inhalte[4] in die bestehende Wissensbasis einer Person (indem sie zum Beispiel elaborative Infe-

[4] Grundsätzlich kann jede Information eines Texts als „neu" bezeichnet werden, da selbst das Arrangement und die Abfolge bekannter, alltäglicher Situationen nicht in jedem Fall erwartbar ist; es sei denn, man liest einen Text mehrmals und weiß schon vor der Lektüre, „wie es weitergeht". Maßgeblich für den Textverstehensprozess ist jedoch, ob die Informationen des Texts so mit dem bereits gedanklich verankerten Wissen verknüpft werden können, dass bisher bezogen auf das Vorwissen *unbekannte* Informationen angemessen strukturiert und repräsentiert werden.

renzen ermöglichen [...])" (Schiefele 1996, S. 95; vgl. auch Linke et al. 2004, S. 409; Kintsch 1998, S. 82).

In der Kognitionspsychologie ging man bezüglich der Rolle der Schemata zunächst davon aus, dass Frames und Scripts festgelegte gedankliche Strukturen zu einem Sachverhalt darstellen, die bei Bedarf abgerufen werden. Diese Auffassung hat sich mittlerweile grundlegend geändert:

> „[...] Schemas came to be thought of, not as fixed structures to be pulled from memory upon demand, but as recipes for generating organizational structures in a particular task context [...]" (Kintsch 1998, S. 37; vgl. ebd. S. 82 ff.; S. 94).

Bezogen auf den Textverstehensprozess bedeutet dies, dass beim Abrufen von Schemata nicht primär einzelne festgelegte Informationen zum gefragten Sachverhalt abgerufen werden (beispielsweise das spezifische Wissen über den Ablauf eines Restaurantbesuchs), sondern dass Schemata allgemeiner eine *Strukturierung* von Informationen aus dem Text zusammen mit den Informationen des bisherigen Wissens ermöglichen. Eine einmal gebildete Struktur wird immer wieder auf einen speziellen Kontext, in dem sie benötigt wird, adaptiert und kann sich dadurch verändern (vgl. ebd.). Die grundlegende Bildung von Kategorien und die zeitliche Sequenzierung von Abläufen sind auf alle möglichen Wissensbereiche anwendbar und wiederholen sich von Thema zu Thema, und es ist naheliegend, dass sich eine allgemeine Modellbildung solcher Strukturen bei einem Leser automatisch herausbildet, je mehr Wissen zu verschiedenen Themen er ansammelt.

Eine Verbindung zur oben beschriebenen dritten Ebene des Textverstehens besteht insofern, dass die gedanklich gebildete Makrostruktur die Makrostruktur eines Themas widerspiegeln kann. In einem gut gegliederten Text entsprechen beispielsweise die Zwischenüberschriften den jeweiligen Kategorien oder auch den übergeordneten Schritten, die einen im Text dargestellten Ablauf kennzeichnen. Damit sich die Schemata bei den Schülern einprägen und in der Folge als gedankliche Vorstrukturierungen bei der Lektüre eingesetzt werden können, war dieser Sachverhalt für die Textauswahl des vorliegenden Unterrichtsprojekts entsprechend zu berücksichtigen.

Zwar wird in der PISA-Studie 2000 betont, dass der Einsatz von Schemata insbesondere bei narrativen Texten und dort *in stark automatisierter Form* zum Tragen kommt, während bei Sachtexten oft spezifisches inhaltliches Wissen erforderlich ist (vgl. PISA 2000, S. 72-73). Dennoch ist auch bei den Sachtexten eine Strukturierung notwendig, um Allgemeinwissen, spezifisches Vorwissen und die Informationen des Texts miteinander zu verknüpfen (vgl. Christmann/Groeben 2002, S. 165; ebd. S. 155; Expertise 2007, S. 21; S. 27). Es gilt zwar als unumstritten, dass beim Leser angelegtes inhaltliches Wissen erforderlich ist und aktiviert werden sollte, um das jeweilige neue Textwissen daran anzuknüpfen (vgl. Kintsch 1998, S. 328). Dieser Verfahrensweise sind jedoch Grenzen gesetzt, da nicht vorhandenes Wissen auch nicht aktiviert werden kann. Beim Lesen eines Texts kommt es ja in erster Linie darauf an, die neuen Informationen bzw. die ggf. für den Leser neue Strukturierung der Informationen zu erfassen, um ein Situationsmodell ausgehend von den Textinformationen aufzubauen. Deshalb bietet sich der Einsatz von Schemata im Rahmen der Entwicklung von Lesestrategien an. Korrespondierend hierzu wird der Einsatz von Lernstrategien (hier: Lesestrategien) nicht nur gewichtig im Hinblick auf den Erfolg beim Lesen bewertet; es ist zugleich auch ein Einflussfaktor, der durch Trainings sehr gut gefördert werden kann (vgl. Streblow 2004, S. 286-287; PISA 2000, S. 128; S. 131-134).

Darüber hinaus ist auch aus diesem Blickwinkel auf die Wahl angemessener Texte für den Unterricht zu achten: Sie sollten an das Vorwissen der Schüler anknüpfen, sollten in gewissem Maße aber auch darüber hinausgehen, denn nur so kann die Rolle der Schemata im Leseprozess untersucht werden. Allzu einfache Texte bieten auch kaum einen Leseanreiz (vgl. Christmann/Groeben 2002, S. 156).

Bei der Entwicklung der Unterrichtseinheit für die Intervention haben sich Schemata in Form von Frames und Scripts als allgemeine Strukturierungen erwiesen, mit denen quasi alle Informationen eines Themas erfasst werden können und in eine vom Leser entworfene text- bzw. themenspezifische Makrostruktur überführt werden können.[5] Damit sind begriffliche Operationen verbunden, die auf der Metaebene von den Schülern erörtert und *bewusst angewendet* werden sollen, um geeignete Strukturierungen für Texte zu finden. Worin diese Operationen bestehen und welche Strategien damit verbunden sind, wird im folgenden Abschnitt dargestellt.

Methodisch-didaktische Umsetzung: Die Unterrichtseinheit „Sachtexte erschließen"

Für das Unterrichtsprojekt der vorliegenden Studie, durchgeführt in Klasse 8, wurden graphische Repräsentationen der Schemata entwickelt, von denen angenommen wurde, dass sie eine Hilfe für die Schüler beim Erschließen der Texte sind.

---

[5] Da die Strukturierungshilfen *Frame* und *Script* aber recht allgemein sind, können sie vermutlich nicht nur für die Gattung „Sachtexte" eingesetzt werden, sondern auch als Hilfe zur Erschließung anderer Textarten. Beispielsweise zeichnet sich eine Erzählung durch eine typische Handlungsabfolge aus (Script), eine Tragödie folgt einer Reihe typischer Ereigniskategorien von der Exposition bis zur Katastrophe (Script); beide Textsorten beinhalten zugleich ein Arrangement von Personen, Orten, Zeitfenstern etc. (Frames).

Die Begriffe „Frame“ und „Script“ wurden durch „Steckbrief“ und „Drehbuch“ ersetzt, da sie die jeweils dahinter stehenden Modellvorstellungen für die Schüler anschaulich darstellen. Auch Mindmaps bilden gedankliche Strukturen angemessen ab; sie können aber in ihrer grafischen Ausprägung, oft mit vielen Verzweigungen, sehr unterschiedliche Formen annehmen, so dass sie weniger Orientierung bieten und für die Einführung einer Strukturierungshilfe als Bestandteil einer Lesetechnik zu komplex sein dürften.

Geht man davon aus, dass sich Schüler der achten Klasse in einem Übergangsstadium von konkretem hin zu abstraktem Denken und zu ersten Denkansätzen in Modellen befinden, erscheinen die graphischen Repräsentationen für Frames und Scripts als angemessen. In einer Vorstudie wurden sie im Rahmen einer 16 Stunden umfassenden Unterrichtseinheit in jeweils einer achten Klasse der Hauptschule, der Realschule und des Gymnasiums erprobt. Auf der Grundlage der Ergebnisse und der Rückmeldungen der an der Durchführung beteiligten Lehrer wurde die Einheit im Anschluss an die Vorstudie überarbeitet. Insgesamt zeigte sich, dass die mit den Instrumenten verbundenen konkreten Operationen für die Schüler gut durchführbar waren.

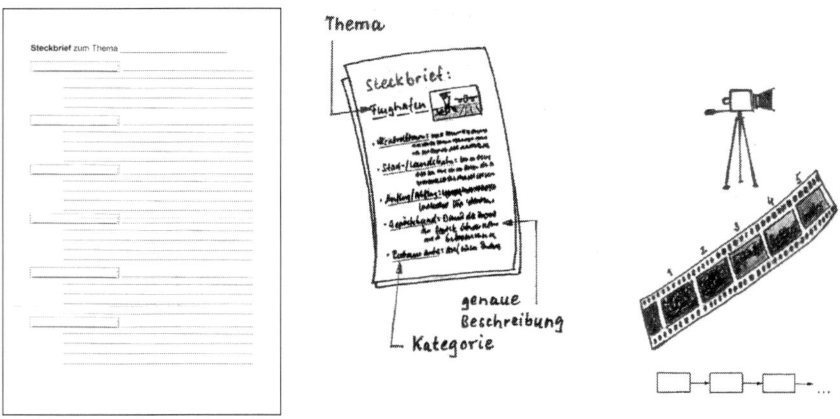

Grafiken aus dem Schülerarbeitsheft zur Erklärung der Strukturierungen „Steckbrief“ und „Drehbuch“. Das „Blanko-Schema“ mit Kästchen und Linien soll die Modellvorstellung der allgemeinen Strukturierung von Informationen verdeutlichen; konkrete Themenbeispiele, bei denen das Schema mit Informationen ausgefüllt wird, dienen der Explikation. Damit sich die Schemata einprägen können, wurden die Grafiken zunächst als „Symbole“ eingesetzt, die somit Hinweise auf die jeweilige Darstellungsform für Textinhalte geben.

In einer einführenden Erarbeitungsphase der Einheit lernten die Schüler die für die Strategie wesentlichen Begriffe „Steckbrief“ und „Drehbuch“ kennen. Zunächst wurde ein Überblickstext zum Thema „Alkohol“ eingesetzt, in dem die Schüler die für sie zentralen Begriffe unterstrichen; in einem weiteren Schritt notierten sie die Begriffe auf Kärtchen, die dann nach dem Schema „Was gehört wozu?“ geordnet werden sollten. Daraus entstand ein erster Steckbrief. Im Anschluss trugen die Schüler die Informationen aus weiteren Sachtexten in vorstrukturierte Arbeitsblätter ein, die den Texten beigefügt waren. Alle Aufgaben und Texte waren in einem Arbeitsheft zusammengefasst. Teilweise wurden zusätzlich zu den Sachtexten auch diskontinuierliche Texte eingesetzt (Tabellen und Diagramme); des Weiteren ergänzten in gewissem Umfang narrative Texte die Aufgaben, die den jeweiligen fachlichen Inhalt auf erzählende Weise explizierten. Der Schwerpunkt der Studie liegt jedoch auf der Erschließung von Sachthemen, da die PISA-Studie (2000) diesbezüglich besonderen Förderbedarf aufgezeigt hat.

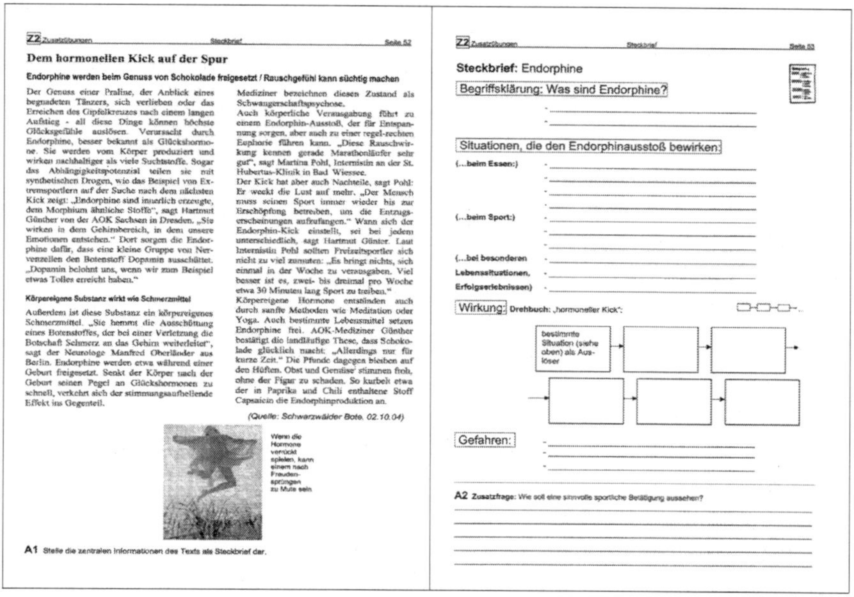
Z2 Zusatzübungen — Steckbrief — Seite 52

Dem hormonellen Kick auf der Spur

Endorphine werden beim Genuss von Schokolade freigesetzt / Rauschgefühl kann süchtig machen

Der Genuss einer Praline, der Anblick eines begnadeten Tänzers, sich verlieben oder das Erreichen des Gipfelkreuzes nach einem langen Aufstieg - all diese Dinge können höchste Glücksgefühle auslösen. Verursacht durch Endorphine, besser bekannt als Glückshormone. Sie werden vom Körper produziert und wirken nachhaltiger als viele Suchtstoffe. Sogar das Abhängigkeitspotenzial teilen sie mit synthetischen Drogen, wie das Beispiel von Extremsportlern auf der Suche nach dem nächsten Kick zeigt: „Endorphine sind innerlich erzeugte, dem Morphium ähnliche Stoffe“, sagt Hartmut Günther von der AOK Sachsen in Dresden. „Sie wirken in dem Gehirnbereich, in dem unsere Emotionen entstehen.“ Dort sorgen die Endorphine dafür, dass eine kleine Gruppe von Nervenzellen den Botenstoff Dopamin ausschüttet. „Dopamin belohnt uns, wenn wir zum Beispiel etwas Tolles erreicht haben.“

Körpereigene Substanz wirkt wie Schmerzmittel

Außerdem ist diese Substanz ein körpereigenes Schmerzmittel. „Sie hemmt die Ausschüttung eines Botenstoffes, der bei einer Verletzung die Botschaft Schmerz an das Gehirn weiterleitet“, sagt der Neurologe Manfred Oberländer aus Berlin. Endorphine werden etwa während einer Geburt freigesetzt. Senkt der Körper nach der Geburt seinen Pegel an Glückshormonen zu schnell, verkehrt sich der stimmungsaufhellende Effekt ins Gegenteil. Mediziner bezeichnen diesen Zustand als Schwangerschaftspsychose.

Auch körperliche Verausgabung führt zu einem Endorphin-Ausstoß, der für Entspannung sorgen, aber auch zu einer regel-rechten Euphorie führen kann. „Diese Rauschwirkung kennen gerade Marathonläufer sehr gut“, sagt Martina Pohl, Internistin an der St. Hubertus-Klinik in Bad Wiessee.

Der Kick hat aber auch Nachteile, sagt Pohl: Er weckt die Lust auf mehr. „Der Mensch muss seinen Sport immer wieder bis zur Erschöpfung betreiben, um die Entzugserscheinungen aufzufangen.“ Wann sich der Endorphin-Kick einstellt, sei bei jedem unterschiedlich, sagt Hartmut Günter. Laut Internistin Pohl sollten Freizeitsportler sich nicht zu viel zumuten: „Es bringt nichts, sich einmal in der Woche zu verausgaben. Viel besser ist es, zwei- bis dreimal pro Woche etwa 30 Minuten lang Sport zu treiben.“

Körpereigene Hormone entstünden auch durch sanfte Methoden wie Meditation oder Yoga. Auch bestimmte Lebensmittel setzen Endorphine frei. AOK-Mediziner Günther bestätigt die landläufige These, dass Schokolade glücklich macht: „Allerdings nur für kurze Zeit.“ Die Pfunde dagegen bleiben auf den Hüften. Obst und Gemüse stimmen froh, ohne der Figur zu schaden. So kurbelt etwa der in Paprika und Chili enthaltene Stoff Capsaicin die Endorphinproduktion an.

(Quelle: Schwarzwälder Bote, 02.10.04)

Wenn die Hormone verrückt spielen, kann einem nach Freudensprüngen zu Mute sein

A1 Stelle die zentralen Informationen des Texts als Steckbrief dar.

Z2 Zusatzübungen — Steckbrief — Seite 53

Steckbrief: Endorphine

Begriffsklärung: Was sind Endorphine?

- ______
- ______

Situationen, die den Endorphinausstoß bewirken:

(...beim Essen:) - ______ - ______ - ______ - ______

(...beim Sport:) - ______ - ______ - ______

(...bei besonderen Lebenssituationen, Erfolgserlebnissen) - ______ - ______ - ______

Wirkung: Drehbuch: „hormoneller Kick“:

bestimmte Situation (siehe oben) als Auslöser → [ ] → [ ] → [ ] → [ ] → [ ]

Gefahren:

- ______
- ______
- ______

A2 Zusatzfrage: Wie soll eine sinnvolle sportliche Betätigung aussehen?

Eine Doppelseite aus dem Arbeitsheft: Die vorstrukturierten Aufgaben bestehen aus Text (linke Seite) und schematischer Darstellung (rechte Seite). Bei dieser Zusatzübung, die die Schüler nach Interesse oder nach Übungsbedarf wählen konnten, sind die Kategoriebegriffe bereits eingetragen, fehlende Informationen müssen ergänzt werden. Die Symbole für Steckbrief und Drehbuch boten den Schülern auch eine Orientierung, um geeignete Aufgaben zu finden, z.B. zur Vorbereitung auf die Klassenarbeit.

Neben „Alkohol“ wurde ein weiteres Schwerpunktthema erarbeitet: „Ernährung“. Diese Themen bieten den Vorteil, dass sie in vielfältige Teilthemen untergliedert werden können, für die die Schüler jeweils Steckbriefe oder Drehbücher erstellten. Darüber hinaus konnte innerhalb dieser Themen ein bestimmtes Spektrum von Sachtext-Subgruppen abgedeckt werden, die im Rahmen der schulischen Bildung und im Alltag für die Schüler relevant sind (vgl. PISA 2000, S. 80): Ein Teil der eingesetzten Texte regte eher zu einer „argumentativen“ Lesehaltung an (Beispiel: Welches sind die Ursachen, welches die Folgen von Alkoholmissbrauch?), ein anderer zeichnete sich durch eine hohe Informationsdichte mit relativ vielen Fachtermini aus (Beispiel: Welche chemischen Reaktionen löst Alkohol im Körper aus?). Allen Aufgaben des Arbeitshefts ist jedoch gemeinsam, dass ihr Inhalt in Form von Steckbriefen oder Drehbüchern dargestellt werden kann.

Die Themen repräsentieren die Inhalte des Bildungsplans der naturwissenschaftlichen Fächer, so dass der fächerübergreifende Einsatz der Strategien verdeutlicht wird. Demzufolge stammt ein großer Teil der Texte aus Biologie- oder Erdkundebüchern; aber auch Aufklärungsbroschüren, Auszüge aus Tageszeitungen und Illustrierten sowie Texte aus dem Internet wurden eingesetzt. Die narrativen Texte wurden aus Jugendbüchern und Features (aus Illustrierten) entnommen. Vor dem Hintergrund des Entwicklungsstands der Schüler können die verwendeten Themen insgesamt als motivierend gelten.

Zusammenfassend wird aus der Anlage der Studie die zentrale Forschungshypothese abgeleitet: Schemata bzw. deren graphische Repräsentationen und die spezifischen begrifflichen Operationen fördern das Textverständnis im Sinne des strukturierten Erfassens von Informationen.[6] Es handelt sich also um eine bewusste Anwendung von Schemata bzw. deren Repräsentationen, nicht (nur) um eine Strukturierungsfähigkeit, die im Zuge des Aufbaus von fachlichem Weltwissen gebildet wurde.

Damit sind die zentralen „materiellen“ und begrifflichen Operationen verbunden, welche die Schüler ausführen: Zunächst werden die wichtigen Begriffe eines Texts durch Unterstreichungen bestimmt; in einem weiteren Schritt werden sie in die vorstrukturierten Arbeitsblätter übertragen (siehe Abbildung oben). Beim Erstellen von Steckbriefen werden die wichtigen Kategorien oder „Teilthemen“ eines Rahmenthemas in die Kästchen geschrieben, zugehörige weitere Informa-

[6] Neben den Frame- und Script- orientierten Aufgaben enthielt das Arbeitsheft auch Multiple-choice Aufgaben und offene Fragen, die in vollständigen Sätzen beantwortet werden sollten. Auf diese Aufgaben soll in diesem Artikel nur am Rande eingegangen werden (siehe folgender Abschnitt zur Testkonstruktion sowie Ergebnisteil in diesem Artikel). Vergleiche auch Hiller 2009 (in Vorb.).

tionen, die eine Kategorie spezifizieren, werden auf die Linien eingetragen. Beim Erstellen von Drehbüchern geht es darum, die Schritte eines im Text genannten Ablaufs zu erkennen, aus dem Text herauszulösen und in das Drehbuchschema einzutragen, welches die Struktur des Ablaufs anschaulich repräsentiert.

Bei diesen Operationen kommen spezifische semantische Beziehungen zum Tragen: Die Hierarchie der Begriffe, die dem Eintragen in die Steckbrief- und Drehbuchschemata zugrunde liegt, ergibt sich aus semantischen Relationen wie Ober- und Unterbegriffen, Merkmalsbeziehungen oder Teil - Ganzes Relationen. Beispielsweise ist „Alkopops" als Kategorie ein *Unterbegriff* zum Steckbrief mit dem Titel „Alkoholische Getränke", die Beschreibungen „Mixgetränk" oder „Mischung aus alkoholischem Getränk und Limonade" stellen *Merkmale* zur übergeordneten Kategorie dar. Die genauen semantischen Relationen wurden im Rahmen der Unterrichtseinheit aber nur am Rande thematisiert; nach den Erfahrungen der Vorstudie war eine genauere Beschreibung der Relationen nicht notwendig, um die graphischen Repräsentationen zu erstellen. Für die Schüler stand vielmehr im Vordergrund, dass sie die Besonderheiten beim Übertragen der Begriffe aus dem Medium *Text* in das Medium *Steckbrief* bzw. *Drehbuch* kennenlernen: Die Informationen zu einer Kategorie können auf mehrere Textabschnitte verteilt sein, es können auch Unterkategorien vorkommen und die Kategoriebegriffe sind nicht immer als passende Begriffe für einen Steckbrief im Text genannt, sie müssen z.T. abstrahiert werden. Beispielsweise kann ein ganzer Textabschnitt verschiedene *Ursachen für Alkoholmissbrauch* nennen, ohne dass dieser Begriff in diesem Abschnitt auftaucht, er muss also erst ermittelt bzw. formuliert werden. Häufig ist ein Drehbuch Bestandteil eines Steckbriefs und füllt eine seiner Kategorien aus (siehe Abb. oben). Des Weiteren kommt es beim Erstellen der Drehbücher auf die Vollständigkeit der Darstellung an und die Reihenfolge der Schritte muss stimmen.

Die Schemata sind somit semantische Mittel, die als Ergebnis von Begriffszuordnungen (bottom-up Verfahren) oder auch als Grundlage für Begriffszuordnungen (top-down Verfahren) gelten können. In gewisser Weise kommt die Ermittlung der wichtigen Begriffe oder Informationen eines Themas der „Tätersuche" bei polizeilichen Ermittlungen gleich, bei der die wichtigen Informationen ja auch in Form eines Steckbriefs gesammelt werden. Solche Vergleiche wurden in das Arbeitsheft aufgenommen, um den Modellcharakter der Schemata zu veranschaulichen.

Nach der Erarbeitungsphase der Unterrichtseinheit folgte die Übungsphase. Hier waren die Arbeitsblätter nicht mehr vorstrukturiert, aber es wurden teilweise noch Hinweise auf die jeweilige Darstellungsform gegeben, indem die oben beschriebenen Symbole für Steckbriefe und Drehbücher eingesetzt wurden. Die Schüler mussten zunehmend selbständig entscheiden, welche Darstellungsform für einen Textinhalt geeignet ist, und die Texte waren insgesamt anspruchsvoller.

Viele der oben beschriebenen Operationen sind mit einer Entscheidungsfindung verbunden, etwa bei der Frage, ob der Inhalt eines Textteils als Steckbrief oder als Drehbuch dargestellt werden soll oder welcher Kategoriebegriff sich für den jeweiligen Sachverhalt eignet. Deshalb bietet sich eine Kombination der Lesestrategien mit kooperativen Lernformen an, so dass die Schüler untereinander über geeignete Lösungen diskutieren können. Auf diese Weise wird die Auseinandersetzung der Schüler mit dem Text gefördert und die kognitive Auseinandersetzung mit den Inhalten, die die Schüler später ohne ihre Gruppenmitglieder führen (beispielsweise bei der Bearbeitung der Tests), wird vorbereitet. Im Rahmen der selbständigen Erarbeitung der Textinhalte wurde für die Aufgaben das folgende Vorgehen vorgeschlagen:

Den Text leise lesen* – Wichtiges unterstreichen, keiner redet	→	**Gruppengespräch:** Was hat jeder von dem Text verstanden?	→	Den Inhalt des Texts als **Steckbrief** oder als **Drehbuch** darstellen	→	Sich auf eine **Lösung** einigen: Diskussion um die Begriffe

* Eine Untersuchung hat ergeben, dass man den Textinhalt nicht beim Vorlesen oder Zuhören, sondern beim leisen Lesen am besten versteht!!

Auszug aus den „Tipps für die Gruppenarbeit" im Arbeitsheft

Die hier realisierten kooperativen Arbeitsformen ermöglichen auch, dass verschiedene Teilaspekte eines Themas von den Gruppen erarbeitet werden und dass die Ergebnisse gegenseitig präsentiert werden. Beispielsweise wurden die verschiedenen sozialen und körperlichen Folgen von Alkoholmissbrauch gruppenweise erarbeitet und dann im Plenum vorgetragen. Bei den Präsentationen findet von Gruppe zu Gruppe ein Wissenstransfer statt, bei dem nicht nur der jeweilige fachliche Inhalt als Ergebnis der Texterschließung im Vordergrund steht, sondern auch die Besonderheiten und Schwierigkeiten bei der Arbeit mit den Texten thematisiert werden: Gab es Schwierigkeiten bei der Begriffsfindung für Kategorien und Beschreibungsinventar? War von vornherein klar, dass ein Steckbrief oder ein Drehbuch die passende Darstellungsform für einen Textinhalt ist? (usw.)

In den meisten Phasen des Unterrichts arbeiteten die Schüler weitgehend selbständig mit dem Arbeitsheft; der Lehrer hatte die Rolle eines Ansprechpartners und

Beraters. Die pädagogische Komponente des Unterrichts orientierte sich an der Theorie der Selbstbestimmung von Deci und Ryan (vgl. Ryan/Deci 2000, S. 68-78). Eine Verbindung von Lesekompetenzförderung und selbstbestimmtem Handeln ist nicht neu; Schiefele hat hierzu ein Konzept ausgearbeitet, welches jedoch hinsichtlich der Leseoperationen andere Schwerpunkte setzt und bislang offenbar empirisch noch nicht untersucht wurde (vgl. Schiefele 2004, S. 134-144).

Die Durchführung der Hauptstudie: Forschungsdesign und Forschungsinstrumente

Die Hauptstudie wurde als Treatment-/Kontrollvergleich in achten Klassen der Hauptschule, der Realschule und des Gymnasiums durchgeführt. In jeder Schulart waren jeweils vier Treatment- und vier Kontrollklassen beteiligt. Die Lehrer der Treatmentklassen erhielten eine ausgearbeitete Unterrichtseinheit mit allen Materialien und Schülerarbeitsheften, in denen die Texte nach dem oben beschriebenen Muster erschlossen wurden. Aus Gründen der Vergleichbarkeit wurde hinsichtlich der Aufgabenschwierigkeiten zwischen den Schularten nicht differenziert: Alle Lehrer der Treatmentklassen bekamen dieselben Materialien und führten die Stunden nach demselben Muster durch. Die Lehrer der Kontrollklassen erhielten Übungsmaterialien, aus denen sie die spezifischen Aufgabenformate, die für die Bearbeitung der Tests relevant waren, ersehen konnten. Die Tests lagen den Lehrern beider Vergleichsgruppen von Beginn des Unterrichtsprojekts an vor. Sie wurden in allen Klassen zu drei Testzeitpunkten durchgeführt: Mit dem Vortest wurden die Kenntnisse der Schüler hinsichtlich der Texterschließung vor dem Beginn der Unterrichtseinheit festgestellt, der Endtest wurde am Ende der Einheit als Klassenarbeit durchgeführt, und mit dem Behaltenstest wurde die Nachhaltigkeit des Lernprogramms circa sechs Wochen nach dem Endtest überprüft. Darüber hinaus wurde in den Treatmentklassen in der Mitte der Einheit noch ein Zwischentest durchgeführt, um die Lernentwicklung genauer dokumentieren und den Schülern eine Rückmeldung zu ihrem Lernstand geben zu können. Dieses Material wurde auch den Kontrolllehrern gegeben; sie entschieden sich jedoch in allen Fällen dafür, das Material im Rahmen regulärer Übungen im Unterricht und nicht als Test einzusetzen. Wie in der Vorstudie wurden in der Treatment- sowie in der Kontrollgruppe jeweils 16 Stunden für die Durchführung der Unterrichtseinheit veranschlagt.

Es wurde angenommen, dass in den Kontrollklassen „konventionelle“ Methoden der Texterschließung geübt wurden. Um jedoch mehr Klarheit über die tatsächliche Unterrichtsgestaltung in diesen Klassen zu bekommen, füllten die Lehrer der Kontrollklassen nach jeder Stunde der Einheit jeweils einen Rückmeldebogen aus, in dem sie beispielsweise Angaben zu den Texterschließungsstrategien und zu den eingesetzten Texten machten. Aus dem Unterricht der Hauptschul-Kontrollklassen liegen außerdem die Unterrichtsmaterialien und Kopien von Schülerheften vor. Auf diese Weise können die Ergebnisse der Studie gut mit den Bedingungen, unter denen diese Ergebnisse zustande kamen, in Beziehung gesetzt werden.

Hinweise aus der Testtheorie und Entwicklung der Aufgabenformate

Um die Lernentwicklung der Schüler angemessen zu überprüfen, wurden unterschiedliche Themen für die Tests bei den einzelnen Messzeitpunkten eingesetzt („Ecstasy", „Infektionskrankheiten" und „Stress"). Alle Tests waren hinsichtlich der Aufgabenformate aber gleich aufgebaut und nach den Erfahrungen der Vorerprobung annähernd gleich schwer. Darüber hinaus wurde den Schülern von Beginn an gesagt, dass sie sich bei der Bearbeitung der Fragen auf die Informationen aus dem Text beschränken sollen – es sollten ja die Texterschließungsfähigkeiten geprüft werden und nicht das Vorwissen, welches die Schüler zu einem bestimmten Themenbegriff abrufen.

Nach der Unterscheidung aus PISA 2000 handelt es sich um die Untersuchung des „verstehenden Umgangs mit Texten", nicht um „Lernen aus Texten", da die Texte den Schülern während der gesamten Bearbeitungszeit vorlagen (vgl. PISA 2000, S. 79 - 80).

Neben den „klassischen" Leseverständnisaufgaben wurden Items für die Tests entwickelt, die sich an den oben beschriebenen Schemata bzw. deren Repräsentationen orientieren. Die klassischen Aufgaben zur Überprüfung des Leseverstehens bieten den Vorteil, dass sie Klassifizierungen von Dimensionen des Textverstehens und von Schwierigkeitsstufen zulassen, so dass ein großes Spektrum von Leseoperationen und Aufgabenschwierigkeiten untersucht werden kann (vgl. ebd., S. 82 - 89). In den Klassifizierungen spiegeln sich die oben dargestellten Textrepräsentationsebenen wider (vgl. Schneider/Lindauer 2007, S. 133). Diese konventionellen Leseverständnisaufgaben gingen in Form von Multiple-choice Fragen (Aufgabe 1) und offenen Fragen (Aufgabe 4) in die Testkonstruktion ein und wurden in Anlehnung an die Items der PISA-Studie 2000 entwickelt. Aus der Kognitionsforschung wird aber daneben die Forderung laut, dass auch Operationen wie das Sortieren von Schlüsselbegriffen geübt und überprüft werden sollten (vgl. Kintsch 1998, S. 327). Dieser Forderung wurde mit der vorliegenden Studie nachgegangen. Die Aufgaben 2 und 3 der Tests repräsentieren die Steckbriefe und Drehbücher, die in der Unterrichtseinheit der Treatmentklassen thematisiert wurden.

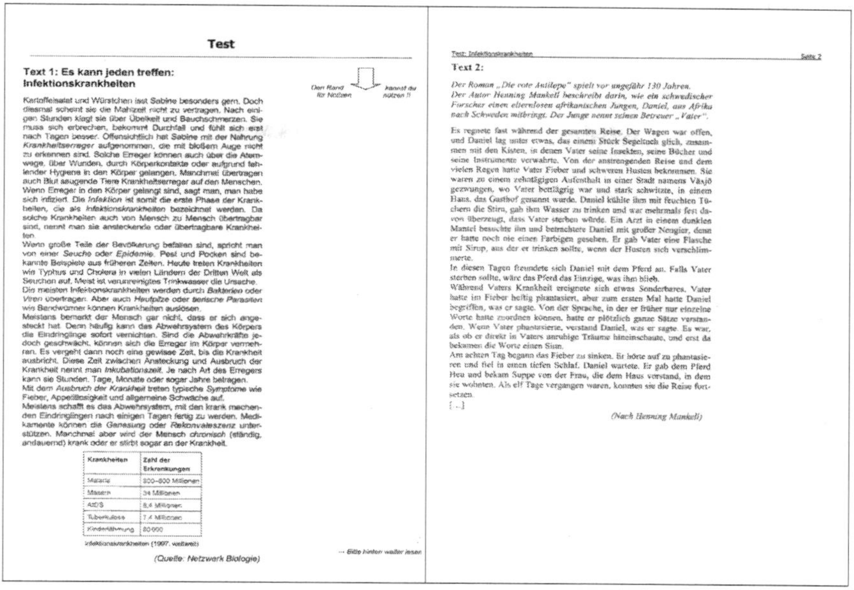

Test

Text 1: Es kann jeden treffen: Infektionskrankheiten

Den Rand für Notizen kannst du nützen !!

Kartoffelsalat und Würstchen isst Sabine besonders gern. Doch diesmal scheint sie die Mahlzeit nicht zu vertragen. Nach einigen Stunden klagt sie über Übelkeit und Bauchschmerzen. Sie muss sich erbrechen, bekommt Durchfall und fühlt sich erst nach Tagen besser. Offensichtlich hat Sabine mit der Nahrung *Krankheitserreger* aufgenommen, die mit bloßem Auge nicht zu erkennen sind. Solche Erreger können auch über die Atemwege, über Wunden, durch Körperkontakte oder aufgrund fehlender Hygiene in den Körper gelangen. Manchmal übertragen auch Blut saugende Tiere Krankheitserreger auf den Menschen. Wenn Erreger in den Körper gelangt sind, sagt man, man habe sich infiziert. Die *Infektion* ist somit die erste Phase der Krankheiten, die als *Infektionskrankheiten* bezeichnet werden. Da solche Krankheiten auch von Mensch zu Mensch übertragbar sind, nennt man sie ansteckende oder übertragbare Krankheiten.

Wenn große Teile der Bevölkerung befallen sind, spricht man von einer *Seuche* oder *Epidemie*. Pest und Pocken sind bekannte Beispiele aus früheren Zeiten. Heute treten Krankheiten wie Typhus und Cholera in vielen Ländern der Dritten Welt als Seuchen auf. Meist ist verunreinigtes Trinkwasser die Ursache.

Die meisten Infektionskrankheiten werden durch *Bakterien* oder *Viren* übertragen. Aber auch *Hautpilze* oder *tierische Parasiten* wie Bandwürmer können Krankheiten auslösen.

Meistens bemerkt der Mensch gar nicht, dass er sich angesteckt hat. Denn häufig kann das Abwehrsystem des Körpers die Eindringlinge sofort vernichten. Sind die Abwehrkräfte jedoch geschwächt, können sich die Erreger im Körper vermehren. Es vergeht dann noch eine gewisse Zeit, bis die Krankheit ausbricht. Diese Zeit zwischen Ansteckung und Ausbruch der Krankheit nennt man *Inkubationszeit*. Je nach Art des Erregers kann sie Stunden, Tage, Monate oder sogar Jahre betragen.

Mit dem *Ausbruch der Krankheit* treten typische *Symptome* wie Fieber, Appetitlosigkeit und allgemeine Schwäche auf.

Meistens schafft es das Abwehrsystem, mit den krank machenden Eindringlingen nach einigen Tagen fertig zu werden. Medikamente können die *Genesung* oder *Rekonvaleszenz* unterstützen. Manchmal aber wird der Mensch *chronisch* (ständig, andauernd) krank oder er stirbt sogar an der Krankheit.

Krankheiten	Zahl der Erkrankungen
Malaria	300–500 Millionen
Masern	34 Millionen
AIDS	8,4 Millionen
Tuberkulose	7,4 Millionen
Kinderlähmung	80 000

Infektionskrankheiten (1997, weltweit)

(Quelle: Netzwerk Biologie)

... Bitte hinten weiter lesen

Test: Infektionskrankheiten — Seite 2

Text 2:

Der Roman „Die rote Antilope" spielt vor ungefähr 130 Jahren. Der Autor Henning Mankell beschreibt darin, wie ein schwedischer Forscher einen elternlosen afrikanischen Jungen, Daniel, aus Afrika nach Schweden mitbringt. Der Junge nennt seinen Betreuer „Vater".

Es regnete fast während der gesamten Reise. Der Wagen war offen, und Daniel lag unter etwas, das einem Stück Segeltuch glich, zusammen mit den Kisten, in denen Vater seine Insekten, seine Bücher und seine Instrumente verwahrte. Von der anstrengenden Reise und dem vielen Regen hatte Vater Fieber und schweren Husten bekommen. Sie waren zu einem zehntägigen Aufenthalt in einer Stadt namens Växjö gezwungen, wo Vater bettlägrig war und stark schwitzte, in einem Haus, das Gasthof genannt wurde. Daniel kühlte ihm mit feuchten Tüchern die Stirn, gab ihm Wasser zu trinken und war mehrmals fest davon überzeugt, dass Vater sterben würde. Ein Arzt in einem dunklen Mantel besuchte ihn und betrachtete Daniel mit großer Neugier, denn er hatte noch nie einen Farbigen gesehen. Er gab Vater eine Flasche mit Sirup, aus der er trinken sollte, wenn der Husten sich verschlimmerte.

In diesen Tagen freundete sich Daniel mit dem Pferd an. Falls Vater sterben sollte, wäre das Pferd das Einzige, was ihm blieb.

Während Vaters Krankheit ereignete sich etwas Sonderbares. Vater hatte im Fieber heftig phantasiert, aber zum ersten Mal hatte Daniel begriffen, was er sagte. Von der Sprache, in der er früher nur einzelne Worte hatte zuordnen können, hatte er plötzlich ganze Sätze verstanden. Wenn Vater phantasierte, verstand Daniel, was er sagte. Es war, als ob er direkt in Vaters unruhige Träume hineinschaute, und erst da bekamen die Worte einen Sinn.

Am achten Tag begann das Fieber zu sinken. Er hörte auf zu phantasieren und fiel in einen tiefen Schlaf. Daniel wartete. Er gab dem Pferd Heu und bekam Suppe von der Frau, die dem Haus vorstand, in dem sie wohnten. Als elf Tage vergangen waren, konnten sie die Reise fortsetzen.

[...]

(Nach Henning Mankell)

Jeder Test enthält zwei Texte, hier zum Thema „Infektionskrankheiten". Der Sachtext wird durch einen diskontinuierlichen Text (Tabelle) ergänzt, der zweite Text expliziert das Thema auf narrative Weise.

Anders als bei den klassischen Textverständnisaufgaben konnte hier auf keine vorhandenen empirischen Untersuchungen zurückgegriffen werden. Die für die Bearbeitung der Aufgaben notwendigen Operationen wurden der oben beschriebenen dritten Textverstehensebene zugeordnet, da es dabei vor allem darum geht, einen Überblick über den Textinhalt herzustellen, indem die übergreifenden Begriffsrelationen erfasst werden. In der Vorstudie wurde die Aufgabenstellung eingehend erprobt und mehrmals modifiziert. Die qualitative Auswertung der Ergebnisse ließ auch hier auf unterschiedliche Verstehensleistungen schließen, die von eher reproduktiven bis hin zu konstruktiven Lösungen reichen, wenngleich das Spektrum der Aufgabenschwierigkeiten nicht so umfassend ist wie bei Aufgabe 1 und 4.

Dass sich hinter den Schemata, die eine semantische „Makroebene" darstellen, auf der Mikroebene spezifische semantische Relationen verbergen, wurde oben dargestellt. Eine Thematisierung semantischer Relationen bietet sich auch deshalb an, da die Auswertung von verschiedenen Leseverstehensaufgaben in erster Linie nach semantischen Kriterien erfolgt – und zwar sowohl in den Tests der großen Studien zum Bildungsstand (vgl. Murray et al. 1998, S. 111-113) als auch in Forschungsstudien aus der Kognitionspsychologie (vgl. Kintsch 1998, S. 33 - 48). Warum sollte man also – analog zum Muster der Schreibkonferenzen im Aufsatzunterricht – nicht zuvor thematisieren, was in den Tests überprüft wird?

Den Aufgaben 2 und 3 liegen einfache Instrumente zugrunde, mit denen der Lernfortschritt auch für die Schüler gut einsehbar wird, wenn man Vorher-Nachher-Vergleiche anstellt. In der Studie wird dies besonders deutlich bei einer Gegenüberstellung der Ergebnisse des Vortests mit denen des Behaltenstests: Diese Tests wurden in allen Klassen zu identischen Themen und Aufgabenstellungen durchgeführt, denn es waren keine themenspezifischen Behalteneffekte zu erwarten (der Vortest wurde nicht besprochen bzw. an die Schüler zurückgegeben) und die Lernentwicklung kann dadurch sehr gut aufgezeigt werden. Welche Begriffe wurden zu Beginn ausgewählt, wie viele Punkte wurden dafür jeweils erreicht und wie hat sich das nach dem Einüben der Schemata verändert? Die quantitative und die qualitative Analyse soll über diese Fragen Aufschluss geben.

Ergebnisse und Interpretation

In die folgende Betrachtung gehen nur die Ergebnisse der schemaorientierten Aufgaben 2 und 3 der Tests ein, da sie eine Neuerung im Vergleich zu den klassischen Verständnisaufgaben darstellen.[7]

Aufgabe 2

Bei Aufgabe 2 war ein spezifischer Ablauf gefragt. Die in der Aufgabenstellung vorgeschlagene graphische Repräsentation musste zum Erreichen der vollen Punktzahl nicht fortgesetzt werden; lediglich die inhaltliche Vollständigkeit der Schritte, die richtige Reihenfolge und die Wahl geeigneter Begriffe ist relevant. Anstelle des Pfeil-Kästchen Schemas konnten die Schüler die einzelnen Schritte beispielsweise auch nummerieren. Demzufolge konnten die Kontrolllehrer die Übungsformen zur Darstellung von Abläufen flexibel gestalten; die Bezeichnung „Drehbuch“ wurde in der Aufgabenstellung bewusst nicht verwendet.

[7] Aus der Varianz der Aufgabenformate der vorliegenden Tests bietet sich für die Studie jedoch der Vorteil, dass die Ergebnisse bei den klassischen Verständnisaufgaben (in den Tests die Aufgaben 1 und 4) mit denen der schemaorientierten Aufgaben in Beziehung gesetzt werden können. Dieser Aspekt soll in einer separaten Detailstudie untersucht werden.

2. Stelle dar, wie der Ecstasy-Rausch von der Einnahme einer Tablette bis zum Kater verläuft

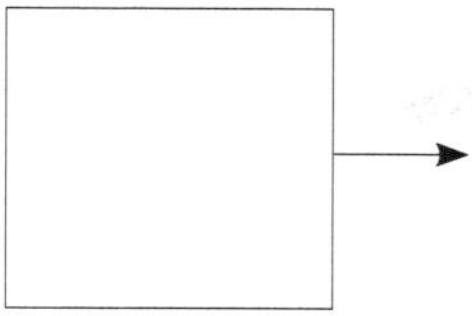

Aufgabe 2 zum Testthema „Ecstasy": Der Verlauf des Ecstasy-Rauschs soll aus dem Sachtext erschlossen werden.

Ergebnisse Aufgabe 2			Prozentuale Veränderungen (100% entspricht der Maximalpunktzahl) Vortest – Endtest	Leistungszuwachs
Hauptschule	Treatmentgruppe	N= 75	14,00 – 55,75	41,75 *
	Kontrollgruppe	N= 65	19,50 – 47,25	27,75
Realschule	Treatmentgruppe	N= 109	29,50 – 71,25	41,75
	Kontrollgruppe	N= 106	20,25 – 61,00	40,75
Gymnasium	Treatmentgruppe	N= 97	44,25 – 77,50	33,25
	Kontrollgruppe	N= 91	36,50 – 69,75	33,25

Die Leistungsentwicklung der Schüler bei Aufgabe 2 in den drei Schularten und im Treatment-/Kontrollvergleich. „N" gibt die Anzahl der Probanden an; bei den Berechnungen wurden nur die Schüler berücksichtigt, die bei allen Tests teilgenommen haben. Mit „*" gekennzeichnete Werte weisen auf signifikante Treatmenteffekte hin.

Beim Vergleich der Ergebnisse von Vor- und Endtest zeigt die rein quantitative Auswertung von Aufgabe 2, dass die Unterschiede zwischen Treatment- und Kontrollgruppe bei den Leistungszuwächsen insgesamt recht gering sind. Nur in der Hauptschule unterscheidet sich die Entwicklung der Treatmentgruppe von der der Kontrollgruppe signifikant.

Offenbar wurden im Gymnasium und in der Realschule sehr ähnliche Übungsverfahren in vergleichbarer Häufigkeit in den beiden Gruppen angewendet. Ob man dabei von „Ablaufdarstellungen“, von „Flussdiagrammen“ (wie z.T. in den Kontrollklassen geschehen) oder eben von „Drehbüchern“ spricht, ist vermutlich unerheblich. Die Schüler der Hauptschule profitierten jedoch von der „Drehbuchmethode“. Bei einer genaueren Analyse des Unterrichts in der Hauptschul-Kontrollgruppe zeigte sich, dass hier von Klasse zu Klasse ein recht großes Spektrum hinsichtlich dessen bestand, wie intensiv Abläufe im Rahmen der Erschließung von Texten thematisiert wurden. In einer Klasse wurden beispielsweise Abläufe zu verschiedenen Themen sequenziert und sehr ausführlich besprochen, in einer anderen Klasse wurden solche Aufgaben nur im Rahmen der Tests bearbeitet. Insgesamt wurden die Scripts im Unterricht der Hauptschul-Kontrollgruppe weniger thematisiert als in der Treatmentgruppe.

Unabhängig vom Treatment-/Kontrollvergleich sind die Werte im Vortest bei Aufgabe 2 verglichen mit allen anderen Aufgaben die niedrigsten. Jedoch ist die durchschnittliche Gesamtsteigerungsrate in allen Klassen mit fast 37 Prozent vom Vortest zum Endtest die größte, wenn man die Steigerungsraten der anderen Aufgaben zum Vergleich heranzieht. Demzufolge handelt es sich hier um einen Aufgabentyp, bei dem die Schüler den Modus einer erfolgreichen Bearbeitung erst erlernen müssen. Andererseits liegen die Ergebnisse auch beim Endtest deutlich unter den Ergebnissen von Aufgabe 3 (siehe folgendes Teilkapitel), so dass man von einer höheren Aufgabenschwierigkeit als bei Aufgabe 3 ausgehen kann.

Um Aufschluss über die spezifischen Schwierigkeiten beim Bearbeiten der Aufgabe zu bekommen, wurden die Bearbeitungen der Schüler auch qualitativ untersucht. Dabei wurden in der Treatment- und in der Kontrollgruppe dieselben Fehlerschwerpunkte ermittelt. Exemplarisch wird hier der Verlauf des Ecstasy-Rauschs betrachtet.

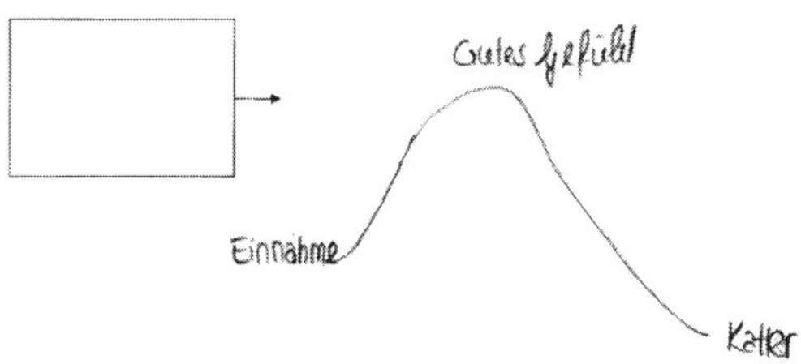

Eine Schülerbearbeitung zu Aufgabe 2 des Tests zum Thema „Ecstasy“. Ein typischer Fehlerschwerpunkt besteht darin, dass die Schüler den im Text dargestellten Ablauf stark reduzieren. Zum Vergleich wird die Lösung aus dem Erwartungshorizont abgebildet:

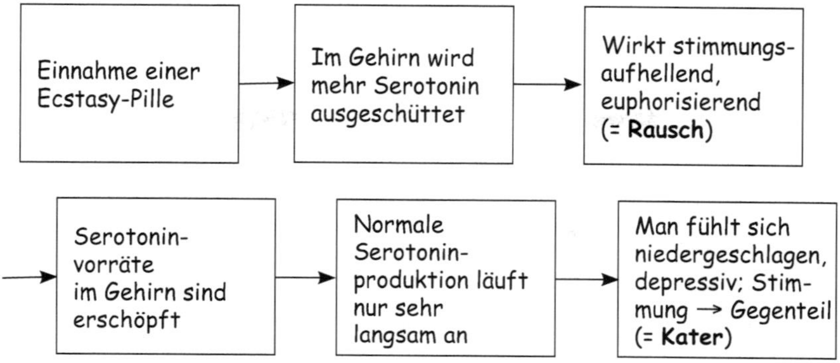

Die Schüler beschränken sich in vielen Fällen bei der Darstellung auf die Elemente eines sehr allgemeinen Rausch-Scripts, welches sich vermutlich mit ihren Vorwissensbeständen zum Thema deckt: Man nimmt eine Droge ein; darauf stellt sich ein Rauschgefühl ein, auf das die Katerstimmung folgt. Die eigentlich neuen Informationen aus dem Text werden nicht berücksichtigt (worauf ist das Rauschgefühl zurückzuführen, warum folgt darauf ein Kater?). Auch bei den anderen Testthemen sind solche Reduktionen erkennbar: Besonders in der Hauptschule, aber auch in der Realschule, wurden bevorzugt die abstrakten Begriffe wie „Serotonin", „Nebennierenmark" oder „Inkubation" weggelassen, die mit den im Allgemeinwissen verankerten Wissensbeständen verknüpft werden sollten. Teilweise ergänzten die Schüler zu den Darstellungen auch narrative Elemente oder Bilder, die vermutlich von den eigentlich gesuchten Informationen ablenkten.

Weitere Fehlerschwerpunkte sind die Vertauschung der Reihenfolge der Schritte eines Ablaufs, die Verwendung unpassender Formulierungen oder komplette Nichtbearbeitungen der Aufgabe. Solche Verhaltensweisen sind vor allem beim Vortest festzustellen; auch die hier abgebildeten Beispiele von Schülerbearbeitungen stammen aus dem Vortest.

Bei allen folgenden Tests ging die Anzahl der falschen Bearbeitungen und der Nichtbearbeitungen zurück, so dass man davon ausgehen kann, dass die Schüler schrittweise ein gedankliches Modell für die Anforderungen der Aufgabenstellung und die damit verbundenen Operationen entwickeln konnten. Bei dieser Aufgabe ist jedoch unabhängig vom jeweiligen Messzeitpunkt eine Tendenz festzustellen, dass die im Text explizierten Abläufe auf Wissensbestände reduziert werden, die sich mit dem bereits vorhandenen Wissen der Schüler decken.

Insgesamt weisen die Ergebnisse zu Aufgabe 2 darauf hin, dass das Erkennen von Abläufen einen wichtigen Schwerpunkt bei der Erschließung von Sachthemen

Auch in dieser Schülerbearbeitung wurde der Ablauf des Ecstasy-Rauschs stark reduziert, jedoch wurden Bilder und Text im Comic-Stil ergänzt, so dass die Darstellung einen narrativen Charakter erhält. Besonders im Vortest beschränken sich die Schülerbearbeitungen auf die Elaboration von Bekanntem; neue bzw. abstrakte Informationen aus dem Text werden nicht in die Darstellung einbezogen.

bildet, der separat geübt werden sollte. Außerdem sollte die Integration neuer Wissensbestände in bereits gedanklich angelegte, aber noch wenig elaborierte themenspezifische Scripts bei der Erarbeitung im Unterricht besonders berücksichtigt werden. Auch ein Übertragen der für die Schüler neuen Begriffe in eine Steckbriefstruktur zum jeweiligen Thema bietet sich an, um diese in Frage stehenden Begriffe beispielsweise durch Definitionen zu explizieren (siehe methodisch-didaktisch Folgerungen unten).

Aufgabe 3

Bei Aufgabe 3 wurde nur ein Teil eines Frames zum jeweiligen Testthema abgefragt, wobei die Schüler hinsichtlich der Begriffe – anders als bei Aufgabe 2 – freie Wahl hatten. Die Begriffe mussten in der Hierarchie der Text-Makrostruktur angemessen verankert sein, sie mussten passend formuliert und das Beschreibungsinventar entsprechend zugeordnet werden. Hätte man die Makrostruktur des ganzen Texts erfragt, hätte das den Umfang dieses Tests deutlich überstiegen; darüber hinaus bieten auch die exemplarischen Elemente eines Frames einen guten Einblick, wie die Schüler mit den Begriffsrelationen eines Themas zurecht kommen.

3. Nenne drei wichtige Begriffe zum Thema Infektionskrankheiten. Schreibe zu jedem Begriff zwei Informationen auf. Die Informationen können aus Text 1 und / oder Text 2 sein.

Achtung: Verwende dabei nicht die Informationen, die du schon bei Aufgabe 2 genannt hast !

Infektionskrankheiten

[ ] : ______________________________

____

____

____

[ ] : ______________________________

____

____

____

[ ] : ______________________________

____

____

____

Aufgabe 3 zum Testthema „Infektionskrankheiten". Geeignete Begriffe, die aus dem Text erschlossen und in die Kästchen eingetragen werden können, sind z.B. „Aufnahme von Krankheitserregern", „Symptome", „Beispiele für Infektionskrankheiten" oder „die Rolle des Abwehrsystems". Es sind die Kategorien, die das Thema explizieren und mit weiteren Informationen beschrieben werden sollen.

Ergebnisse Aufgabe 3			Prozentuale Veränderungen (100% entspricht der Maximalpunktzahl)	
			Vortest – Endtest	Leistungszuwachs
Hauptschule	Treatmentgruppe	N= 75	28,67 – 72,50	43,83 *
	Kontrollgruppe	N= 65	45,33 – 67,00	21,66
Realschule	Treatmentgruppe	N= 109	60,17 – 86,83	26,67 *
	Kontrollgruppe	N= 106	63,17 – 82,17	18,99
Gymnasium	Treatmentgruppe	N= 97	71,00 – 91,33	20,33
	Kontrollgruppe	N= 91	72,00 – 89,17	17,17

Entgegengesetzt zu den Ergebnissen bei Aufgabe 2 sind die Werte zum Zeitpunkt des Vortests im Durchschnitt der Schularten die höchsten im Vergleich zu den anderen Aufgaben. Man kann also insgesamt von einem soliden Basiswissen der Schüler hinsichtlich der hier erforderlichen Operationen ausgehen.

Beim Vergleich der einzelnen Gruppen zeigt sich ein differenziertes Bild. Anders als bei Aufgabe 2 ist bei der Frame-basierten Aufgabe 3 nicht nur in der Hauptschule, sondern auch in der Realschule ein signifikanter Interventionseffekt festzustellen. Die Lernentwicklung zwischen den Gruppen im Gymnasium unterscheidet sich erneut nur geringfügig.

Im Gymnasium liegen die Ausgangwerte über 70%. Das strukturierte Erfassen hierarchisch organisierter Informationen ist offenbar eine Fähigkeit, die bei den Schülern des Gymnasiums bereits gut ausgeprägt ist. Dies korrespondiert auch mit bisherigen Untersuchungen, wonach die Makrostrukturbildung ein Prozess ist, der bei geübten Lesern automatisch abläuft (vgl. Kintsch 1998, S. 174). Die hier aufgezeigte Entwicklung ist vermutlich weniger darauf zurückzuführen, dass die Schüler des Gymnasiums auf umfassendere oder eingehender erlernte Strategien zurückgreifen können als die Schüler der anderen Schularten, sondern eher darauf, dass sie mehr themenspezifisches Wissen akkumuliert haben: Wenn viel Wissen zu verschiedenen Themen gespeichert wurde, können sich themenübergreifende Schemata und Strukturierungen automatisch herausbilden. Dennoch ist auch im Gymnasium noch eine erstaunliche Steigerung von nahezu 20% in der Treatment- sowie in der Kontrollgruppe bis zum Endtest festzustellen, so dass auch hier ein Üben der mit den Schemata verbundenen Operationen in gewissem Umfang angeraten ist.

Einen hohen Interventionseffekt zeichnet die Entwicklung in der Hauptschule aus: In der Treatmentgruppe liegt hier mit nahezu 44% die höchste Steigerungsrate aller Aufgaben bezogen auf eine schulartenspezifische Vergleichsgruppe vor. Dies zeigt, dass das Thematisieren von Begriffsbeziehungen mit geistigen Operationen verbunden ist, die für die Schüler der Hauptschule sehr gewinnbringend sind, sofern man das Leseverständnis im Sinne des strukturierten Erfassens von Informationen fördern will. Die Werte der Realschule liegen wie erwartet zwischen denen der Hauptschule und des Gymnasiums, wobei bezüglich der absoluten Leistungswerte – wie auch bei den anderen Aufgaben – eher eine Annäherung an die Entwicklung des Gymnasiums als an die der Hauptschule festzustellen ist.

Eine nähere Betrachtung der Punktewerte, die die Schüler im Treatment-/Kontrollvergleich bei den Kategorien und beim Beschreibungsinventar erreichten, zeigte, dass der Vorsprung der Treatmentklassen beim Endtest in der Haupt- und der Realschule in erster Linie auf signifikant höhere Werte der Treatmentgruppe beim Beschreibungsinventar zurückzuführen ist. Wenn man die Kategorien zur Makrostruktur eines Texts zählt und das Beschreibungsinventar zur Mikrostruktur, dann kann man von einem besseren Textverständnis der Schüler hinsichtlich der Detailinformationen ausgehen, die zur Mikrostruktur gehören. Demgegenüber waren die Ergebniswerte bei den Kategorien zwischen den Gruppen nahezu identisch. Korrespondierend hierzu zeigte die Auswertung der Lehrer-Feedbackbögen zum Unterricht der Kontrollgruppe, dass hier Makrooperationen wie „einen Text in Abschnitte gliedern" oder „Abschnittsüberschriften finden/zuordnen" geübt wurden, die den Operationen beim Suchen von Kategoriebegriffen entsprechen dürften. Der Vorteil der Steckbriefmethode liegt also darin, dass das Beschreibungsinventar eines Frames häufig passend ermittelt wird, während die in den Kontrollklassen geübten Makrooperationen zwar eine passende Kategorienbildung ermöglichen, die untergeordneten Detailinformationen jedoch tendenziell eher vernachlässigen. Dies spricht auch dafür, dass ein „grobmaschiges" Makroverständnis von einem Textinhalt hergestellt werden kann, ohne die untergeordneten Informationen explizit zu berücksichtigen („top-down"), sofern man von den Merkmalen der Texte in den Tests aus dieser Studie ausgeht. Für ein vertieftes Textverständnis sind die hierarchieniedern Begriffe jedoch sicher von ebenso großer Bedeutung.

Auch bei der Bearbeitung von Aufgabe 3 ist ein Rückgriff auf Vorwissen festzustellen. Dies gilt erneut vor allem für den Vortest und für die Schüler der Hauptschul-Treatmentgruppe und etwas weniger stark ausgeprägt für die der Realschule. Die qualitative Analyse verdeutlicht, welche unterschiedlichen Strategien die Schüler anwendeten, um das vorstrukturierte Schema auszufüllen. Exemplarisch wird im Folgenden die Lernentwicklung eines Schülers der Hauptschule aufgezeigt, der im Vortest und im Behaltenstest das Thema „Infektionskrankheiten" bearbeitete.

Infektionskrankheiten

HIV:	durch ungeschützten Verkehr
Masern:	______________________
BSE:	eine Kuhkrankheit

Die angeführten Krankheiten „HIV" und „Masern" werden zwar im Text genannt, sind in der Hierarchie der Makrostruktur jedoch weiter unten angesiedelt als andere passende Kategorien aus dem Text; sie werden deshalb jeweils nur mit der halben Punktzahl bewertet. Die Krankheit „BSE“ ist nicht textbasiert, hierfür wurde kein Punkt vergeben. Ebenso stammen die zu den Krankheiten genannten Informationen beide aus dem Vorwissen des Schülers und sind nicht im Text verankert. Pro Kästchen waren zwei Informationen gefragt, das Schema ist also sehr unvollständig bearbeitet worden. Vermutlich hat der Schüler den Text nur teilweise oder oberflächlich gelesen und greift deshalb umso mehr auf sein bereits vorhandenes Wissen zurück („Lesevermeidungsstrategie“). Im Behaltenstest füllte derselbe Schüler das Schema folgendermaßen aus:

Infektionskrankheiten

Seuche:	- große Teile der Bevölkerung sind befallen - Typhus und Cholera sind typische Beispiele - meist ist verunreinigtes Trinkwasser Ursache
Symptome:	- z.B. Fieber, Appetitlosigkeit - allgemeine Schwäche
Inkubationszeit:	- Zeit zwischen Ansteckung und Ausbruch - kann Stunden, Tage, Monate oder Jahre betragen

Die Kategorien sind hinsichtlich der im Text repräsentierten Begriffshierarchie passend gewählt und mit Informationen veranschaulicht, die alle aus dem Text stammen. Der Schüler erhielt hierfür die volle Punktzahl.

Bei der Begriffswahl hat sich dieser Schüler stark an den Formulierungen des Texts orientiert. In den Bearbeitungen anderer Schüler wurden zum Teil aber auch Begriffe verwendet, die durchaus im Text verankert oder bereits begrifflich fixiert waren, aber von den Schülern aus den vorhandenen Informationen selbst abstrahiert wurden. Dies gilt insbesondere für die Kategoriebegriffe; das Beschreibungsinventar bot hierfür weniger Potential. So wurden aus den Beschreibungen des Texts zum Sachverhalt „Symptome“ beispielsweise Begriffe wie „Anzeichen der Krankheit“, „Zeichen des Krankseins“ oder „Woran zeigt sich die Krankheit?“ abgeleitet. Wenn man keinen Wert auf eine elaborierte Verwendung von Fachtermini legt, sind solche Abstraktionen als durchaus positiv zu betrachten: Sie lassen auf ein konstruktives Verständnis und die Fähigkeit zu eigenen, passenden Begriffsbildungen schließen, die über die reine Reproduktion hinausgehen.

Fazit und methodisch-didaktische Folgerungen

Die bisherigen Befunde weisen darauf hin, dass die hier untersuchten Aufgaben zur Diagnose von Lesekompetenz hinsichtlich ihrer Schwierigkeit zwischen den einfachen Leseverständnisaufgaben und den schwierigen Transferaufgaben anzusiedeln sind. Sowohl für die einfachen als auch für die anspruchsvollen Aufgaben haben sich Multiple-Choice Formate und offene Fragen etabliert. Nach Aussage von vielen an der Studie beteiligten Lehrern stellen die einfachen Aufgaben oft keine allzu große Schwierigkeit für die Schüler dar, da die Formulierungen der Fragen mit den Formulierungen im Text identisch sind oder ihnen sehr nahe kommen. Demgegenüber ist bei den schwierigeren Aufgaben häufig das Einbeziehen speziellen themenspezifischen Wissens erforderlich, woran viele Schüler scheitern, da dieses Wissen nicht zur Verfügung steht. Bei den oben dargestellten schemaorientierten Aufgabenformaten kommt es jedoch vor allem darauf an, einzelne Informationen aus dem Text zueinander in Beziehung zu setzen, Begriffsstrukturen herauszuarbeiten und auf diese Weise einen Überblick über die Textinhalte zu erlangen. Somit können die Aufgaben als ein geeignetes Instrument zur Analyse und zur Förderung der Lesekompetenz betrachtet werden: Das Leseverständnis im Sinne der Strukturierungsfähigkeit kann gesteigert werden, die erforderlichen Operationen können gut thematisiert werden und Lernfortschritte sind für Schüler und Lehrer gut einsehbar.

Fasst man die wesentlichen Ergebnisse der Testauswertung zusammen und setzt sie mit den Merkmalen in Beziehung, die den Unterricht der Treatmentklassen vorwiegend von dem der Kontrollklassen abgrenzen, kann man zur folgenden Schlussfolgerung kommen: Insbesondere die Auseinandersetzung mit den wichtigen Begriffen eines Texts in den Gruppendiskussionen, die strukturierte Darstellung in den graphisch repräsentierten Schemata und das selbstbestimmte Lernen fördernde Unterrichtselemente wie das Arbeitsheft führen zu den wesentlichen Treatmenteffekten. Im Gymnasium sind die Treatmenteffekte bezogen auf die oben dargestellten Aufgaben geringer als in den anderen Schularten, weil die Schüler vermutlich ohnehin über eine gute Strukturierungsfähigkeit bei der Informationsverarbeitung verfügen und weil die jeweilige Methode des Übens offenbar einen geringen Einfluss auf die in beiden Gruppen erreichten Lernzuwächse hat. In der Hauptschule und in der Realschule zeigen sich dagegen deutlichere Treatmenteffekte, besonders bei Aufgabe 3 und hier wiederum besonders bei den Detailinformationen, die den übergeordneten Kategoriebegriffen eines Rahmenthemas zugeordnet werden.

Aus der qualitativen Analyse beider Aufgaben kann man schließen, dass die themenspezifische Vorwissensaktivierung bei der Erschließung von Sachthemen eine große Rolle spielt. Oben im Bearbeitungsbeispiel zur Betrachtung von Aufgabe 3 wurde das Vorgehen des Schülers im Vortest als „Lesevermeidungsstrategie" bezeichnet; man kann dahinter aber auch ein ganz selbstverständliches Bedürfnis vermuten, zu Texten, die gelesen werden sollen, zunächst das eigene Wissen zu aktivieren, um dann das neue Wissen aus dem Text daran anzuknüpfen. Demzufolge könnte die Vorwissensaktivierung das Schemawissen auf konstruktive Weise ergänzen, indem im Unterricht vor der Textlektüre zunächst „Blanko-Schemata" ausgefüllt werden, anhand derer vorhandene Wissensbestände zusammengetragen werden. Die Schüler merken auf diese Weise auch, dass der Text nicht ein „Allwissender" ist, sondern dass sie selbst auch schon ein bestimmtes Wissen haben (welches dann durch die spätere Lektüre unter Umständen bestätigt wird). In einem weiteren Schritt sollte eine Fragehaltung aufgeworfen werden, die Unbekanntes zum Thema ins Bewusstsein rückt, zu dem im Text die gesuchten Informationen gefunden werden können. Wenn z.B. ein allgemeines Rausch-Script auf der Basis des Vorwissens erarbeitet und in das noch leere graphische Drehbuch-Schema eingetragen wurde, könnten Fragen angeschlossen werden: Was passiert eigentlich im Körper bei einem Rausch? Wie ist es zu erklären, dass man sich zuerst „aufgedreht" fühlt, und dann „ganz schlecht"?

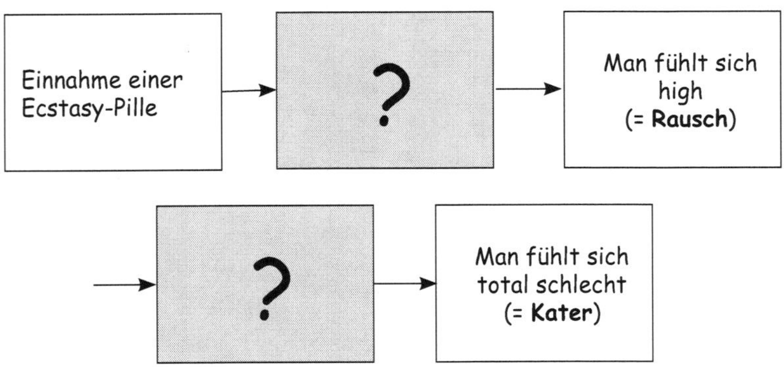

Im Anschluss sollte der Text gelesen und die „Fragezeichen" des Schemas durch die gesuchten Informationen ersetzt werden (siehe Erwartungshorizont zu dieser Aufgabe oben); einige Fragen bleiben dabei vielleicht auch noch unbeantwortet und müssten durch weitere Recherche beantwortet werden. Analog hierzu könnte das Steckbriefschema vor und nach der Textlektüre bearbeitet werden. Ein solches Vorgehen bietet sich bei vielen Sachthemen an, aber auch literarische Texte, z.B.

die einzelnen Szenen einer Handlung, können auf diese Weise erschlossen werden. Als Sozial- und Arbeitsformen sind Klassengespräche, Einzelarbeit oder auch kooperative Lernformen möglich.

Es ist zu vermuten, dass die Schüler beim Umgang mit Texten dadurch die jeweiligen neuen Informationen insgesamt besser verarbeiten und dass die Barriere, die ein Text für viele Schüler darstellt, leichter überwunden werden kann. Darüber hinaus bietet das Eintragen von Informationen aus Texten in Schemata nach den bisherigen Erfahrungen den Vorteil, dass eher eine Informationsreduktion stattfindet als beim bloßen Unterstreichen der „wichtigen Wörter" eines Texts.

Literatur[8]

Aust, Hugo (2003): Entwicklung des Textlesens. In: Bredel, Ursula/Günther, Hartmut/Klotz, Peter/Ossner, Jakob/Siebert-Ott, Gesa (Hrsg.): Didaktik der deutschen Sprache. Ein Handbuch. 1. Teilband, S. 525 - 535. Paderborn/München/Wien/Zürich: Schöningh Verlag.

Bildungsplan für die Hauptschule (Hauptschule und Hauptschule mit Werkrealschule) (2004): Amtsblatt des Ministeriums für Kultus, Jugend und Sport Baden Württemberg. Lehrplanheft 2/2004. Stuttgart: Neckar-Verlag.

Bildungsplan für die Realschule (2004): Amtsblatt des Ministeriums für Kultus, Jugend und Sport Baden Württemberg. Lehrplanheft 3/2004. Stuttgart: Neckar-Verlag.

Bildungsplan für das Gymnasium der Normalform (2004): Amtsblatt des Ministeriums für Kultus, Jugend und Sport Baden Württemberg. Lehrplanheft 4/2004. Stuttgart: Neckar-Verlag.

Bremerich-Vos, Albert/Wieler, Petra (2003): Wissenschaftstheoretische Prämissen und Lesekompetenz-Begriff. Zur Einführung. In: Abraham, Ulf/Bremerich-Voss, Albert/Frederking, Volker/Wieler, Petra (Hrsg.): Deutschdidaktik und Deutschunterricht nach PISA, S. 13 - 27. Freiburg im Breisgau: Fillibach Verlag.

Christmann, Ursula/Groeben, Norbert (2002): Anforderungen und Einflussfaktoren bei Sach- und Informationstexten. In: Groeben, Norbert/Hurrelmann, Bettina (Hrsg.): Lesekompetenz. Bedingungen, Dimensionen, Funktionen, S. 150 - 173. Weinheim und München: Juventa Verlag.

8 Die Grundlage für die empirische Studie, die diesem Artikel zugrunde liegt, bilden neben den hier genannten Literaturverweisen die Materialien, die für das Teilprojekt „Sachtexte erschließen" von 2004 - 2007 im Forschungs- und Nachwuchskolleg „Selbstbestimmtes Lernen" an der Pädagogischen Hochschule Ludwigsburg entwickelt wurden. Hierzu gehört beispielsweise das im Artikel erwähnte Schülerarbeitsheft (Werkstattheft), welches die Schüler in der Unterrichtseinheit der Studie verwendeten und aus dem ein Teil der Abbildungen dieses Artikels stammt.

Duden (1995): Grammatik der deutschen Gegenwartssprache. 5. Auflage, Mannheim.

Duden (1998): Grammatik der deutschen Gegenwartssprache. 6. Auflage, Mannheim.

Expertise. Förderung von Lesekompetenz. Bildungsforschung Band 17. Herausgegeben vom Bundesministerium für Bildung und Forschung (2007). Bonn/Berlin: o.V.

Hiller, Florian (in Vorb.): Sachtexte erschließen. Eine empirische Studie zur Förderung der Lesekompetenz in Klassenstufe 8. (Zugleich Dissertation zur Erlangung des Grades eines Doktors an der Pädagogischen Hochschule Ludwigsburg)

Kintsch, Walter (1998): Comprehension. Cambridge: Cambridge University Press.

Lindauer, Thomas/Schneider, Hansjakob (2007): Lesekompetenz ermitteln: Aufgaben im Unterricht In: Bertschi-Kaufmann, Andrea (Hrsg.): Lesekompetenz – Leseleistung – Leseförderung. Grundlagen, Modelle und Materialien, S. 109 - 126. Zug/Seelze-Velber: Kallmeyer in Verbindung mit Klett, Erhard Friedrich Verlag.

Linke, Angelika/Nussbaumer, Markus/Portmann, Paul R. (2004): Studienbuch Linguistik. Tübingen: Niemeyer Verlag.

Minsky, Marvin (1975): A Framework for Representing Knowledge. In: The Psychology of Computer Vision, S. 211 - 277. New York: McGraw-Hill Book Company.

Murray, T.S./Kirsch, I.S./Jenkins, L./U.S. Department of Education, National Center for Education Statistics (Hrsg.) (1998): Adult Literacy in OECD Countries: Technical Report on the First International Adult Literacy Survey. Washington, DC: o.V.

PISA 2000. Basiskompetenzen von Schülerinnen und Schülern im internationalen Vergleich. Herausgegeben vom Deutschen PISA-Konsortium (2001). Opladen: Leske und Budrich Verlag.

Ryan, Richard M./Deci, Edward L. (2000): Self-Determination Theory and the Facilitation of Intrinsic Motivation, Social Development, and Well-Being. In: American Psychologist, Januar 2000, S. 68 - 78.

Schank, Roger/Abelson, Robert (1977): Scripts, Plans, Goals and Understanding. An Inquiry into Human Knowledge Structures. Hillsdale, New Jersey: Lawrence Erlbaum Associates, Inc.

Schiefele, Ulrich (1996): Motivation und Lernen mit Texten. Göttingen/Bern/Toronto/Seattle: Hogrefe Verlag.

Schiefele, Ulrich (2004): Förderung von Interessen. In: Lauth, G.W./Grünke, M./ Brunstein, J.C. (Hrsg.): Interventionen bei Lernstörungen, S. 134-144. Göttingen: Hogrefe Verlag.

Schneider, Hansjakob/Lindauer, Thomas (2007): Lesekompetenz ermitteln: Tests. In: Bertschi-Kaufmann, Andrea (Hrsg.): Lesekompetenz – Leseleistung – Leseförderung. Grundlagen, Modelle und Materialien, S. 126 - 139. Zug/ Seelze-Velber: Kallmeyer in Verbindung mit Klett, Erhard Friedrich Verlag.

Schnotz, Wolfgang/Dutke, Stephan: (2004): Kognitionspsychologische Grundlagen der Lesekompetenz: Mehrebenenverarbeitung anhand multipler Informationsquellen. In: Schiefele, Ulrich/Artelt, Cordula/Schneider, Wolfgang/Stanat, Petra (Hrsg.): Struktur, Entwicklung und Förderung von Lesekompetenz. Vertiefende Analysen im Rahmen von PISA 2000, S. 61 - 99. Wiesbaden: VS Verlag für Sozialwissenschaften.

Streblow, Lilian (2004): Zur Förderung der Lesekompetenz. In: Schiefele, Ulrich/ Artelt, Cordula/Schneider, Wolfgang/Stanat, Petra (Hrsg.): Struktur, Entwicklung und Förderung von Lesekompetenz. Vertiefende Analysen im Rahmen von PISA 2000, S. 275 - 306. Wiesbaden: VS Verlag für Sozialwissenschaften.

Willenberg, Heiner (2004): Lesestrategien. In: Praxis Deutsch 187, S. 6-15.

Möglichkeiten von Diagnose und Förderung im Bereich Textverstehen. Die Lernstandserhebungen 2007 in NRW

SIEGLINDE GRIMM

Rahmenbedingungen

Auf die ernüchternden Ergebnisse der PISA-Studie und der TIMSS reagierten Bildungspolitik und Bildungsverwaltung mit einer Wende von einem „durch den ‚Input'" gesteuerten Bildungssystem zu dessen „Output-Orientierung". Demnach sollen die Leistungen der Lernenden nicht mehr durch „Haushaltspläne, Lehrpläne und Rahmenrichtlinien, Ausbildungsbestimmungen für Lehrpersonen, Prüfungsrichtlinien usw." vorgegeben, sondern an „den Leistungen der Schule" und „den Lernergebnissen der Schüler und Schülerinnen" gemessen werden. (Klieme u.a. 2003, S. 11 f.) Den Unterrichtenden verspricht man dadurch sowohl in didaktischer als auch in methodischer Hinsicht mehr Freiheit. Vorbild sind die skandinavischen Länder und der anglo-amerikanische Bildungsbereich, v.a. deren kontinuierliche Maßnahmen zu Qualitätssicherung und Qualitätsentwicklung. Hand in Hand damit geht die Einführung von Standards, die den Bildungsauftrag der Schule in Form verbindlicher Kompetenzanforderungen umsetzen. Auf der Basis pädagogisch-psychologischer Forschungen und fachdidaktischer Konzepte werden Modelle für Kompetenzniveaus entwickelt, die in Testverfahren mittels konkreter Aufgaben operationalisiert werden, um Standards empirisch überprüfbar zu machen. Diese Veränderungen führten zu einer erneuten Debatte darüber, was unter ‚Kompetenzen' eigentlich zu verstehen sei.[1]

Als Folge der skizzierten empirischen Wende ist eine rasante Zunahme der Studien zur Evaluation der Schülerleistungen zu beobachten, etwa die LAU (Lern-Ausgangslagen-Untersuchung) in Hamburg oder das von der Kultusministerkonferenz initiierte Projekt DESI (Deutsch-Englisch-Schülerleistungen International).[2] NRW führte im Jahr 2004/05 landesweite Lernstandserhebungen ein. Betroffen waren zunächst die Klassen 4 der Grundschulen (in den Fächern Deutsch und

[1] Vgl. dazu den Überblick bei Willenberg (2007, S. 7-10) sowie das von Böhnisch (2008) herausgegebene Didaktik Deutsch Sonderheft 2.

[2] Vgl. Bos/Postlethwaite (2001); Bos/Schwippert (2002) sowie Peek (2005).

Mathematik) im länderübergreifenden Projekt VERA (Vergleichsarbeiten)[3] und die Jahrgangsstufe 9 aller Gesamt- Haupt- und Realschulen sowie Gymnasien in den Fächern Deutsch, Mathematik und Englisch.

Die folgenden Ausführungen setzen sich anhand praktischer Erfahrungen mit den Lernstandserhebungen in vier achten Klassen mit insgesamt 91 Schülern und Schülerinnen an einem Gymnasium mit ungünstigeren Standortbedingungen[4] auseinander. Dabei liegt der Schwerpunkt weniger auf einer allgemeinen Bewertung der Tests im Rahmen der Schul- und Unterrichtsentwicklung,[5] sondern vielmehr auf der didaktischen Perspektive des Text- und Leseverstehens im Fach Deutsch. Den verschiedenen Kompetenzniveaus des Leseverstehens entsprechende Aufgaben werden mit Blick auf die ‚Auswertungsanleitung' für Lehrkräfte untersucht. Diskutiert werden Fragen der Abgrenzung von Kompetenzniveaus, Validitätsprobleme bei offenen Aufgaben und bei Aufgaben mit Mehrfach-Negationen, der Umgang mit Antworten über dem Erwartungshorizont und schließlich Steuerungen von Antworten bei Multiple-Choice-Verfahren. Zuletzt wird auf Modalitäten der Rückmeldung eingegangen.

Leitend sind zwei von Christoph Burkhard und Gerhard Orth hervorgehobene wesentliche Ziele der Lernstandserhebungen, nämlich die „Feststellung von Lern- und Förderbedarf in den überprüften fachlichen Bereichen [...] von Lerngruppen und in begrenzterem Maße für einzelne Schülerinnen und Schülern [...]" und die „Stärkung der diagnostischen Kompetenz von Lehrkräften [...] wie beispielsweise der sicheren Einschätzung von Aufgabenschwierigkeiten oder der zutreffenden Beschreibung von Lernständen einzelner Schülerinnen und Schüler." (Burkhardt/Orth 2005, S. 141)

Die fünf Kompetenzniveaus

Die Tests im Bereich Leseverstehen werden am Kompetenzmodell der PISA-Studie ausgerichtet, das fünf ‚Aspekte des Lesens' zugrunde legt. (Vgl. Auswertungsanleitung, S. 7-9 und Deutsches PISA-Konsortium 2000, S. 83 und 89f.)

---

[3] Vgl. Helmke/Hosenfeld (2003).

[4] Die Lernstandserhebungen variieren nach 10 Standorttypen entsprechend der soziodemographischen Zusammensetzung der Schüler und Schülerinnen. Für Haupt- und Gesamtschulen gibt es jeweils drei unterschiedliche Zuordnungen, für Gymnasien und Realschulen je zwei. Eine Übersicht findet sich unter: www.standardsicherung.schulministerium.nrw.de/lernstand8/upload/download/erg_06-07/lse-ergebnisse_2007final.pdf [letzter Zugriff am 27.3.09], S. 18.

[5] Dies ist bereits geleistet. Vgl. Peek u.a. (2006) sowie Peek/Dobbelstein (2006).

Für die Lernstandserhebungen wurden daraus fünf Kompetenzniveaus entwickelt: „Leseverstehen in Ansätzen“ (I), „Einfaches Leseverstehen“ (II), „Grundlegendes Leseverstehen“ (III), „Differenziertes Leseverstehen“ (IV) und „Komplexes Leseverstehen“ (V). (Erläuterungen, S. 1-5).

Die einzelnen Kompetenzniveaus des Leseverstehens (LV I-V) werden nun anhand der Erzählung „Anders“ von Julia Helbig (vgl. Anhang) vorgestellt und erläutert. Maßgebend für die Zuordnung der Testaufgaben sind die ‚Erläuterungen zu den Kompetenzniveaus Deutsch‘. Die Ausrichtung der einzelnen Niveaus folgt dem ‚Rasch-Modell‘, das einen linear zunehmenden Schwierigkeitsgrad der Aufgaben annimmt. Eine Testperson, die eine Aufgabe auf einem höheren Anspruchsniveau löst, sollte mit umso größerer Wahrscheinlichkeit eine Aufgabe auf den darunterliegenden Niveaus lösen, je größer der Abstand auf der Skala der Schwierigkeitsgrade ist.[6]

Als Beispiel für das Kompetenzniveau LV I (Leseverstehen in Ansätzen) wird Aufgabe 24 (Schülerheft, S. 11) angegeben:

Kreuze (x) an.	trifft zu	trifft nicht zu
Die erzählende Person … ist genau neun Jahre älter als das Mädchen, das sie beobachtet	O	O

Auf dem hierarchieniedrigsten Kompetenzniveau finden die Schülerinnen und Schüler „eine weitgehend isoliert bleibende Einzelinformation auf“, die im Text nicht direkt nachzuweisen ist und „durch zwei andere Textstellen“ (Z. 37, Z. 46) unwahrscheinlich wird. Ein „Verständnis des gesamten Textes“ wird nicht vorausgesetzt. (Erläuterungen, S. 1)

Für das ‚Einfache Leseverstehen‘ auf Kompetenzniveau LV II wird Aufgabe 29 (Schülerheft, S. 12) als Beispiel genannt. Hier ist eine Bildskizze mit Sprechblase vorgegeben. Die Aufgabe wird so formuliert:

[6] Zum Rasch-Modell vgl. Deutsches PISA-Konsortium (2000, S. 95 f.); vgl. auch Funke (2006) sowie Köster/Lindauer (2008, S. 153).

Folgende Skizze bezieht sich auf den Text. Was geht der Ich-Erzählerin durch den Kopf? Fülle bitte die Sprechblase mit zwei Sätzen aus.

Den ‚Erläuterungen' zufolge setzen die Schülerinnen und Schüler die Skizze „zum Beginn des Textes in Beziehung (Zeilen 1-7)." Sie fassen die Informationen über die „geäußerten Empfindungen [...] i.S. des ‚Rollensprechens' kurz in eigene Worte." Vorausgesetzt wird ein „allgemeines, noch nicht differenziertes Textverständnis." (ebd., S. 2) Bezieht sich die Antwort „nur auf die Erinnerung der erzählenden Person an die Situation", so wird sie mit Lösungsstufe I bewertet; für die höhere Lösungsstufe II hingegen soll ein „Zusammenhang zwischen der von der erzählenden Person selbst erlebten Situation und ihrer Beobachtung des Mädchens" (Auswertungsanleitung, S. 14) hergestellt werden. [7]

Beispiele für das nächsthöhere Kompetenzniveau LV III (‚Grundlegendes Leseverstehen') sind Aufgaben 17 und 18 (Schülerheft, S. 9). Die Aufgabenstellung lautet:

Der Text enthält einige unvollständige (verkürzte) Sätze, zum Beispiel:
- „Vier Paar Beine im Halbkreis vor mir." (Z. 3 - 4)
- „Zweimal blaue Jeans, einmal schwarzer Cord, einmal helles Leinen." (Z. 5 - 6)
- „Rührte mich nicht, sagte nichts, sah nicht auf." (Z. 21)
- „Nicht das Gefühl, meine Würde wahren zu müssen." (Z. 26 - 27)

---

[7] Offene und halboffene Aufgaben, die eine schriftliche Begründung erfordern, werden mit unterschiedlichen Lösungsstufen bewertet. Die damit verbundene Problematik wird im Folgenden anhand des Niveaus V erläutert.

Ihr sprecht in der Klasse über die Wirkung, die diese verkürzten Sätze für den Text haben können. Folgende Einschätzungen werden genannt. Welche treffen deiner Ansicht nach auf den vorliegenden Text zu, welche nicht?

Kreuze (x) an.	trifft zu	trifft nicht zu
17) Vollständige Sätze würden hier zwangsläufig zu Wiederholungen führen.	O	O
18) Die verkürzten Sätze beziehen sich auf das Wichtigste, das gesagt werden soll.	O	O

Auf diesem Kompetenzniveau sollen die Schülerinnen und Schüler „die sprachliche Form von Textaussagen" reflektieren und sie „auf mögliche Wirkungen" beziehen. Dazu „nehmen sie einen wesentlichen Teil des Textes in den Blick" und stellen „Verbindungen her zwischen den beispielhaft angegebenen Aussagen (verkürzte Sätze) im Hinblick auf den Textsinn." (Erläuterungen, S. 3)

Die richtige Lösung bei Aufgabe 17 ‚trifft nicht zu' kreuzten lediglich 56 Schüler von insgesamt 91 an. Als Distraktoren könnten hier Wiederholungen etwa zwischen den genannten Stoffen (‚Jeans', ‚schwarzer Cord', ‚helles Leinen') und den ‚vier Paar Beinen' wirksam werden, da inhaltlich dasselbe gemeint ist; auch eine sprachliche Wiederholung wäre denkbar, wenn etwa den ersten beiden unvollständigen Sätzen Subjekt und Prädikat (‚Ich sehe […]') hinzugefügt würden. Bei Aufgabe 18 kreuzten 71 Schüler und Schülerinnen die richtige Antwort ‚trifft zu' an. Dies macht fraglich, ob man beiden Aufgaben wirklich denselben Schwierigkeitsgrad bzw. ein homogenes Kompetenzniveau zuordnen kann.

Als Beispiel für das ‚Differenzierte Leseverstehen' auf Kompetenzniveau LV IV gilt Aufgabe 30 (Schülerheft, S. 12):

Der Text enthält die folgenden Fragen:

- „Soll ich etwas tun? Ihr helfen?" (Z. 67 - 68)
- „Wer sonst? Wann sonst?" (Z. 97)

Diese Fragen können unterschiedliche Wirkungen auf die Leser haben. Welche der folgenden Möglichkeiten passt **nicht** zum Text? Die Fragen …

Kreuze (x) an, welche Aussage **nicht** passt.

a) drücken die Unsicherheit der Erzählerin aus.	O	(21-mal)
b) machen deutlich, dass die jeweilige Entscheidung nicht einfach ist.	O	(13-mal)
c) zeigen, dass jede Einmischung fragwürdig ist.	O	(51-mal)
d) lassen die Leser an den Überlegungen der Erzählerin teilnehmen.	O	(6-mal)

Auf diesem Niveau sollen die Schüler und Schülerinnen „die Mehrdeutigkeit der vorliegenden Textaussagen mit Blick auf die Wirkung" erkennen, indem sie die möglichen Wirkungen „vergleichen und voneinander abgrenzen." Dabei identifizieren sie eine der Alternativen, „die sich mit dem Text nicht verbinden lässt", indem sie unter Berücksichtigung des ganzen Textes „entsprechende Schlussfolgerungen ziehen" und auch „textexternes Wissen" benutzen. (Erläuterungen, S. 4)

Die richtige Antwort c), die lediglich 51-mal angekreuzt wurde, setzt die Zustimmung zur Sichtweise der Erzählerin und deren Entscheidung, dem gemobbten Mädchen zu helfen, voraus. Die Schüler und Schülerinnen müssen erkennen, dass die ‚Unsicherheit der Erzählerin' oder die Schwierigkeit einer solchen Entscheidung noch mit der Gesamtaussage vereinbar ist, die prinzipielle ‚Fragwürdigkeit' des Eingreifens aber nicht.

Ein Problem ergibt sich hier aus den mehrfachen Negationen. Nicht nur die Aufgabenstellung enthält durch das Adverb *nicht* eine starke Negation; eine Negation liegt auch in den Antwortalternativen durch das Präfix *Un-* bei a) und durch das Adverb *nicht* bei b) vor. Die angegebene Streuung der Antworten zeigt, dass die verneinten Distraktoren grundsätzlich häufiger zu Fehlern führen als bejahte (Antwort d).[8]

Das hierarchiehöchste Kompetenzniveau LV V schließlich wird der Aufgabe 28 (Schülerheft, S. 11) zugewiesen:

> *„Dritte, nicht erste Person."* (Z. 40). So beschreibt die erzählende Person sich selbst, während sie das Mädchen beobachtet. Umschreibe mit eigenen Worten, wie das zu verstehen ist. Beziehe dich auf den Text.
>
> ____
>
> ____
>
> ____

Die Zuordnung zu Niveau LV V wird wie folgt begründet:

> Die Schülerinnen und Schüler führen auf Lösungsstufe II[9] komplexe Verstehensoperationen aus, indem sie die Allgemeinheit des zitierten Satzes (textextern auch in Kenntnis seiner grammatikalischen Bedeutung) zum konkret Erzählten in Beziehung setzen. Sie nehmen damit Inhalt und Struktur des Textes gleichermaßen in den Blick: Der Satz „Dritte, nicht erste Person" spiegelt also zentrale Aussagen des Textes wider, die sich äußerlich u.a. auch in seiner Zweiteilung zeigen. (Erläuterungen, S. 5)

---

[8] Grund für diese Problematik ist, dass im mathematisch-logischen Denken zwei Negationen eine Bejahung ergeben. Hier kann eine vorangehende Mathematikstunde zur Beeinflussung reichen. Eine weitere Fehlerquelle sind Dialekte oder auch Interferenzen, da in anderen Sprachen eine doppelte Negation eine Verstärkung der Verneinung bedeutet (z.B. ‚Keiner hat es nicht gewusst' oder im Englischen: ‚I don´t know nothing'). Im Spanischen tritt die doppelte Negation in der Hochsprache auf und gilt ebenso als Verstärkung einer verneinten Aussage (z.B. ‚no viene nunca' → er kommt wirklich niemals).

[9] Es wird hier nur die Beschreibung der höheren Lösungsstufe II angegeben. Zu den Lösungsstufen vgl. Anm. 7.

Für die Diagnose sind die Hinweise zum ‚Schüler- und Klassenfeedback' aufschlussreich; zur betreffenden Aufgabe heißt es:

> Die Lösung der Aufgabe erfordert auf dem Hintergrund eines **allgemeinen Textverständnisses** eine **Reflexion**
>
> a) in inhaltlicher Hinsicht (Verhältnis von Vergangenheit und Gegenwart der Ich-Erzählerin),
> b) in formaler Hinsicht (Perspektive).
>
> Bei der Differenzierung der Lösungsstufen tritt die Erfassung des sprachlichen Aspektes (1. und 3. Person) hinzu. (Schüler- und Klassenfeedback, S. 6)

Die genannte ‚Differenzierung der Lösungsstufen' bedarf einer Erläuterung. Laut Auswertungsanleitung wird eine Schülerlösung „mit der Lösungsstufe I gewertet, wenn der Satz inhaltlich auf den Text bezogen bleibt." Als Beispiele werden genannt:

- Sie ist nicht die Person, die geärgert wird, sondern eine, die beobachtet.
- Sie schaut nur zu und ist nicht beteiligt.

Mit Lösungsstufe II gewertet wird eine Lösung, „wenn der Satz vom Text ausgehend abstrahiert wird (auch – implizit oder explizit – mit Bezug auf die grammatische Kategorie)." Beispiele hierfür sind folgende Antworten:

- Sie bezieht sich darauf, dass sie nun selbst eine Zuschauerin ist. Es heißt nicht mehr: ‚Ich', sondern ‚sie'.
- ... jetzt in der Rolle des Beobachters ist, also sieht, dass sie (3. Pers.!) Hilfe braucht. (Auswertungsanleitung, S. 13)

Nun seien einige Schülerantworten angeführt:

> Jonathan: „Damals war die erzählende Person die erste Person, sie stand im Mittelpunkt, um sie drehte sich alles, sie wurde geschlagen. Heute schaut die erzählende Person nur noch zu. Sie beobachtet die Situation." (Stufe II)
>
> Bernd: „Sie meint ich schaue nur zu, liege nicht auf dem Boden werde getreten. Ich kann mich daran erinnern, doch diesmal bin ich nicht das Opfer, sondern der Zuschauer. Ich will helfen, ich wollte auch Hilfe." (Stufe I)
>
> Vera: „Man kann es so sehen: Erste Person: gemobbtes Madchen; zweite Person: Mobbingtäter, dritte Person: Erzählerin." (falsch)
>
> Patricia: „Sie wurde als dritte gemobbt." (falsch)

Jonathan abstrahiert erkennbar vom Text und benennt die grammatische Kategorie. Bernds Antwort ist richtig, sie bleibt aber textimmanent. Seine Antwort zeigt eine mangelnde Kompetenz im Bereich der grammatischen Kategorie. In den Antworten Veras und Patricias lassen sich Defizite in der Anwendung der Perspektive diagnostizieren.

Es stellt sich die Frage, inwieweit die Ergebnisse den Anspruch des Rasch-Modells eines von Kompetenzniveau LV I zu LV V linear steigenden Schwierigkeitsgrades einlösen. Folgende Grafik gibt darüber Aufschluss:

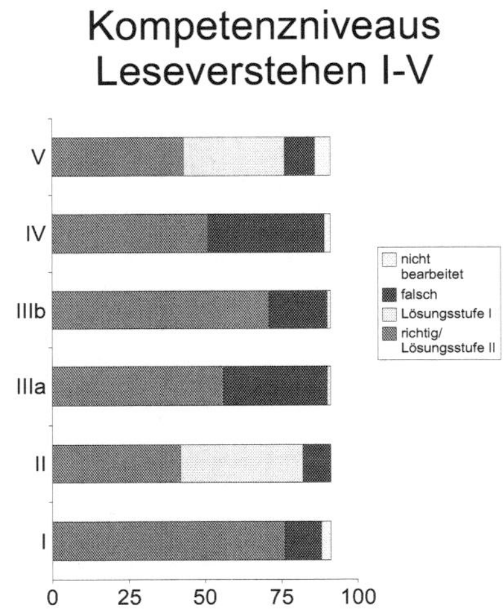

Kompetenzniveaus Leseverstrehen I - V

Die Kompetenzniveaus I, III und IV werden anhand geschlossener Aufgaben behandelt, in denen die Schüler nur eine von zwei oder mehreren Alternativen ankreuzen konnten. Demgegenüber betreffen die Kompetenzniveaus II und V offene Aufgaben; hier sollten die Schüler eine schriftliche Begründung formulieren, die mit Lösungsstufe I oder II zu bewerten war.

Bei den geschlossenen Aufgabenformaten entsprechen die Ergebnisse im Wesentlichen dem Modell linear steigender Schwierigkeitsgrade, was wiederum der abnehmenden Zahl richtiger Lösungen entspricht. Die Unterschiede der beiden dem Niveau LV III zugewiesenen Aufgaben 17 (a) und 18 (b) hingegen lassen an der Homogenität des Modells Zweifel aufkommen; gleichwohl bleiben die Ergebnisse insofern in einer angemessenen Toleranz, als beide Aufgaben für sich genommen die Linearität des Modells einhalten.

Anders sieht es aus bei den offenen Aufgaben. Auf dem Kompetenzniveau LV II erreichen 42 Schüler und Schülerinnen die Lösungsstufe I und 40 die höhere Stufe II. Auf dem obersten Kompetenzniveau LV V werden zwar nur 33 Antworten mit Lösungsstufe I bewertet, aber 43 Antworten mit Lösungsstufe II. Anders gesagt: Auf dem hierarchiehöchstem Niveau werden mehr optimale Lösungen erreicht, als auf dem Niveau des ‚Einfachen Leseverstehens', was die Annahmen des Rasch-Modells doch in Frage stellt. Derselbe Schluss ergibt sich aus dem Vergleich der mit ‚falsch' bewerteten Aufgaben, deren Zahl nur geringfügig differiert.

Warum Schülerlösungen von den Erwartungen abweichen, wurde vielfach untersucht.[10] Aus Sicht der Lehrperson spielt sicherlich eine Rolle, wie lange die Behandlung des geprüften Stoffs – im Fall der Aufgabe 28 etwa die Anwendung der (Erzähl-)Perspektive – im Unterricht zurückliegt. Hinsichtlich der Diagnose ist zu sagen, dass das Rasch-Modell durchaus bei der Beurteilung helfen kann, ob die Schüler und Schülerinnen mit einem bestimmten Schwierigkeitsgrad noch zurechtkommen oder nicht. So zeigen die Ergebnisse, dass die Schüler die Anwendung der Perspektive gut beherrschen. Dagegen müsste die Fähigkeit, innerhalb eines Deutungsspielraums Alternativen auszugrenzen und richtige Schlussfolgerungen zu ziehen, noch verbessert werden.

Die Tatsache, dass die Schüler mit dem Niveau IV größere Schwierigkeiten hatten als mit Niveau V, ließe allerdings auch die Konsequenz zu, den Schwierigkeitsgrad der betreffenden Aufgaben anders anzusetzen, zumal andere Untersuchungen, etwa Heiner Willenbergs Analyse des DESI-Lesemodells, zu ähnlichen Ergebnissen kommen.[11] In diesem Zusammenhang wäre auch die Frage zu wiederholen, die Ina Karg angesichts der Kompetenzstufen des PISA-Lesetests aufgeworfen hat, nämlich „wessen Lösungen – richtige oder falsche" herangezogen wurden, „um den Schwierigkeitsgrad zu bestimmen?" (Karg 2005, S. 211)[12] Die Erläuterungen zu den Kompetenzniveaus der Lernstandserhebung geben dazu keine Auskunft.

Das Problem der Lösungsstufen

Voraussetzung einer verlässlichen Diagnose sind klare Aufgaben und ein objektives Bewertungsraster. Diesbezüglich sind nun die Aufgaben 21 und 22 zu betrachten,

---

[10] Vgl. Funke (2006) sowie Karg (2005).

[11] Das DESI-Lesemodell geht aus von vier Kompetenzniveaus. Nach Willenberg (2007, S. 14) erreichten die Stufe 3 (Verknüpfungen: Wissen öffnen und Verknüpfen über Absätze) lediglich 2,6 % der Schüler und Schülerinnen, die hierarchiehöchste Stufe 4 (Mentale Modelle bilden) hingegen erreichten 6,3 %.

[12] Laut PISA-Studie „wurde die internationale Skalierung der Leistungstests auf der Basis einer Stichprobe von 13.500 Schülerinnen und Schüler vorgenommen. Hierzu wurden aus jedem OECD-Teilnehmerland – ausgenommen Luxemburg – stratifizierte Zufallsstichproben von jeweils 500 Personen gezogen." (PISA 2000, S. 51). Mit dieser Auskunft sei, so Karg, das Problem noch „nicht gelöst, wie einer Aufgabe ein bestimmter Wert zugeordnet wird." (2005, S. 211).

die mit verschiedenen Lösungsstufen bewertet werden (vgl. auch Aufgabe 28, s.o.). Zunächst ist dazu auf die Aufgabenstellung einzugehen und sodann auf die ‚Auswertungsanleitung'. Aufgabe 21 (Schülerheft, S. 10) beginnt mit folgender Vorbemerkung:

> Der Text lässt sich in zwei Teile unterteilen.
> Teil 1: ‚Die Beine sind alles …' (Z. 1) bis ‚Sonst ist es genau das Gleiche.' (Z. 40-41)
> Teil 2: ‚Ich kenne das Mädchen flüchtig.' (Z. 42) bis ‚ … und gehe dem Mädchen entgegen.' (Z. 104)

Die Aufgabe lautet:

> Wähle für den ersten Teil die Überschrift aus, die dir am sinnvollsten erscheint (alle drei sind möglich) und begründe deine Wahl.
>
> Überschrift A: Bedrohung und Angst
> Überschrift B: Das waren Zeiten
> Überschrift C: Hilflos
>
> Ich wähle die Überschrift …. für Teil 1 aus.
> Begründung: ______________________________
> ______________________________
> ______________________________

Die getestete Kompetenz betrifft die Fähigkeit, Texte zusammenzufassen und mit einer Überschrift abzugleichen. Die Lehrkraft muss die gegebene Antwort mit Lösungsstufe I oder Lösungsstufe II bewerten. Dazu werden folgende Anleitungen – hier exemplarisch für die Überschrift C – gegeben:

> Eine Schülerlösung wird mit der Lösungsstufe I gewertet, wenn eine Überschrift ausgewählt wird und die Begründung auf eine Aussage im ersten Teil des Textes bezogen wird, die zu der gewählten Überschrift passt.
>
> **Beispiele:**
> C: Ich denke, dass sie sich in diesem Moment hilflos gefühlt hat und auf Hilfe gehofft hat.
> B: …
>
> Eine Schülerlösung wird mit der Lösungsstufe II gewertet, wenn über die für Lösungsstufe I geltenden Anforderungen hinaus ein weiterführender (deutender, differenzierender, wertender etc.) Aspekt formuliert wird.
>
> **Beispiele:**
> C: Die Überschrift beschreibt die Situation des Mädchens (Hilflosigkeit) am besten. Außerdem ist es eine kurze Überschrift, die neugierig macht.
> A: … (Auswertungsanleitung, S. 13)

Exemplarisch seien einige Schülerantworten wiedergegeben:

> Olivia: Ich finde, dass Überschrift C am besten passt, da sie die Situation der Person widerspiegelt. (Stufe I)
>
> Jeanette: Ich habe die Überschrift C ausgewählt, weil sie ein wichtiges Stichwort in dem Text anspricht, aber trotzdem nur erahnen lässt, worum es in dem Text geht. Außerdem beschreibt diese Überschrift die Situation des Mädchens, denn ihr wurde ja nicht geholfen. (Stufe II)
>
> Jonathan: Ich wähle die Überschrift C aus, weil die Erzählerin damals hilflos war und keiner geholfen hatte. Die erzählende Person konnte sich auch nicht selbst helfen. (Stufe I oder II)

Während Jeanettes Antwort sehr gute Kenntnisse über die Funktion einer Überschrift zeigt, bestehen bei Jonathan und Olivia Defizite. Letztere befragen die Überschrift lediglich im Hinblick auf eine Übereinstimmung mit einzelnen Aspekten des Textes. Während Olivia sich nur auf das Mobbingopfer bezieht, hat Jonathan auch den Wiederholungsaspekt im Blick.

Die Verlässlichkeit dieser Diagnose wird jedoch aufgrund der fraglichen Validität der Aufgabe eingeschränkt. Grund dafür ist, dass die in der Auswertungsanleitung für die Lösungsstufe II erhobene Forderung, es müsse in der Begründung ein ‚weiterführender (deutender, differenzierender, wertender etc.) Aspekt' formuliert werden, aus der Aufgabe nicht hervorgeht. Umso ausführlicher fällt die zugehörige Aufgabenbeschreibung in den Hinweisen zum ‚Schüler- und Klassenfeedback' aus, die jedoch nur der Lehrkraft zugänglich ist; hierin heißt es zu Aufgabe 21 und 22:

> Die Lösung der beiden Aufgaben setzt ein allgemeines Textverständnis voraus, das die Einsicht in die Textstruktur einschließt. Die Schülerinnen und Schüler müssen auf der Basis vorgegebener Möglichkeiten einen eigenen Akzent setzen. Die Begründung erfordert eine **Reflexion** der inneren Vorgänge der Protagonistin. Es geht hier wesentlich um die Komplexität der Begründung. (Schüler- und Klassenfeedback, S. 5)

Wenn die Bewertung von der ‚Komplexität der Begründung' und insbesondere der Bezugnahme auf die ‚inneren Vorgänge der Protagonistin' abhängt, dann müsste dies in der Aufgabenstellung auch formuliert werden. Schüler, welche der Ansicht sind, die besten Antworten seien kurz und knapp, werden hier sicher schlechtere Ergebnisse erhalten, als es ihrem tatsächlichen Können entspricht. Abhilfe wäre durch einen Zusatz in der Aufgabenstellung zu schaffen, der etwa lauten könnte: ‚Gehe in der Begründung auf mögliche Überlegungen der Erzählerin ein.' Damit würde man die Aufgabe präzisieren, ohne die Antwort zu beeinflussen.

Antworten über dem Erwartungshorizont

Das Problem von Antworten, die den Erwartungshorizont mit einer klugen Antwort übertreffen, stellt sich mit der inhaltlich an Aufgabe 21 anschließenden Aufgabe 22 (Schülerheft, S. 10), die nach einer Überschrift für den zweiten Teil der Erzählung fragt. Die Aufgabe lautet:

> Wähle für den **zweiten Teil** die Überschrift aus, die dir am sinnvollsten erscheint (alle drei sind möglich) und begründe deine Wahl:
>
> Überschrift A: Nichts hat sich geändert
> Überschrift B: Soll ich helfen?
> Überschrift C: Wie im Spiegel
>
> Ich wähle die Überschrift … für **Teil** 2 aus:
> **Begründung:** ____________________
> ____________________
> ____________________

Die Antworten sind wiederum mit zwei Lösungsstufen zu bewerten, die folgendermaßen definiert werden:

> Eine Schülerlösung wird mit der Lösungsstufe I gewertet, wenn eine Überschrift ausgewählt wird und die Begründung auf eine Aussage im zweiten Teil des Textes bezogen wird, die zu der gewählten Überschrift passt.
>
> **Beispiele:**
> A: Im Text steht, dass es sich nicht geändert hat. Und das stimmt. Also habe ich mir diese Überschrift ausgesucht.
> B: Die Person überlegt sich, ob sie einfach zusehen oder eingreifen soll.
> C: Die erzählende Person sieht genau das, was damals mit ihr gemacht worden ist.
>
> Eine Schülerlösung wird mit der Lösungsstufe II gewertet, wenn über die für Lösungsstufe I geltenden Anforderungen hinaus wird ein weiterführender (deutender, differenzierender, wertender etc.) Aspekt formuliert wird.
>
> **Beispiele:**
> A: Der Erzähler weiß, wie es ist, bedroht zu werden, er sieht sich in dem Mädchen wieder und will nicht, dass sie so fühlen muss, wie er gefühlt hat.
> B: Diese Überschrift („… Spiegel") verleitet zum Nachdenken, sie zeigt, dass die Situation des kleinen Mädchens wider-„gespiegelt" wird. (Auswertungsanleitung, S. 13)

Hier einige ausgewählte Schülerantworten:

> Jeanette: Ich habe Überschrift C gewählt, weil ich wieder der Meinung bin, dass diese gut zum Text passt, weil die junge Frau sich und ihre damalige Situation in dem Mädchen wiedererkennt, wie in einem Spiegel. (Stufe II)

Alexandra: Antwort A: Das Mädchen wurde wie er damals gemobbt aus gleichen Gründen. Es hat sich nichts geändert. (Stufe I)

Torben: Ich wähle die Überschrift B, da sie ja ein anderes Mädchen sieht, das gemobbt wird. Sie überlegt sich, ob sie helfen soll oder nicht. **Am Schluss hilft sie aber.** (Hervorheb., S. G.)

Sarah: Die Überschrift C passt am besten, da sie noch einmal deutlich macht, dass es der Ich-Erzählerin früher genauso ging wie dem Mädchen im Bus. **Nur etwas ist anders ... dem Mädchen wird geholfen.** (Hervorheb., S. G.)

Weder die vorgeschlagenen Überschriften (A - C) noch die Beispielantworten bieten eine Deutung an, welches das ‚andere' bzw. von ihren eigenen Erfahrungen abweichende Eingreifen der Erzählerin, worauf der tatsächliche Titel ‚Anders' anspielt, aufnehmen würde. Bei Torben und Sarah, welche diese Deutungsmöglichkeit erkennen, ist eine gewisse Verlegenheit zu beobachten, die sich in der Konjunktion ‚aber' bzw. in dem hier konjunktional verwendeten Adverb ‚nur' ausdrückt: Einerseits müssen sie sich für eine der angebotenen Alternativen entscheiden, andererseits können sie ihr Verständnis der Erzählung mit keiner der Alternativen zur Deckung bringen. Obwohl ihre Begründungen nur teilweise mit den Musterlösungen übereinstimmen, müssen sie mit Stufe II bewertet werden.

Steuerung von Antworten

Die in Aufgabe 22 vorgegebenen Lösungen haben Konsequenzen für die Bearbeitung der weiteren Aufgaben zu dieser Testeinheit, etwa für die Aufgabe 31 (Schülerheft, S. 12). Gefragt werden muss wiederum, ob diese Aufgabe, die sich nun auf den tatsächlichen Titel des Erzähltextes bezieht, für eine Diagnose taugt. Sie wird formuliert wie folgt:

Die Überschrift des vorliegenden Textes lautet **Anders**. Passt diese Überschrift zum Text – ja oder nein? Begründe deine Meinung.

A: Ja, die Überschrift passt zu dem Text.
B: Nein, die Überschrift passt nicht zu dem Text.

Für mich ist die Aussage ... richtig.
Begründung: ____

____

____

Aus den Schülerantworten werden nun jeweils zwei Begründungen für Aussage A und für Aussage B vorgestellt:

Begründungen für A:

Volker: „Ich denke, die Überschrift A ist besser, weil im Text häufig vorkommt, dass es Außenseiter gibt und Insider. Und das sind Gegensätze."

Detlef: „Die Überschrift passt, da es nicht so wie damals ist, sondern anders. Die Erzählerin wurde geschlagen, keiner hat geholfen. Dem Mädchen wurde aber von der Erzählerin geholfen, so dass es anders ist als damals."

Begründungen für B:

Petra: „Weil sich nichts verändert hat und so nichts anders als früher ist."

Jonathan: „Es hat sich nichts geändert. Alles ist gleich geblieben, außer, dass die Person von damals heute nur zuguckt."

Jonathan und Petra erkennen keine Verbindung von Überschrift und Text. Jonathan sieht zwar eine Veränderung insofern, als die Erzählerin nicht mehr die Protagonistin bzw. das Opfer, sondern die Beobachterin ist. Er geht jedoch nicht darauf ein, dass sie dem Opfer hilft, während in der vergleichbaren früheren Situation eine Hilfe ausblieb. Petra stellt einen inhaltlichen Bezug her, lässt aber ebenso die Hilfe der Ich-Erzählerin außen vor. Insgesamt entschieden sich 37 Schüler und Schülerinnen für die Begründung A, wonach die Überschrift zum Text passt. 42 Schüler und Schülerinnen hingegen waren der Ansicht, die Überschrift passe nicht. Der Begründungszusammenhang liegt jedoch auf der Hand, was Detlefs Antwort verdeutlicht. Auch Volker ist in der Lage, eine Verbindung herzustellen, wenngleich er die Handlungspointe verfehlt. Gefragt werden muss, warum mehr als die Hälfte der Schüler Überschrift und Text nicht in Zusammenhang bringen können. Es liegt nahe, dass die in den Aufgaben 21 und 22 vorgeschlagenen Überschriften (‚Bedrohung und Angst', ‚Das waren Zeiten', ‚Hilflos' bei Aufgabe 21 und ‚Nichts hat sich geändert', ‚Soll ich helfen?', ‚Wie im Spiegel' bei Aufgabe 22) die inhaltliche Verbindung von tatsächlicher Überschrift und Textaussage verstellen, da diesbezügliche Deutungsmöglichkeiten ausgeblendet werden. Die Tauglichkeit der Aufgabe für eine Diagnose ist damit in Frage gestellt.

Ein noch schwerer wiegendes Problem tritt auf, wenn man die Vorschläge der Auswertungsanleitung betrachtet. Die Aufgabe 31 ist demnach mit zwei Lösungsstufen zu bewerten. Folgende Vorschläge werden angegeben:

Eine Schülerlösung wird mit der Lösungsstufe I gewertet, wenn eine der beiden Aussagen a) oder b) gewählt wurde und die Begründung in allgemeiner Form auf den Text Bezug nimmt.

Beispiele:
zu a)
- Es gibt im Text ein paar kleine Unterschiede.
- Die Personen sind anders als andere und werden deshalb bedroht.

zu b)
- Ich finde, die Situationen im Text sind gleich.
- Es hat sich nichts geändert seit damals.

Eine Schülerlösung wird mit der Lösungsstufe II gewertet, wenn eine der beiden Aussagen a) oder b) gewählt wurde und differenziert auf den Text Bezug genommen und/oder ein weiterführender Aspekt angeführt wird.

Beispiele:
zu a)
- Die Ich-Person hilft der Außenseiterin, statt einfach wegzugucken. Ihr hat keiner geholfen. Das ist anders.
- Kinder, die anders sind, werden oft verprügelt, gehänselt oder gemobbt. Deshalb passt diese Überschrift.

zu b)
- Es wird ein Geschehen aus heutiger Sicht mit einem damaligen verglichen. Es hat sich nichts verändert und es ist fast dieselbe Situation.
- Ich bin der Meinung, dass es eher ‚Gleich' oder ‚Spielgelbild' heißen sollte, da sich ja zwei Sachen fast identisch abspielen im Text. (Auswertungsanleitung, S. 14)

Das entscheidende Kriterium für Lösungsstufe II ist die Ausführlichkeit der Antwort. Ob der Schüler der Ansicht ist, es habe sich zwischen früherem und aktuellem Geschehen etwas verändert, und ob er dies auf die Überschrift beziehen kann oder nicht, spielt offenbar keine Rolle. Damit aber fallen inhaltliche Aspekte aus der Bewertung heraus.

Die Forschung erklärt ähnliche Beobachtungen bei den PISA-Aufgaben mit der speziellen Auffassung von „Interpretation als **Konstruktionsleistung**" (Köster 2003, S. 8). Damit stellt sich jedoch die Frage, ob das Gütekriterium der Objektivität noch gewährleistet ist. In diesem Sinne erklärt Sabine Anselm, es sei „nahezu unmöglich, umfassendes Textverständnis mit Interpretationsaufgaben zu testen, ohne dabei auf die eine richtige Interpretation abzuzielen […]". (Anselm 2008, S. 76) Dies zeigt, dass eine konstruktivistische Orientierung den Anspruch der empirischen Überprüfbarkeit interpretatorischer Kompetenzen allzu leicht zum Scheitern bringen kann.

Rückmeldung

Die Rückmeldung zu den Tests richtete sich an Schüler, Eltern und Lehrkräfte. Erstere erhielten noch im selben Schulhalbjahr, in dem die Lernstandserhebungen durchgeführt wurden, einen Ergebnisbogen. Dieser Bogen sei hier auszugsweise für den Bereich Leseverstehen vorgestellt. Für die Testeinheit zu Helbigs ‚Anders' waren insgesamt 15 ‚items' (Aufgaben 16 bis 31) zu lösen; die Schülerinnen und Schüler erhielten jedoch lediglich zu fünf Aufgaben eine Rückmeldung, was wenig befriedigend war.

Aufgabe	richtige Lösung	Dein Ergebnis	Wie viele in deiner Klasse haben die Aufgabe wie gelöst?
Leseverstehen – Julia Helbig: ***Anders***			
21)	zwei Lösungsstufen: I, II	Stufe I	14 Stufe I 8 Stufe II
22)	zwei Lösungsstufen: I, II	Stufe I	9 Stufe I 13 Stufe II
23)	c)	Richtig	11 richtig/10 falsch 1 nicht bearbeitet
28)	Zwei Lösungsstufen: I, II	Stufe II	2 falsch/ 7 Stufe I/ 13 Stufe II
30)	c)	Richtig	11 richtig/10 falsch 1 nicht bearbeitet

Ebenso unbefriedigend ist die unklare Einbeziehung der Ergebnisse in die Deutschnote. Hier wurde durch einen Runderlass eine ‚kann'-Bestimmung vorgegeben, wonach die Lehrkraft unter Berücksichtigung der „bisher erbrachten Leistungen", der „Bewertung der Aufgabenschwierigkeiten vor dem Hintergrund des erteilten Unterrichts" und „den von der Klasse oder der Lerngruppe [...] erzielten Ergebnissen [...] in eigener Verantwortung und pädagogischer Freiheit über die Beurteilung" (Neuer Runderlass zu zentralen Lernstandserhebungen, S. 2) entscheiden sollte, ob die Ergebnisse im Falle eines Schwankens zwischen zwei Noten hinzugezogen werden sollten. Da den Testresultaten jedoch keine Noten zugeordnet waren, erstellte man kurzerhand ein Punkteraster und stimmte es mit der üblichen Notenskala ab. Dass Sinn und Zweck der Lernstandserhebungen in der Vergleichsmöglichkeit mit den Mitschülern liegen sollte, war für die Schüler schwer nachzuvollziehen.

Für die Lehrkräfte waren die Ergebnisse innerhalb einer kompetenzbezogenen Auswertung im Internet abzurufen, allerdings erst im Herbst des Folgeschuljahrs; hier ein Beispiel:

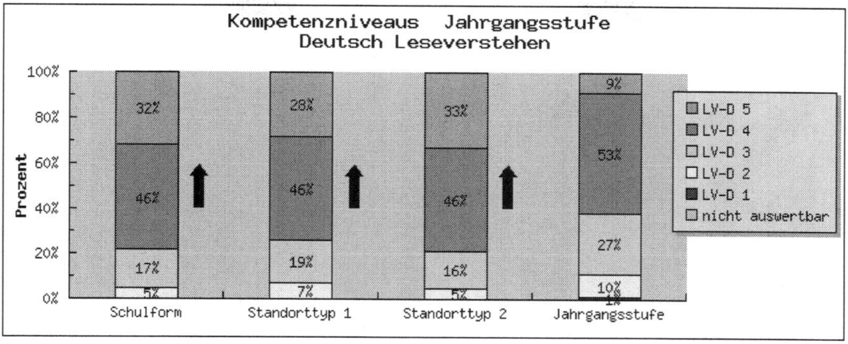

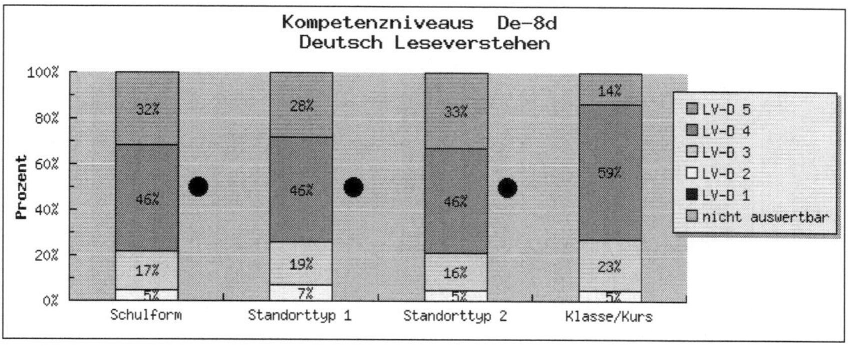

Der oberen Graphik sind die Ergebnisse der gesamten Jahrgangstufe der Schule im Vergleich zur Schulform insgesamt mit den beiden Standorttypen zu entnehmen. Der nach oben zeigende Pfeil bedeutet, dass das durchschnittliche Ergebnis der Vergleichsgruppe, hier die Schulform insgesamt, besser war als die Jahrgangsstufe der betreffende Schule (rechts). Die untere Übersicht zeigt die Ergebnisse im Hinblick auf die einzelne Klasse. Der Punkt deutet an, dass die Ergebnisse der Klasse mit den Ergebnissen anderer Schulen übereinstimmen. Anzufügen ist, dass auch die Eltern im Herbst des folgenden Schuljahres einen vollständigen Ergebnisbogen ihrer Kinder erhielten.

Fazit

Positiv zu verzeichnen ist sicher, dass es durch die Lernstandserhebungen zum ersten Mal möglich ist, den Kenntnisstand der Schüler verschiedener Schulen landesweit zu vergleichen. Dasselbe gilt für die Vergleichsmöglichkeit der Klassen innerhalb einer Jahrgangsstufe. Auch bieten die Tests die Möglichkeit zu individuellen Diagnosen, da Defizite durchaus lokalisiert werden können. Allerdings erscheint die Auswahl der überprüften Kompetenzen, z.B. die Anwendung der Perspektive oder die Fähigkeit, Texte zusammenzufassen und Überschriften zuzuordnen, zufällig. Als problematisch erwies sich die Diagnose aufgrund von Validitätsproblemen durch unklare Bewertungsmodalitäten v.a. bei offenen Aufgaben sowie der Umgang mit Lösungen, die den Erwartungshorizont übertreffen. Unklar bleibt zudem das Zustandekommen von Schwierigkeitsgraden.

Die Steuerung der Antworten durch Multiple-Choice-Verfahren mit der damit einhergehenden Einschränkung individueller Lösungen oder auch die Problematik mehrfacher Negationen wiederholen die im Kontext der PISA-Studie aufgeworfene Befürchtung, dass der kognitive Prozess das Leseverstehen dominiere, während ästhetische, soziale und kulturelle Aspekte der Lesekompetenz in den Hintergrund rückten.[13] Demgegenüber hat jedoch gerade die PISA-Untersuchung der „kognitiven Grundfähigkeit" mit „.45" das größte „Vorhersagegewicht" gegenüber dem Lernstrategiewissen (.18), der Decodierfäigkeit (.14) und dem Leseinteresse (.07) attestiert. (Deutsches PISA-Konsortium 2000, S. 130)

Offen bleibt letztlich, wer wann anhand der individuellen Ergebnisse Förderprogramme ausarbeitet. Allenfalls wären solche Programme von den Lehrkräften einer Jahrgangsstufe zu erarbeiten. Erschwerend für die praktische Umsetzung kommt die sehr späte Rückmeldung erst im nächsten Schuljahr hinzu, in dem die Klassenzusammensetzung möglicherweise nicht mehr dieselbe ist. So gilt es in der Zukunft noch vieles zu verbessern. Dass damit bereits begonnen wurde, zeigt ein Blick auf die Lernstandserhebungen im Jahr 2009: Aufgaben, die mit verschiedenen Lösungsstufen zu bewerten waren, kamen hier nicht mehr vor.

Literatur

Anselm, Sabine (2008): Bildungsstandards – Standardbildung. Grenzwerte der universitären und schulischen Bildung. In: Paul, Ingwer/Thielmann, Winfried/Tangermann, Fritz (Hg.): Standard: Bildung. Blinde Flecken in der deutschen Bildungsdiskussion. Göttingen: Vandenhoek und Ruprecht, S. 69-87.

[13] Vgl. Funke (2006, S. 64 ff.) sowie Spinner (2004, S. 247 f.).

Böhnisch, Martin (Hg.) (2008): Didaktik Deutsch. Sonderheft 2. Beiträge zum 16. Symposion Deutschdidaktik „Kompetenzen im Deutschunterricht".

Bos, Wilfried/Postlethwaite, T. Neville (2001): Internationale Schulleistungsforschung. Ihre Entwicklungen und Folgen für die deutsche Bildungslandschaft. In: Weinert, Franz E. (Hg.): Leistungsmessungen in Schulen. Weinheim/Basel, S. 251-267.

Bos, Wilfried/Schwippert, Knut (2002): TIMSS, PISA, IGLU & Co. Vom Sinn und Unsinn internationaler Schulleistungsuntersuchungen. In: Bildung und Erziehung 55, H. 1, S. 5-23.

Burkard, Christoph/Orth, Gerhard (2005): Standardsetzung und Standardüberprüfung in Nordrhein-Westfalen. In: Rekus, Jürgen (Hg.): Bildungsstandards, Kerncurricula und die Aufgabe der Schule: Münstersche Gespräche zur Pädagogik. Münster: Aschendorf, Bd. 21, S. 136-148.

Deutsches PISA-Konsortium (Hg.) (2001): PISA 2000. Basiskompetenzen von Schülerinnen und Schülern im internationalen Vergleich. Opladen.

Funke, Reinold (2006): Die PISA-Studie, der Lesekompetenz-Begriff und die Deutschdidaktik. In: Didaktik Deutsch 21, S. 58-77.

Helbig, Julia: Anders. In: Aktion Mensch und amnesty international (Hg.): Voll die Helden: 20 junge Autoren über Zivilcourage. Würzburg: Arena 2005, S. 53-56.

Helmke, Andreas/Hosenfeld, Ingmar (2003): Vergleichsarbeiten (VERA): Eine Standortbestimmung zur Sicherung schulischer Kompetenzen – Teil 2: Nutzung für Qualitätssicherung und Verbesserung der Unterrichtsqualität. Schulverwaltung, Ausgabe NRW (5), S. 143-145.

Karg, Ina (2005): Mythos PISA. Vermeintliche Vergleichbarkeit und die Wirklichkeit eines Vergleichs. Göttingen: V&R.

Klieme, Eckhardt u.a. (2003): Zur Entwicklung nationaler Bildungsstandards. Eine Expertise. Hg. vom Bundesministerium für Bildung und Forschung (BMBF), Referat Öffentlichkeitsarbeit. Bonn/Berlin.

Köster, Juliane (2003): Bildungsstandards – eine Zwischenbilanz. Basisbeitrag. In: Deutschunterricht 58. Jg., H. 5, S. 4-9.

Dies./Lindauer, Thomas (2008): Zum Stand wissenschaftlicher Aufgabenreflexion aus deutschdidaktischer Perspektive. In: Böhnisch (Hg.), s.o., S. 148-161.

Lernstand 8 – Deutsch – Aufgabenheft für Schüler und Schülerinnen (2007) [Schülerheft]. Hg. vom Ministerium für Schule und Weiterbildung des Landes NRW.

Peek, Rainer (2005): Standardsetzung und Standardüberprüfung – Internationale und nationale Schulleistungsstudien im Bereich der allgemein bildenden Schulen, ihr Bezug zur Standarddiskussion und mögliche Perspektiven für den berufsbildenden Bereich. In: Buer, Jürgen van/Zlatkin-Troitschanskaia,

Olga (Hg.): Adaptivität und Stabilität der Berufsausbildung – Theoretische und empirische Untersuchungen zur Berliner Berufsbildungslandschaft. Frankfurt/M., S. 331 - 342.

Peek, Rainer/Pallack, Andreas/Dobbelstein, Peter/Fleischer, Jens/Leutner, Detlev (2006): Lernstandserhebungen 2004 in Nordrhein-Westfalen – zentrale Testergebnisse und Perspektiven für die Schul- und Unterrichtsentwicklung. In: Eder, Ferdinand/Gastager, Angela/Hofmann, Franz (Hg.): Qualität durch Standards? Beiträge zum Schwerpunktthema der 67. Tagung der AEPF. Münster: Waxmann, S. 219 - 233.

Peek, Rainer/Dobbelstein, Peter (2006): Zielsetzung: Ergebnisorientierte Schul- und Unterrichtsentwicklung. Potenziale und Grenzen der nordrhein-westfälischen Lernstandserhebungen. In: Böttcher, Wolfgang/Holtappels, Heinz Günter/Brohm, Michaela (Hg.): Evaluation im Bildungswesen. Eine Einführung in Grundlagen und Praxisbeispiele. Weinheim und München: Juventa Verlag, S. 177-193.

Spinner, Kaspar H. (2003): Lesekompetenz nach PISA und Literaturunterricht. In: Abraham, Ulf u.a. (Hg.): Deutschdidaktik und Deutschunterricht nach PISA. Freiburg i. Br.: Fillibach-Verlag, S. 238 - 248.

Willenberg, Heiner (Hg.) (2007): Kompetenzhandbuch für den Deutschunterricht. Baltmannsweiler: Schneider Verlag Hohengehren.

Internetquellen

Erläuterungen zu den Kompetenzniveaus Deutsch – Leseverstehen bei der Lernstandserhebung 2007, S. 1-5 [Erläuterungen]; vgl. www.Standardsicherung.schulministerium.nrw.de/lernstand8/upload/download/erg_06-07/kompniv_de_leseverstehen07.pdf [letzter Zugriff am 26.6.2009].

Lernstand 8 – Deutsch – Auswertungsanleitung B – Leseverstehen [Auswertungsanleitung]. Hrsg. vom Ministerium für Schule und Weiterbildung des Landes Nordrhein-Westfalen. Düsseldorf 2007; vgl. www.standardsicherung.schulministerium.nrw.de/lernstand8/upload/download/erg_06-07/De_Auswertungsanl-B.pdf [letzter Zugriff am 26.6.09].

Neuer Runderlass zu zentralen Lernstandserhebungen (Vergleichsarbeiten). Bereinigte Fassung mit eingearbeitetem RdErl des MSW vom 19.3.2007 unter www.standardsicherung.schulministerium.nrw.de/lernstand8/upload/download/mat_2006/Erlass_Lernstand_ber_03_07.pdf [letzter Zugriff am 26.6.09].

Schüler und Klassenfeedback. www.standardsicherung.schulministerium.nrw.de/lernstand8/archiv [letzter Zugriff am 15.10.07].

Anhang[14]

Julia Helbig

Anders

Die Beine sind alles, was ich noch vor mir sehe. Nicht die Gesichter, nicht die Haltung, nicht einmal an die Stimmen kann ich mich erinnern. Vier Paar Beine im Halbkreis vor mir.

Zweimal blaue Jeans, einmal schwarzer Cord, einmal helles Leinen.

Details, die ich lange, zu lange angestarrt habe und die darum tief in mein Gedächtnis eingebrannt sind. Ich wagte nicht aufzusehen. Augenkontakt provoziert den Gegner noch mehr, das hatte ich damals schon gelernt. Ich sehe also auch heute nur die Beine. Aber ich erinnere mich an die Worte. »Auf die Knie!«

Eine Natursteinmauer, etwa hüfthoch, befand sich hinter mir; grauer, harter, gepflasterter Boden, den sah ich auch; Stimmengewirr vom Schulhof, aus der Ferne. »Los, los, los! Auf die Knie!«

Ich weiß, dass mir kalt war und dass ich trotzdem schwitzte. Mein Körper war wie betäubt. Ich blieb stehen.

Rührte mich nicht, sagte nichts, sah nicht auf. Auch nicht, als sie begannen, gegen meine Schienbeine zu treten, hart, schmerzhaft, immer wieder.

Ich blieb stehen, aber nicht aus Stolz.

Es war weder Entschlossenheit noch Mut, was meine Knie nicht nachgeben ließ. Nicht das Gefühl, meine Würde wahren zu müssen. Es war Angst.

Ich glaube, dass ich nicht bewusst daran gedacht habe, sie könnten mir ins Gesicht oder in den Magen treten, wenn ich einknickte, aber die Angst lähmte meine Muskeln. Ich hatte wahnsinnige Angst.

Es muss ihnen wohl zu langweilig geworden sein, mich zu quälen. Oder das Klingelzeichen beendete einfach die Pause, ich weiß es nicht mehr.

Fest steht, dass sie mich irgendwann stehen ließen.

Tatsache ist, dass mir niemand geholfen hatte.

Jetzt, neun Jahre später, sehe ich es wieder. Nichts hat sich geändert.

Nur der Blickwinkel. Beobachter- statt Ich-Perspektive. Dritte, nicht erste Person. Sonst ist es genau das Gleiche.

Ich kenne das Mädchen flüchtig. Sie sitzt auf ihrer Tasche und wartet auf den Bus. Eine Außenseiterin: Ihre Kleidung und Brille genügen, um sie zu kennzeichnen.

Sie ist älter als ich damals, vielleicht elf oder zwölf Jahre. Vielleicht empfindet sie deshalb ein klein wenig anders? Schwer vorstellbar. Der Anblick genügt jedenfalls, um bei mir die Zeit meiner Not wachzurufen, so lange liegt es nicht zurück. Eine Gruppe steht um sie herum, halbwüchsige Jungen, Zigaretten im Mundwinkel, Bierdosen in der Hand. Zweimal Springerstiefel, einmal Turnschuhe, einmal gewöhnliche Halbschuhe. Nicht die Jungen, die Situation ist unverkennbar.

Sie lachen gehässig. Ihr Lachen verebbt, einer fängt wieder an, es verebbt rasch wieder, einer lässt seine Asche auf ihren Kopf rieseln, sie lachen wieder kurz; als sie nicht reagiert, tritt der größte ihr leicht gegen den Fuß, sie lachen auf, es verebbt. »Hey, Russenmärchenleserin, Harrypotterin!« Lesen? Ein Grund mehr, sie zu verachten. War es schon damals, ich las auch gerne. Noch eine Ähnlichkeit zwischen uns, die Erinnerungen weckt, auch schöne. Ich kann gut nachempfinden, wie sie ist, wie sich das hier für sie anfühlt. Ich merke plötzlich, dass ich sie anstarre. Soll ich etwas tun? Ihr helfen?

Noch haben sie keine direkte Gewalt angewendet. Ich meine, ihr nicht wehgetan. Nicht körperlich.

Der Bus kommt, sie steht auf, wird nach vorne gestoßen und schubst zurück, wütend faucht sie den Großen an. Er grinst nur spöttisch über sie hinweg. Fehlt dir was, Kleine? Sieh mich mal an, mit dieser ganzen Wahnsinnsangst in deinen Augen und deinem dummen Zorn, weil du findest, ich dürfte mit dir nicht einfach machen, was ich will! Das schmeckt dir wohl nicht, hab ich Recht oder hab ich Recht?

Wir sind alle in den Bus gestiegen. Ich setze mich absichtlich schräg hinter sie, um die Sache im Auge zu behalten. Drei von den Jugendlichen sind uns nachgekommen, sie verteilen sich auf die Sitze vor und neben dem Mädchen, sodass alle Fluchtwege abgeschnitten sind.

Laute, höhnische Bemerkungen, schamlose, abfällige Blicke. Einer ist klein, ziemlich kräftig. Er reißt ihr den Turnbeutel aus den Händen und schleudert ihn durch den Bus nach vorne. Der Beutel liegt jetzt auf dem Gang zwischen den vordersten Sitzen. Sie springt auf, hat Angst, dass er aus der noch offenen Bustüre rutscht, will hinterher ... Sie lassen sie. Der andere, lange, greift sich ihre Schultasche. Nichts hat sich geändert.

Nein, es ist noch viel einfacher: Nichts hat sich geändert, wenn ich ihr jetzt nicht helfe. Ich stehe auf. Wer sonst? Wann sonst?

Ehe ich wirklich weiß, was ich tue, reiße ich ihre Schultasche mit einem Ruck aus der Hand des Langen. Er starrt mich von oben an, ohne zu begreifen. Was sonst? Ich klemme die Tasche fest unter meinen Arm, drücke mich mit einem höflich distanzierten Blick, als hätte ich ihm nur gerade den Weg gezeigt, an ihm vorbei und gehe dem Mädchen entgegen.

[14] Helbig, Julia: Anders. In: Aktion Mensch und amnesty international (Hg.): Voll die Helden: 20 junge Autoren über Zivilcourage. Würzburg: Arena 2005, S. 53 - 56.

IV
DIAGNOSE UND FÖRDERUNG DES SCHREIBENS

Schuleingangsdiagnostik des Schreibens und Perspektiven auf das Schreiben „vor der Schrift"

INGRID SCHMID-BARKOW

Die Erhebung von Schreibproben bei Schulanfängern gehört inzwischen zum Standardregister einer Einschulungsdiagnostik. Das legendäre „Leere Blatt" von Mechthild Dehn ([4]1994, 2006) war Vorreiter für zahllose informelle Verfahren, wie sie von verschiedenen Autoren zu Schulbeginn vorgeschlagen bzw. praktiziert werden – z.B. von Richter/Brügelmann (1994), Schmid-Barkow (1999), Probst (2005) und Füssenich/Löffler (2005). Welche Intentionen stehen hinter diesen Verfahren? Geht es um eine differenzierte und qualitative Einzeldiagnose oder um eine mehr oder weniger grobe Einschätzung des Lernentwicklungsstands im Bezug auf den Schrifterwerb mit der Möglichkeit einer vergleichenden Einschätzung? Kann man aus den gewonnenen Daten einer Schreibprobe eine prognostische Aussage für den Verlauf des Schrifterwerbs ableiten? Obwohl aus diagnostischer Sicht sehr viel für – und so gut wie nichts gegen – die Erhebung von Schreibproben bei der Einschulung spricht, wird der Zweck derselben selten klar definiert, und die Kriterien und Interpretationsmuster für die erhobenen Daten scheinen durchaus heterogen zu sein. Im Folgenden wird die diagnostische Aussagekraft verschiedener Verfahren diskutiert und ein Modell zur Erforschung der Schreibentwicklung im frühen Kindesalter aufgezeigt. Die Perspektive dieses Modells ist weniger linear auf den Erwerb des Alphabetsystems ausgerichtet, sondern stellt einen Versuch dar, der Komplexität der Anforderungen gerecht zu werden, die das Hineinwachsen in die Schriftkultur an Kinder stellt.

Schreibproben am Schulanfang zur Individualdiagnose

In der Schulanfangsbeobachtung nach Dehn/Hüttis-Graff (2006) schreiben zwei Kinder, die sich als Partner gefunden haben, auf einem großen Blatt (DIN-A2 oder DIN-A3). „Eure Aufgabe ist es, auf dem Blatt zu schreiben, alles was ihr möchtet" (Dehn/Hüttis-Graff 2006, S. 32). Die Rückfrage der Kinder, ob sie auch malen dürfen, wird behutsam zurückgewiesen, zuerst soll geschrieben werden, dann kann gemalt werden. Der Untersuchende hält sich beobachtend zurück, geht aber auf Fragen der Kinder ein.

Das Untersuchungsarrangement, das Dehn und Hüttis-Graff wählen, und die Kategorien für die Auswertung (s. dazu Kasten Abbildung 2) zeigen, dass das Schreiben hier als kommunikativer und bedeutungsgenerierender Prozess gesehen wird. Schreiben wird in Interaktion mit einem anderen Kind bzw. mit einem erwachsenen Partner praktiziert. Der verbale Austausch mit dem Gleichaltrigen bringt das Kind dazu, seine Idee, seinen Prozess und sein Produkt des Schreibens zu kommentieren und damit auch zu reflektieren. Gerade durch die Verbalisierung seines Tuns gewährt das Kind Einblick in seine mentale Konzeptualisierung von Schrift und Schreiben. Gleichzeitig nutzt das Kind diese Situation als Lernsituation. Es gleicht sein „Schreibkonzept" mit dem eines anderen Kindes ab. Das eine Kind zeigt sich als „Könner" und wirkt auf das andere stimulierend oder auch korrigierend; bei dem anderen Kind mögen Aufmerksamkeit und Interesse geweckt werden, das eigene Konzept zu transformieren.

In der Sprachlernbeobachtung mit sprachentwicklungsverzögerten Kindern habe ich mich mit der Aufgabe „Schreib du mal" an dem „Leeren Blatt" der Schulanfangsbeobachtung nach Dehn orientiert, es gab außer dem erwachsenen Versuchsleiter jedoch kein anderes Kind als Kommunikationspartner. In der Interaktion mit dem Erwachsenen tritt das Lerninteresse des Kindes noch deutlicher hervor, wie die folgende Untersuchungsepisode in der ersten Schulwoche einer ersten Klasse zeigt:[1]

> Yvonne greift das Angebot, selbst etwas schreiben zu dürfen, begierig auf und verbindet es mit der Aufforderung an die Lehrerin, das von ihr Geschriebene zu lesen. Obwohl ihr eigenes Graphemkonzept noch diffus ist und sie auch noch nicht über einen logographemischen Wortbestand verfügt (s. Zeile 1, Abbildung 1) geht sie doch davon aus, dass das Geschriebene lesbar sei. Die unkonventionellen Zeichen, die die Lehrerin nicht entschlüsseln kann (z.B. das 6. Zeichen in der 1. Zeile) , deutet sie ad hoc, in diesem Falle als „hinlegen, ein Mensch" und möchte es genauso verlautet hören. Für Yvonne ist die Schreibsituation ein Spiel, in dem die Bedeutungen der Zeichen in der Interaktion mit dem Partner ausgehandelt werden. Nachdem die erste Zeile von der Lehrerin mehrmals mit ihrer freudigen Zustimmung „gelesen" wurde, kündigt sie an „'n Strich" zu machen und zeichnet die vier Linien. Als sie in der zweiten Zeile ansetzt, erklärt sie: „Des is net schreiben, des is was anderes." Die Frage der Lehrerin, ob das Malen sei, bejaht sie. Die noch nicht vollständige Darstellung wird von der Lehrerin zunächst als Herz, dann als Vogel und schließlich zu Yvonnes Zufriedenheit als Ente identifiziert, was sie mit dem erklärenden

[1] Die Beobachtungssequenz ist ausführlich beschrieben in Schmid-Barkow 1999, S. 241 ff.

Zusatz „Der Schwanz is oben!" quittiert. Hier zeigt sich deutlich, dass Yvonne weiß, das Malen bzw. Zeichnen eine andere Form der Darstellung ist, zumal sie jetzt die Gelegenheit, eine kundige Partnerin zu haben, dazu nutzt, der gezeichneten Repräsentation eine geschriebene an die Seite zu stellen. „Wie geht des – *Ente* geschrieben?" ist ihre nächste Frage, und unter Anleitung der Lehrerin, die das Wort lautierend spricht und die entsprechenden Grapheme zeigt, entsteht von ihrer Hand die graphematische Form von „Ente".

Abbildung 1: Schreibprobe von Yvonne in der ersten Schulwoche

Eine solche individuelle Datenerhebung, in die neben dem Schreibprodukt auch noch die Beobachtung und die verbale Interaktion einfließen, lässt nicht nur eine differenzierte Aussage über den Stand der Schreibentwicklung zu, sondern liefert auch qualitative Aussagen über die Vorstellungen, die sich ein Kind gebildet hat bzw. dabei ist, sich zu bilden: Vorstellungen von Schrift und Schreiben, von deren Bedeutung und Zweck und deren Zusammenhang mit der gesprochenen Sprache, außerdem Aussagen über die kognitiven Strategien, über die das Kind verfügt, um solche Situationen in der Interaktion für sich lernwirksam zu gestalten. Diagnose ist hier von Lernen bzw. Fördern nicht zu trennen, die Erhebung des Lernstands ist nicht nur Statusbeschreibung, sondern gleichzeitig auch Beschreibung des momentan stattfindenden Lernprozesses.

Der Anspruch einer individuellen Förderung des Schriftspracherwerbs dürfte auf der Basis einer solchen Diagnosesituation leicht einlösbar sein. Zu bedenken ist allerdings, dass es sich bei einem solchen Untersuchungsarrangement um eine „Luxusvariante" der Individualdiagnose handelt, die im Schulalltag nicht immer realisierbar sein dürfte.

Leeres Blatt (Dehn/Hüttis-Graff 2006)	„Schreib mal“ (Schmid-Barkow 1999)
Untersuchungssituation: 2 Kinder als Partner, erwachsener Beobachter und Ansprechpartner Aufgabe: „Alles schreiben, was ihr möchtet“ Auswertung: Leitfragen (mit weiteren Unterkategorien): • Inwiefern **macht** das **Schreiben** für das Kind **Sinn**? • **Was** schreibt das Kind? • Inwiefern greift es auf **Schriftmuster** zurück? • Inwiefern orientiert es sich (**lautierend**) an der Sprache? • Welches **Lernverhalten** zeigt es?	Untersuchungssituation: 1 Kind mit einem Erwachsenen in Interaktion Aufgabe: „Schreib mal“ Auswertung nach folgenden Kriterien: • Spontane Bereitschaft des Kindes und naiver Zugang oder Äußerung des Überfordertseins? • Differenziert es zwischen Malen und Schreiben? • Kritzeln oder Verwendung von Buchstaben? • Anordnung der Zeichen auf dem Papier? • Zeichen aus dem Buchstabeninventar des Alphabets oder auch buchstabenähnliche Zeichen? • Benennen der Buchstaben? • Nachahmung des Schreibens als Tätigkeit oder repräsentationale Verwendung mit Bedeutungszuschreibung (logographemische Schreibungen)? • Herstellung eines Lautbezuges? • Versuch eigener Verschriftungen?

Eigene Buchstaben/ Eigene Wörter (Richter/Brügelmann 1994)	Wörter schreiben/Grapheme schreiben (Probst 2005)	Leeres Blatt (Füssenich/Löffler (2005):
Untersuchungssituation: Gruppentest Aufgabe: bekannte Buchstaben / Wörter aufschreiben Auswertung: Zählen der Buchstaben, Zählen der Wörter	Untersuchungssituation: Einzeluntersuchung Aufgabe: Schreibe alle Wörter auf, die du schreiben kannst. Schreibe alle Buchstaben auf, die du kennst und sag mir, wie diese heißen. Auswertung: *Nicht ausreichend* (nur bei Wörtern): Malen von Graphemen. *Ausreichend*: Namen und 2 weitere Wörter schreiben / 5 Grapheme schreiben und benennen. *gut*: Weiteres (halb-) phonologisch / lautorientiert schreiben / Erkennen und Lautieren weiterer Grapheme.	Untersuchungssituation: Kind allein in der Schreibecke Aufgabe: Namen und mehr schreiben, dazu malen erlaubt. Auswertung: • Eigenes geschrieben • Auswendig Gelerntes geschrieben • Einzelne Buchstaben geschrieben • Keine Wörter oder Buchstaben geschrieben • Nichts geschrieben

Abbildung 2: Übersicht über verschiedene Modi der Erhebung von Schreibproben am Schulanfang

Schreibproben am Schulanfang zur vergleichenden Einschätzung des Lernstands

Richter/Brügelmann (1994) machten aus den Lese- und Schreibaufgaben für Schulanfänger einen Gruppentest, der als Grobfilter einen ersten Aufschluss über die Schriftspracherfahrung von Schulanfängern geben kann. Zur Erprobung wurde das Verfahren 1989 mit 505 Kindern durchgeführt, sodass die Daten als Vergleichsmaßstab repräsentativ sein könnten. In einer ersten Aufgabe wurden die Kinder aufgefordert, die ihnen bekannten Buchstaben frei aufzuschreiben und anschließend alle ihnen bekannten Wörter.

Die Kinder konnten im Durchschnitt 7 - 14 Buchstaben reproduzieren (häufigster Wert 8) und 1 - 2 Wörter aufschreiben. Diese rein quantitative Auswertung sagt allerdings nichts darüber aus, ob die Kinder die Buchstaben auch benennen konnten (mit ihrem Lautwert oder mit dem Buchstabennamen); es wird auch nichts darüber gesagt, ob nur orthographisch korrekt geschriebene Wörter gezählt wurden oder auch phonetische Verschriftungen, die ja unter Umständen mehr über das Können aussagen als korrekte logographemische Reproduktionen. Außerdem stellt sich Frage, ob aus den Durchschnittswerten Normwerte abgeleitet werden können. Was kann von Schulanfängern erwartet werden? Sollten sie mindestens 7 Buchstaben schreiben können? Reicht es, wenn sie ein Wort (z. B. ihren eigenen Namen) aufschreiben können?

Auch Probst (2005) versucht die Schreibleistung von Schulanfängern quantitativ zu erfassen. Er gibt dazu auch Bewertungsnormen an, ohne jedoch zu erklären, worauf diese Normen basieren.

Er lässt die Kinder zunächst alle Wörter aufschreiben, die sie kennen. Als *nicht ausreichend* wird bei dieser Aufgabe das „Malen" von Graphemen eines Wortes bewertet. *Ausreichend* ist, wenn das Kind seinen Namen und zwei weitere Wörter schreibt, wobei die Grapheme Laute darstellen (sollen). Da es sich hier wohl um logographemische Schreibungen handelt, ist die Formulierung dieses Kriteriums etwas irreführend. Als *gut* bewertet wird, wenn ein Kind Weiteres (halb-)-phonologisch/lautorientiert schreibt.

Bei der zweiten Aufgabe soll das Kind alle Buchstaben aufschreiben, die es kennt und sagen, wie diese heißen. *Ausreichend* ist, wenn das Kind 5 Grapheme schreibt und deren Lautwert benennt; *gut* ist, wenn das Kind weitere Grapheme erkennt und lautiert.

Bei Füssenich/Löffler (2005) bearbeiten die Kinder das Leere Blatt allein. Sie sollen ihren Namen aufschreiben. „Und schreibt doch bitte noch mehr auf, wenn ihr möchtet. Ihr dürft auch etwas dazu malen." (Füssenich/Löffler 2005, S. 9) Als

Kategorien der Auswertung gelten „Eigenes geschrieben“, „auswendig Gelerntes geschrieben“, „einzelne Buchstaben geschrieben“, „nichts geschrieben“.

Offensichtlich wird hier versucht, alphabetisch orientierte Eigenkonstruktionen von logographemischen Schreibungen abzugrenzen, was in der Realität nicht immer möglich sein wird, wenn die Auswertung nur anhand des Schreibproduktes erfolgt. Ohne Beobachtung und ohne Kommentar des Kindes wird die vom Kind intendierte Bedeutung nicht immer erkennbar sein. Auch wird ein aus dem Gedächtnis unvollständig reproduziertes Wort nicht immer zweifelsfrei von einer rudimentären alphabetischen Schreibung zu unterscheiden sein. Und was ist, wenn mehrere Kategorien zum Tragen kommen? Wenn das Kind sowohl „Eigenes“ als auch „auswendig Gelerntes“ schreibt und darüber hinaus auch noch einzelne Buchstaben präsentiert?

Wie immer steckt der Teufel im Detail. Eine quantitative Erfassung der Schreibfertigkeiten, bei der die geschriebenen Wörter und Buchstaben gezählt werden, erscheint zwar simpel, ist in der Realität jedoch weitaus schwieriger zu handhaben als gedacht. Was zählt als Wort? Nur ein orthographisch richtig geschriebenes? Wieviel von der Lautsubstanz des Zielwortes muss vorhanden sein? Woher kennt man das Zielwort, wenn das Kind die Aufgabe für sich allein bearbeitet? „Zählen“ auch spiegelverkehrte Buchstaben mit? Wie korrekt muss die Buchstabenform sein? Darf es z.B. auch ein E mit 4 Querstrichen sein?

Man darf unterstellen, dass mit allen hier vorgestellten Verfahren intendiert ist, Aufschluss darüber zu erlangen, auf welcher Stufe der Schriftsprachenwicklung sich das Kind befindet. Konkret bedeutet dies: Schreibt es logographemisch oder schon alphabetisch oder befindet es sich noch in einem Stadium, das vor dem Schreiben von Wörtern liegt? Mit einer rein quantitativen Auswertung wird eine Einordnung in Schreibentwicklungsphasen kaum möglich sein, und die Auswertung des bloßen Schreibproduktes wie z.B. bei Füssenich/Löffler enthält notgedrungen hohe spekulative Anteile.

Schreibproben am Schulanfang zur Prädiktion des Schriftspracherwerbsverlaufs

Man darf weiter unterstellen, dass mit diesen Schreibproben am Schulanfang neben einer Lernstandserhebung auch eine Prognose für den weiteren Verlauf des Schriftspracherwerbs ermöglicht bzw. ein Förderbedarf festgestellt werden soll. Mit der Diagnose der phonologischen Bewusstheit liegt ja nach weit verbreiteter Ansicht ein solcher Prädiktor vor. Ist der Stand der Schreibentwicklung, der anhand von Schreibproben erhoben wird, ein geeigneter Vorhersagefaktor für den weiteren

Verlauf? Korreliert er mit dem Stand der phonologischen Bewusstheit? Welcher der beiden ist der zuverlässigere?

Aus dem Datenmaterial einer Schulanfangsbeobachtung sind 10 Schreibproben abgebildet. Es sind Schreibproben von Kindern einer Klasse, die nach der MÜSC[2] entweder als unauffällig (0 Risikopunkte) oder als Risikokind mit 4 Risikopunkten eingeschätzt wurden, eine weitere Schreibprobe stammt von einem Kind mit 2 Risikopunkten. Welche der 10 Schreibproben lassen auf eine geringe phonologische Bewusstheit schließen? Welche könnten vom Schreibstatus her als Indiz für eine problematische Lernentwicklung angesehen werden?

Abbildung 3: Dominik

Abbildung 4: Fabienne

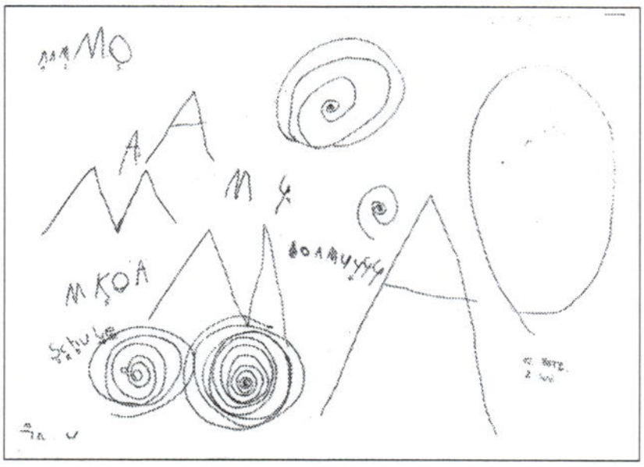

Abbildung 5: Jamy

Abbildung 6: Januga

[2] MÜSC: Münsteraner Screening zur Früherkennung von Lese-Rechtschreibschwierigkeiten ist die Gruppenversion des Bielefelder Screenings zur Früherkennung von Lese-Rechtschreibschwierigkeiten (BISC) und wird v. a. zur Erfassung der phonologischen Bewusstheit eingesetzt.

Abbildung 7: Schreibprobe Julika

Abbildung 8: Schreibprobe Lea

Abbildung 9: Schreibprobe Max

Abbildung 10: Schreibprobe Melisa

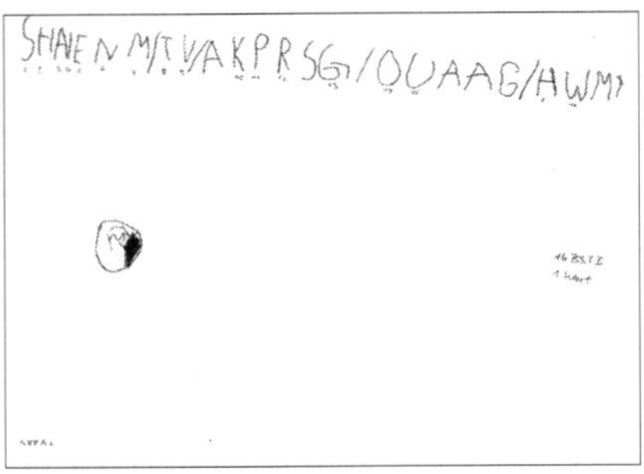

Abbildung 11: Schreibprobe Sven

Abbildung 12: Schreibprobe Eric

Die Schreibproben wurden quantitativ ausgewertet, dazu wurden die Anzahl der Wörter und die Anzahl der Buchstaben jeweils nach Types ausgezählt und von der Lehrerin auf dem Blatt notiert. Die untenstehende Tabelle (Abbildung 13) zeigt die Ergebnisse der Kinder in der MÜSC und die Anzahl der geschriebenen Wörter bzw. der unterschiedlichen Buchstaben in der Schreibprobe.

	Risikopunkte MÜSC	Anzahl der Wörter	Anzahl der Buchstaben (Types)
Dominik	4	6	16
Fabienne	0	7	12
Jamy	0	2	12
Januga	4	1	9
Julika	0	4	10
Lea	0	9	14
Max	0	13	16
Melisa	0	5	12
Sven	0	1	16
Eric	2	1 (?)	8 (?)

Abbildung 13: Ergebnisse der MÜSC und der Schreibprobe bei der Einschulung

Jeweils 4 Risikopunkte in der MÜSC erzielten Dominik (Abbildung 3) und Januga (Abbildung 6). Januga hat nur ein Wort (ihren Namen) aufgeschrieben, während Dominik über einen Schreibwortschatz von 6 Wörtern und immerhin 16 verschiedenen Buchstaben verfügt. Auch Sven schreibt außer seinem Namen noch kein anderes Wort auf, ist aber in der phonologischen Bewusstheit unauffällig. Mit 2 Risikopunkten liegt Eric im mittleren Bereich, er bildet jedoch lediglich eine wortähnliche Form ab und sein Buchstabeninventar erscheint sehr gering und noch diffus in der Formwiedergabe.

Betrachten wir den weiteren Verlauf der Schriftsprachentwicklung, indem wir die Daten der WLLP[3] und HSP[4] am Ende der ersten Klasse hinzunehmen, um zu sehen, wie diese Kinder im weiteren Verlauf die Schriftaneignung bewältigt haben:

3 WLLP: Die *Würzburger Leise Leseprobe* erfasst das schnelle Dekodieren von Einzelwörtern durch Wort-Bild-Zuordnung.

4 HSP: Die *Hamburger Schreibprobe* ist ein strategiebezogener Rechtschreibtest.

	Risiko-punkte MÜSC	Anzahl der Wörter	Anzahl der Buchstaben (Types)	HSP Ende Klasse 1 PR Graphemtreffer	WLLP Ende Klasse 1 PR
Dominik	4	6	16	51	58
Fabienne	0	7	12	81	62
Jamy	0	2	12	51	56
Januga	4	1	9	27	21
Julika	0	4	10	35	5
Lea	0	9	14	35	21
Max	0	13	16	95	95
Melisa	0	5	12	35	49
Sven	0	1	16	81	83
Eric	2	1 (?)	8(?)	27	31

Abbildung 14: Ergebnisse vom Schuljahrsanfang mit Daten vom Lese- und Schreibtest am Schuljahrsende

Zunächst ein Blick auf die Kinder mit am Schuljahrsbeginn gering ausgeprägter phonologischer Bewusstheit: Januga, die auch wenig Schrifterfahrung in der Schreibprobe zeigte, befindet sich mit den Ergebnissen im Lesetest und in der Hamburger Schreibprobe im unteren Quartil, während Dominik mit seiner gut ausgeprägten Schrifterfahrung sich im mittleren Leistungsbereich wiederfindet. Geht man von den eher geringen Werten in der Schrifterfahrung aus, so zeigt Eric eine schwierige Lernentwicklung, obwohl er „nur" 2 Risikopunkte in der MÜSC aufwies, Sven und Jamy mit auch relativ geringer Schrifterfahrung und null Risikopunkten sind mit ihren Lese- und Schreibleistungen im oberen bzw. mittleren Quartil. Bei Julika und Melisa scheint der Faktor der phonologischen Bewusstheit auch kein zuverlässiger Prädiktor zu sein, aber auch die rein quantitative Bewertung der Schreibprobe sagt hier nicht viel aus.

Auch wenn diese Daten keinesfalls als repräsentativ angesehen werden können, lassen sie doch erahnen, wie schwierig es ist, die Wirkungsfaktoren für eine gelingende oder weniger gelingende Schriftaneignung dingfest zu machen. Auch sind weitere Variablen wie die des Unterrichts und einer evtl. erfolgten individuellen Förderung des Kindes, sein Lernverhalten und seine psychischen und familiären Belastungsfaktoren während des Zeitraums der Datenerhebungen nicht berücksichtigt.

Schreibproben im Kontext der Entwicklung zur Literalität („Literacy")

Trotz aller Kritik an den divergierenden Verfahrensweisen stellen Schreibproben zweifelsohne einen sinnvollen Baustein für eine Einschulungsdiagnostik dar. Dass die Ergebnisse nicht eben leicht quantifizierbar und vergleichbar sind, ist der Vielfalt der kognitiven Anforderungen geschuldet, mit denen sich Kinder beim Hineinwachsen in die Schriftkultur konfrontiert sehen. Wenn wir Schreibprodukte von Schulanfängern analysieren, tun wir dies heute auf der Folie eines Stufenmodells des Schriftspracherwerbs, was im Hinblick auf den Erwerb der Orthographie sicherlich sinnvoll ist und einer kindlichen Lernlogik besser gerecht wird als die Teilleistungsmodelle alter Prägung, die im Lesen- und Schreibenlernen vor allem die Bewältigung einer Summe visueller, auditiver und graphomotorischer Funktionen sahen.[5] Zweifelsohne waren die „kognitive Wende" und der Paradigmenwechsel zu einer entwicklungsgenetischen Betrachtung des Schriftspracherwerbs[6] ein unschätzbarer Gewinn für die Sprachdidaktik der letzten 20 Jahre. Das Festhalten an einer Theorie, die in der Schriftsprachentwicklung eine stufen- oder phasenweise Annäherung an die Normschreibung sieht, führt jedoch möglicherweise zu einer teleologischen Verengung, da sie quasi vom Endprodukt einer phonographischen bzw. alphabetischen Schrift ausgeht und die Entwicklung daher eindimensional von diesem Ziel aus betrachtet. Dass Literalität ihrem Wesen nach aber mehr umfasst als eine Beherrschung von Graphem-Phonem-Korrespondenzen im Sinne einer Alphabetschrift, wird erst in den letzten Jahren im Kontext der sogenannten Literacyforschung deutlich. Ein Entwicklungsmodell, das erst bei logographemischen Schreibungen ansetzt und diese mehr oder weniger unter dem Aspekt ihrer Notwendigkeit als Vorstufe der alphabetischen Stufe diskutiert, greift für die Beschreibung früher Schreibungen jedenfalls zu kurz. Eine nur schriftbezogene Interpretation kann die kognitiven Prozesse, die aus Kindern literate Personen machen, nicht adäquat erfassen.

Momentan sind wir jedoch noch weit davon entfernt, eine Theorie der Literalitätsentwicklung zu haben, auch wenn im Kontext der frühen Bildung viel über Literacy geredet wird. *Literacy* ist ein sehr disparat und inflationär gebrauchter Terminus, der sich gegen eine Eins-zu-eins-Übersetzung in ein Wort deutschen oder

---

[5] Stellvertretend für die in der Sprachdidaktik inzwischen als überholt geltenden Teilleistungsmodelle seien hier Breuer/Weuffen (1993) genannt und an das legendäre Frostigprogramm zur Förderung der visuellen Wahrnehmung erinnert.

[6] Für die „kognitive Wende" gibt es keinen besseren Titel als der von Brügelmann (1984): „Lesen- und Schreibenlernen als Denkentwicklung" und für die entwicklungsgenetische Sichtweise gilt der Entwurf eines Entwicklungsmodells von Uta Frith (1986) als epochemachend.

lateinischen Ursprungs sträubt. Mit dem Begriff *Literalität* droht eine Verengung auf den Aspekt der Schrift bzw. Schriftlichkeit im Sinne von Alphabetisierung, weshalb Dehn (1999) ihm den Begriff der Literarität an die Seite stellt, um den Aspekt der Textualität und der Buchkultur mit im Blick zu haben.

Wenn der Begriff *Literacy* allerdings mit fast beliebigen Adjektiven eine Verbindungen eingehen kann wie bei „medialer Literacy", „visueller Literacy" und „emotionaler Literacy" wird er zunehmend unscharf. Kress (2005) plädiert dafür, den Begriff *Literacy* auf „lettered representation" zu beschränken, was bei ihm das folgende Spektrum umfasst:

> „(...) literacy is a name for a complex of quite disparate phenomena – print, text as block, letters, text as genre, letters as sound, directionality and spatial dispositions, media, layout." (Kress 2000, S. 115)

Ich ziehe den Begriff *Literalität* dem modischen *Literacy* vor und fasse darunter in Anlehnung an Kress den Umgang mit der graphischen Repräsentation von Sprache und alles, was dazugehört. Frühe oder entstehende Literalität (early literacy oder emergent literacy) zeigt sich in „Erfahrungen mit verschiedenen Facetten und Erscheinungsformen von Lese-, Erzähl- und Schreibkultur" (Ulich 2003, S. 31), wie sie im familialen Umfeld unmittelbar durch eigene Aktivitäten oder mittelbar durch Beobachtung anderer Personen erworben werden können.

Solche frühen Formen literaler Praxis zu erforschen ist Gegenstand der Literacyforschung, ihr Desiderat ist eine konsistente Theorie der Literalitätsentwicklung. Ein Verharren auf einem Entwicklungsstufenmodell ist jedenfalls nicht geeignet, die komplexen Lernprozesse zu erfassen, die Kinder in der frühen Phase der Literalitätsentwicklung nach und nach in den Griff zu bekommen trachten. Um frühe Schreibungen von Kindern, wie sie vor der Produktion logographischer Schreibungen auftreten, nicht nur einer irgendwie gearteten präliteralen Kritzelphase zuordnen zu können oder sie im Einzelfall qualitativ dezidiert zu beschreiben, versuche ich ein Modell zu skizzieren, mit dem die Facetten der produktiven literalen Praxis im frühen Kindesalter erfasst werden können.

Literalität von der Produktionsseite her betrachtet impliziert mehrere Teilkomponenten, die beim Schreiben simultan beachtet, aber je nach Schreibaufgabe und Schreibanlass unterschiedliche Berücksichtigung finden: Es geht um Repräsentation und Konstruktion von Bedeutung, um deren Verräumlichung, um Kommunikation, um eine mnemotechnische Funktion, um einen Text, um graphische Formen, um einen Lautbezug und um eine Bewegung.

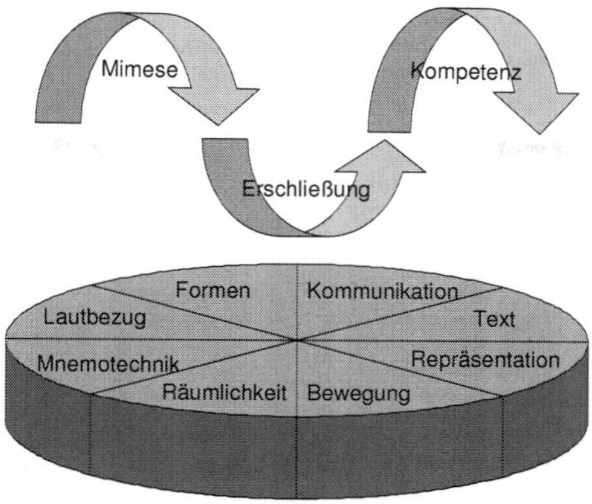

Abbildung 15: Modell literal-produktiver Praktiken im frühen Kindesalter

Die Modellskizze erhebt keinen Anspruch auf Vollständigkeit. Sie ist ein Entwurf für ein Beschreibungsraster für Schreibhandlungen bei beginnender Literalität. Ich gehe davon aus, dass sich kleine Kinder der Schriftwelt zunächst mimetisch nähern: Sie ahmen Schreiben nach und tun so „als ob". Dieses „Als ob" kann sich jedoch auf ganz unterschiedliche Aspekte des Schreibens beziehen. Es kann eine Mimese der Schreibbewegung sein, es kann auch eine Nachahmung der Formen sein, es kann die mnemotechnische Funktion spielerisch erproben und es kann sich selbstverständlich in mehreren Feldern gleichzeitig abspielen. Es kann auch auf manchen Feldern noch mimetisch sein und in anderen bereits auf einer Ebene, die ein Verstehenwollen von Schrift impliziert und schließlich ein bewusstes Agieren auf zuerst einem und dann mehreren Feldern, wobei eine simultane Berücksichtigung des kompletten Gefüges auch Erwachsenen nicht perfekt gelingen dürfte. Man könnte sich einen Verlauf der Aneignung im Sinne des U-förmigen Lernprozesses nach Karmiloff-Smith vorstellen.[7] In der Fortführung des Gedankens von Sauerborn-Ruhnau[8] würde ich von einer Dimension der Mimese, einer Dimension des Erschließens und einer Dimension der kompetenten Teilhabe an der Schriftkultur ausgehen.

7 Karmiloff-Smith (1992) postuliert eine Entwicklungsdynamik, bei der das Kind zunächst ein Muster unanalysiert übernimmt, dann die Regel entdeckt und sein System entsprechend Regel und Abweichung umbaut.

8 Sauerborn-Ruhnau (2008, S. 28) spricht in ihrer unveröffentlichte Magisterarbeit an der Pädagogischen Hochschule Freiburg von einer Dimension des „Zur-Welt-Dazugehörens", des „Die-Welt-Erschließens" und einer „gezielten Teilhabe an Schriftkultur".

Die einzelnen Felder können noch differenzierter beschrieben werden, zum Beispiel kann das Feld *Räumlichkeit* die Kategorien *Linearität, Spalten, Block* o.ä. enthalten, bei den Formen wären *piktorale* und *graphematische* Formen zu unterscheiden, das Modell hätte jedoch den Charme, schrift- bzw. alphabetunabhängig zu sein, da es auch in Annäherung an ein anderes Schriftzeichen-Inventar Anwendung finden könnte.

Auf zwei bisher wenig beachtete Felder dieses Modells – nämlich der Mnemotechnik und der Räumlichkeit möchte ich im Folgenden anhand von Beispielen näher eingehen, um mögliche Perspektiven zur Erforschung früher Literalität aufzuzeigen.

Zum Bereich Mnemotechnik:

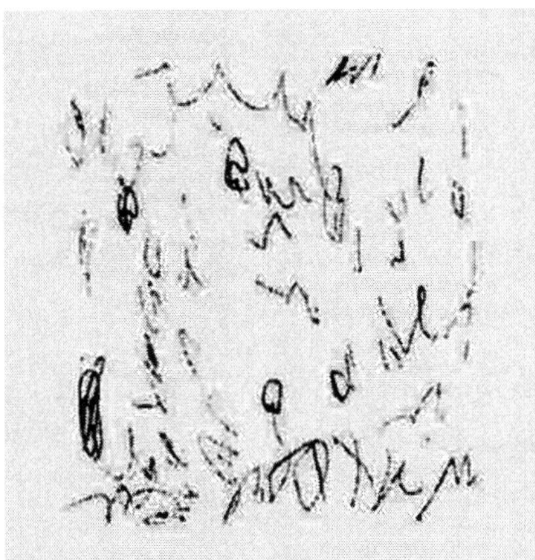

Abbildung 16: Raphael (4;1) fragt seine Mutter beim Kochen was es zu essen gibt und schreibt es auf (Pilze, Reis, Brokkoli). Er steckt den Zettel seiner Mutter in die Hosentasche, damit sie immer nachschauen kann, was es gibt.

Betrachtet man das Schreibprodukt an sich und im Hinblick auf eine anzustrebende Alphabetschrift, kommt man zur bescheidenen Diagnose „Kritzelschrift" im präliteralen Stadium.

Interpretiert man jedoch die Situation auf der Folie des skizzierten Rasters, so stellt man fest, dass hier die Auseinandersetzung mit Literalität vornehmlich auf dem Feld der Mnemotechnik stattfindet. Bei der Verwendung eines Merkzettels könnte man noch von einer mimetischen Handlung (spielerisches „Tun-als-ob") sprechen, da die Merkhilfe in diesem Kontext nicht gerade funktional verwendet wird (nur eine extrem demente Mutter wird während des Kochens vergessen, was sie gerade kocht!). Andererseits würde der Merkzettel tatsächlich eine Gedächtnisfunktion erfüllen, wenn Raphael nach einer Woche noch sagen könnte, was er auf den Zettel geschrieben hat. Des Weiteren wäre zu sagen, dass das Repräsentationale so die Zeit überdauern würde, auch wenn sie sich anderen nicht erschließt.

In einem Kim-Spiel, das in einem ersten Schuljahr sechs Wochen nach Schulbeginn durchgeführt wurde, werden Kinder explizit aufgefordert, Schrift zur Entlastung des Gedächtnisses einzusetzen. Den Kindern wurden Gegenstände präsentiert, die sie sich einprägen und an ihrem Platz aufschreiben sollten, nachdem die Gegenstände verdeckt wurden. Es handelte sich um die Gegenstände *Kamm, Pinsel, Krokodil, Buch, Auto* und *zwei Hefte*.

Zwei Lösungsbeispiele möchte ich exemplarisch vorstellen:

Abbildung 17: Kim Edith

Abbildung 18: Kim Victoria

Geht die Spekulation zu weit, wenn man annimmt, dass links zuerst geschrieben wurde, während rechts zuerst gezeichnet und dann verschriftet wurde? Bei beiden Schülerinnen handelt es sich um fortgeschrittene Schreiberinnen (sechs Wochen nach Schuljahrsbeginn!), bei Edith scheint das Arbeitsgedächtnis jedoch im verbalen Modus gearbeitet zu haben, während Victoria die Gegenstände im bildhaften Format abgespeichert hat. Oder aber Edith hat ihre Zeichnungen räumlich so konzipiert, das sie links davon eine Spalte zum Schreiben der Wörter als „Leerstelle" gelassen hat, was sehr unwahrscheinlich anmutet. Ebenso wenig plausibel erscheint, dass eine so sichere Schreiberin wie Viktoria zunächst die Wörter derart unmotiviert über das Blatt verteilt, um sie anschließend zu illustrieren. Interessant wäre zu wissen, inwieweit das zeichnerische Arrangement der Gegenstände mit der realen Anordnung übereingestimmt hat, d.h. ob hier eine stark visuelle Gedächtnisleistung („photographisches Gedächtnis") eine Rolle gespielt hat.

Über das Verhältnis und Zusammenspiel verbaler und piktoraler Codes beim Schreiben, die ja auch bei den logographischen Schreibungen zum Tragen kommen, wissen wir noch sehr wenig.

Räumlichkeit:

Versuchen wir unter diesem Aspekt einige Schreibproben von Kindern aus einer Kindergartengruppe, die kurz vor der Einschulung stehen, zu qualifizieren. Leider stehen uns außer den Schreibprodukten keine weiteren Informationen zur Verfügung, lediglich die Aufgabenstellung („Schreibe alles, was du weißt") ist bekannt.

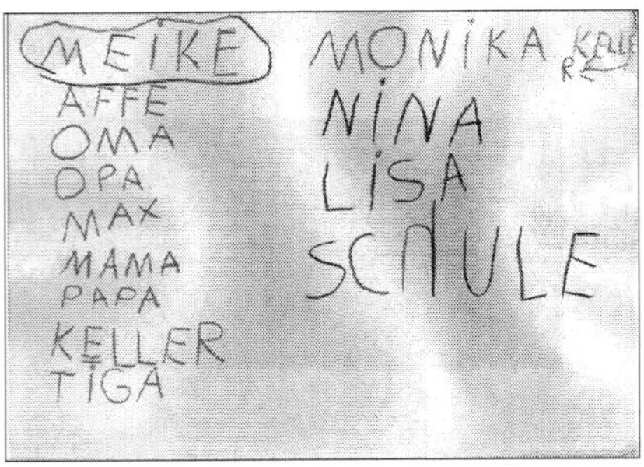

Abbildung 19: Kiga 1

Abbildung 20: Kiga 2

Abbildung 21: Kiga 3

Abbildung 22: Kiga 4

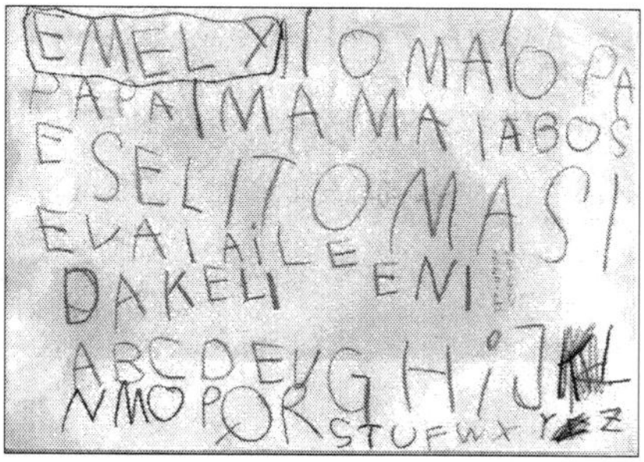

Abbildung 23: Kiga 5

Abbildung 24: Kiga 6

Abbildung 25: Kiga 7

Abbildung 26: Kiga 8

Das Merkmal „Räumlichkeit“ sticht bei allen acht Beispielen (und auch bei den weiteren, nicht abgebildeten Schreibproben dieser Kindergartengruppe) hervor. Alle beginnen in der linken oberen Ecke zu schreiben, die Schreiber von Abbildung 1 - 4 orientieren sich am linken Blattrand und schreiben spaltenweise von oben nach unten, in Abbildung 1 wird sogar eine zweite Spalte eröffnet, auch Abbildung 4 lässt noch eine spaltenartige Anordnung von oben nach unten erkennen. Die Abbildungen 5 - 8 zeigen hingegen eine zeilenartige Anordnung von links nach rechts. Wortgrenzen ergeben sich bei einer listenartigen Schreibweise von oben nach unten durch den Zeilenwechsel, bei einer Schreibweise von links nach rechts müssen sie markiert werden, was durch Längsstriche (Abbildung 5) und teilweise durch kartuschenartige Einfassungen geschieht.

Auffällig ist, dass sich alle Kinder im Moment dieser Schreibprobe an den räumlichen Konventionen von Schrift abzuarbeiten scheinen, was möglicherweise mit dem aktuellen Geschehen in der Kindergartengruppe zu tun haben mag, denn selbst die „Wenigschreiber“ wie in Abbildung 4, 6, 7 und 8 „kleben“ am oberen bzw. am linken Rand des Blattes.

Nebenbei ist zu bemerken, dass bekannte Namen repräsentiert werden (wofür eine Liste auch ein geeignetes Layout ist), es gibt im Gegensatz zu den Beispielen aus dem ersten Schuljahr (Abbildungen 3 - 12) keine piktoralen Repräsentationen. Neben der Wiedergabe von Namen finden sich auch eigene Verschriftungen mit Lautbezug wie *TIGA* und *DAKEL* neben einer Aneinanderreihung von bekannten Buchstaben, die keine – zumindest keine erkennbare – Wortbedeutung repräsentieren. Außerdem sind alle verwendeten Zeichen Bestandteile des alphabetischen Inventars, wenngleich die Raumlage nicht immer beachtet wird.

Dieses alternativ zum Stufenmodell konzipierte Theoriemodell könnte den Blick weiten für die Komplexität der kindlichen Erarbeitungsstrategien beim Schrifterwerb, während mit dem bisherigen alphabetfixierten Modell nur ein Ausschnitt der gedanklichen Arbeit, die lernende Kinder in der Auseinandersetzung mit der Schriftkultur leisten, wahrgenommen wird. Die Teilschritte, die annäherungsweise von einer phonographischen Repräsentation zu einer orthographischen Schreibung führen, sind uns inzwischen sehr vertraut. Darüber hinaus gibt es Ansätze zur Erforschung der textuellen Muster, die bereits von Schreibanfängern verwendet werden (vgl. Weinhold 2000). Über die Frühformen des Schreibens, bevor die Phonographie ins Spiel kommt, wie über die Notwendigkeit eines logographischen Stadiums und das Wechselspiel von piktoraler und verbaler Abbildung, haben wir jedoch noch wenig Klarheit. In der Verantwortung früher Bildung muss hier mehr theoriegeleitete und systematische Forschungsarbeit geleistet werden.

Literaturverzeichnis

Augst, H. (Hg.) (1986): New Trends in Graphemics and Orthography. Berlin/New York.

Breuer, Helmut/Weuffen, Maria (1993): Lernschwierigkeiten am Schulanfang. Weinheim/Basel: Beltz.

Brügelmann, Hans (1984): Lesen- und Schreibenlernen als Denkentwicklung. In: Zeitschrift für Pädagogik, H. 1, S. 69 - 91.

Brügelmann, Hans (Hg.) (1994): Wie wir recht schreiben lernen. 10 Jahre Kinder auf dem Weg zur Schrift. Lengwil am Bodensee: Libelle (Lesen und schreibendezennium).

Dehn, Mechthild (1994): Zeit für die Schrift. Lesenlernen und Schreibenkönnen. 4. überarb. Aufl. Bochum: Kamp.

Dehn, Mechthild (1999): Texte und Kontexte. Berlin/Düsseldorf: Volk und Wissen/Kamp.

Dehn, Mechthild/Hüttis-Graff, Petra (2006): Zeit für die Schrift II: Beobachtung und Diagnose. Schulanfangsbeobachtung, Lernbeobachtung Lesen und Schreiben, Lernhilfen. Berlin: Scriptor (Lehrer-Bücherei, Bd. II).

Frith, Uta (1986): Psychologische Aspekte des orthographischen Wissens. In: Augst, H. (Hg.): New Trends in Graphemics and Orthography. Berlin/New York, S. 218-233.

Frostig, Marianne (1972): The Developmental Program in Visual Perception. Für deutsche Verhältnisse bearbeitet von Reinartz, A./Reinartz, E.: Visuelle Wahrnehmungsförderung. Hannover.

Füssenich, Iris/Löffler, Cordula (2005): Schriftspracherwerb. München, Basel: E. Reinhardt (Schriftspracherwerb, Hauptbd.).

Füssenich, Iris/Löffler, Cordula (2005): Schriftspracherwerb. München, Basel: E. Reinhardt (Schriftspracherwerb, Materialh.).

Hamburger Schreib-Probe. Neustandardisierung 2001 (2007). Hamburg: Verlag für pädagogische Medien.

Hammes-Di Bernardino, Eva/Oberhuemer, Pamela (Hg.) (2003): Startchance Sprache. [Sprache als Schlüssel zur Bildung und Chancengleichheit]. Baltmannsweiler: Schneider Verlag Hohengehren (Jahrbuch/PFV).

Karmiloff-Smith, Annette (1992): Beyond modularity: A developmental perspective on cognition science. Cambridge: M.I.T. Press.

Kress, Gunther R. (2000): Before writing. Rethinking the paths to literacy. Repr. London: Routledge.

Küspert, Petra (1998): Würzburger Leise Leseprobe. Ein Gruppenlesetest für die Grundschule. Göttingen/Bern: Hogrefe Verl. für Psychologie.

Mannhaupt, Gerd (2006): Münsteraner Screening zur Früherkennung von Lese-Rechtschreibschwierigkeiten. Berlin: Cornelsen.

Probst, Holger (2005): Testaufgaben zum Einstieg die Schriftsprache, 2. Aufl. Horneburg/Niederelbe: Persen (Bergedorfer Förderdiagnostik).

Richter, Sigrun/Brügelmann, Hans (1994): Der Schulanfang ist keine Stunde Null. In: Brügelmann, Hans (Hg.): Wie wir recht schreiben lernen. 10 Jahre Kinder auf dem Weg zur Schrift. Lengwil am Bodensee: Libelle (Lesen und schreibendezennium), S. 62-77.

Sauerborn-Ruhnau, Hanna (2008): Kindergartenkinder auf dem Weg zur Schriftlichkeit. Magisterarbeit (unveröffentlicht). Pädagogische Hochschule Freiburg.

Schmid-Barkow, Ingrid (1999): Kinder lernen Sprache sprechen, schreiben, denken. Beobachtungen zur Schrifterfahrung und Sprachbewusstheit bei Schulanfängern mit Sprachentwicklungsstörungen. Frankfurt am Main: Lang.

Ulich, Michaela (2003): Lust auf Sprache – Bildungschancen von Kindern aus Migrantenfamilien. In: Hammes-Di Bernardino, Eva/Oberhuemer, Pamela (Hg.): Startchance Sprache. [Sprache als Schlüssel zur Bildung und Chancengleichheit]. Baltmannsweiler: Schneider Verlag Hohengehren (Jahrbuch/PFV), S. 20-34.

Weinhold, Swantje (2000): Text als Herausforderung. Zur Textkompetenz am Schulanfang; mit 296 Schülertexten aus Klasse 1. Freiburg im Breisgau: Fillibach-Verlag (Deutschdidaktik).

Diagnostik schriftsprachlicher Kompetenzen in der Primarstufe

URSULA HELD

Diagnostik zur Ermittlung der Lernausgangslage ist ein zentrales Thema in allen Bereichen des Deutschunterrichts, aber nicht alle Bereiche sind hier gleich weit fortgeschritten in der Diskussion um die Relevanz einzelner Kompetenzaspekte und in der Entwicklung geeigneter diagnostischer Ansätze und Verfahren für die Schulpraxis.

Ein bisher wenig erschlossener Bereich ist die Diagnostik zur Ermittlung schriftsprachlicher Kompetenzen mit Blick auf das Verfassen von Texten und das Reflektieren über Sprache und Sprachgebrauch, zum Erwerb produktiv-reflexiver textueller Fähigkeiten also. Dies gilt insbesondere für die Primarstufe, in der diese Fähigkeiten basal aufgebaut werden, dabei jedoch beständig im Fluss und noch nicht zuverlässig gleichbleibend stabil sind. Es gilt also, wie Bachmann (2002) mit Blick auf die Entwicklung von Kohäsion und Kohärenz in Schülertexten zu Recht feststellt, das Prinzip der Gleichzeitigkeit des Ungleichzeitigen. Kompetenzniveaus werden erreicht, sind aber schwankend und werden auch wieder verlassen. Dennoch gibt es verlässliche und trainierbare Strukturen, wie beispielsweise die Untersuchungen von Augst (2007) und Pohl (2008) zur Textsortenkompetenz oder von Oehlmann (2007) und Held (2006) zum Erwerb von Textrevisionskompetenzen in der Grundschule belegen. In Ansätzen belegbar ist inzwischen auch, dass der Erwerb dieser Kompetenzen in weitreichendem Maße abhängig ist von grundlegenden sprachpragmatischen Fähigkeiten im Bereich der Mündlichkeit: Im Schriftlichen ist nur möglich, was im Mündlichen schon geht, aber längst nicht alles, was im Mündlichen möglich ist, wird im Schriftlichen umgesetzt bzw. findet tatsächlich Eingang in das Endprodukt, also den notierten Text. Woran letzteres liegt, ist im Wesentlichen noch zu klären, allein der graphomotorische Anspruch des Schreibaktes reicht hier nicht als Erklärung aus. Nach dem gegenwärtigen Stand der Analyse einschlägiger Text- und Gesprächskorpora ist viel mehr zu vermuten, dass Textelemente, die auf mentaler und/oder mündlicher Ebene intensiv reflektiert und bearbeitet wurden, in der schriftlichen Umsetzung ein Stück weit vernachlässigt werden – Elemente bisheriger Formulierungen werden weggelassen, verkürzt oder vereinfacht, quasi ökonomisiert, da der Aufmerksamkeitsfokus sich bereits dem Folgeelement zuwendet. Die Notation des zuvor Erarbeiteten ist eine aufhaltende Notwendigkeit, die möglichst zügig, zum Teil nebenher, erledigt wird. Inhalte werden dabei nicht mehr reflektiert, die Aufmerksamkeit liegt auf Oberflächenfaktoren wie der Orthografie, grammatischen Formen oder Wortwiederholungen.

Arbeiten von Bereiter und Scardamalia (1987), Baurmann und Ludwig (1986 und 1996), Wrobel (1995), Baer e.a. (1995), Becker-Mrotzek (1997) und Baurmann (2002) haben hinlänglich geklärt, wie komplex sich Schreibprozesse auch – oder gerade – für Schreibanfänger gestalten. Anhand der folgenden Grafik soll knapp das dieser Untersuchung zugrundeliegende theoretische Konzept von Schreiben als Prozess erläutert werden.

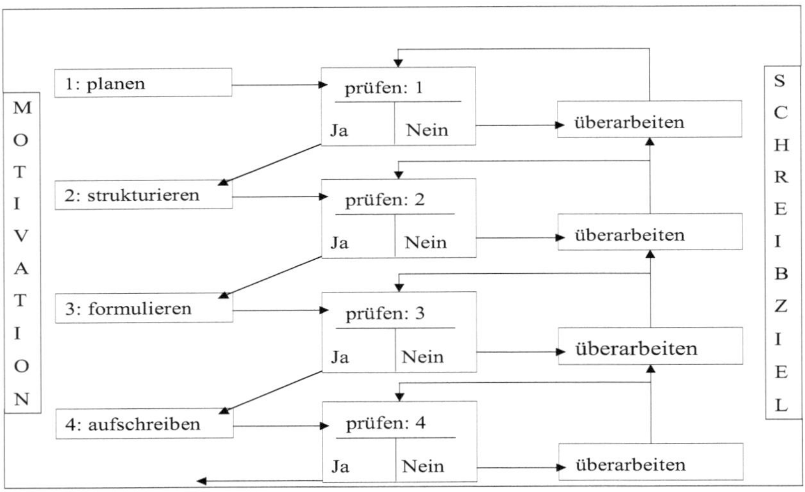

Die Basis eines jeden Schreibprozesses sind zum einen eine tragfähige Motivation zum Schreiben und zum anderen zumindest rudimentäre Zielvorstellungen des Autors. Rudimentär bedeutet hier, dass kein ausgefeiltes Zielkonzept, in dem Inhalt, Zweck/Intention und Adressat für einen zu verfassenden Text berücksichtigt werden, vorliegen muss, bevor der eigentliche Schreibprozess gestartet werden kann. Prinzipiell ist die grundlegende Absicht und Bereitschaft, einen Text zu einem bestimmten Gegenstand, für einen bestimmten Zweck oder für einen bestimmten Adressaten zu schreiben, ausreichend. *Ich schreibe etwas über meinen Hund, Ich will mir etwas aufschreiben* und *Ich schreibe etwas für dich* genügen als Zielformulierungen zumindest Schreibanfängern vollkommen. Im Laufe der schulischen Sozialisation orientieren sich Zielfindungsprozesse oder Zielvorgaben zunehmend an konkreten Aufgabenstellungen bzw. daran, wie Schülerinnen und Schüler die jeweilige Aufgabe verstehen, wobei für diese Verstehensprozesse bald institutionell bedingte Interpretationsrahmen entwickelt werden (müssen), um zum einen für Schreibende ein verlässliches Wissen über Erwartungen und Anforderungen zu schaffen und zum anderen für das gemeinsame Lernen eine Vergleichbarkeitsgrundlage zu schaffen. Auch diese Aspekte wirken sich nachhaltig auf schulische Schreibmotivation aus, ein verlässliches Wissen über das ‚Was soll ich' und ‚Warum soll ich' wirkt stabilisierend und schafft Sicherheit.

Am Anfang des eigentlichen Schreibprozesses steht dann zunächst eine Planungsphase, die insbesondere bei Schreibanfängern oder in Prozessen spontanen Schreibens integrativer Bestandteil der Zielformulierung sein kann, im Sinne von ‚das Ziel ist der Plan'. In dieser Planungsphase werden vorhandene inhaltliche und text- bzw. sprachstrukturelle Wissensbestände aktiviert, notwendige neue Informationen beschafft und erste Ideen gesammelt. Diese Ideensammlung und Planbildung kann sich je nach Situation und Schreibfähigkeit des Autors auf ganze Texte oder Textabschnitte, auf einzelne Sätze oder auf Einzelelemente eines Satzes beziehen und vollzieht sich abhängig von der Entwicklung des Schreibenden mehr oder weniger intuitiv oder bewusst. Entsprechend beziehen sich alle Folgeschritte innerhalb der Gesamtschreibhandlung zunächst auf die in der Planungsphase festgelegte Textebene. Die in der Planungsphase entwickelten Ideen für den Inhalt und die sprachlich-formale Gestaltung des Textes werden nahezu synchron zu ihrer Entwicklung dahingehend überprüft, ob sie dem Schreibziel entsprechen bzw. ob sie geeignet erscheinen, dies zu erreichen (prüfen: 1). Ist das nicht der Fall, werden sie überarbeitet, das heißt entweder variiert oder verworfen und neu generiert. Das Ergebnis dieser Überarbeitungsphase wird erneut überprüft. Diesen Kreislauf durchlaufen Entwürfe solange, bis sie geeignet erscheinen, das Schreibziel zu erreichen. Auf die Planungsphase folgt die Phase der inhaltlichen und sprachlich-formalen Strukturierung der Ideen. Auch diese Strukturkonzepte werden überprüft (prüfen: 2) und gegebenenfalls überarbeitet. Diese Überarbeitung kann auf der Ebene der Strukturbildung verortet bleiben. Es ist aber auch möglich, dass ein Problem auf die vorgeschaltete Ebene zurücktransportiert wird, beispielsweise dann, wenn sich herausstellt, dass eine sinnvolle Strukturierung eines ausgewählten Inhaltes oder die Übertragung eines Inhaltes in eine ausgewählte sprachliche oder formale Textstruktur nicht handhabbar ist. Dann wird der zugrundeliegende Plan erneut in den Blick genommen und angepasst oder verändert. Ist die Phase der Strukturbildung erfolgreich abgeschlossen, folgt die Phase des Formulierens. Gedankliche Inhalts- und Sprachmuster werden nun vertextet, das heißt in konkrete sprachliche Formulierungen gebracht. Je nach Textebene, auf der reflektiert wird, kann es sich dabei um einzelne Wörter und Wendungen oder um ganze Sätze oder um größere Textabschnitte bis hin zu ganzen Texten handeln. Die gefundenen Formulierungen werden wiederum überprüft (prüfen: 3) und gegebenenfalls überarbeitet. Auch hier kann es sein, dass Probleme, die auf der Formulierungsebene nicht lösbar erscheinen, auf die Ebene vorgelagerter Teilhandlungen zurücktransportiert werden.

Bis hierher handelt es sich bei den dargestellten Teilhandlungen des Schreibens um im Schwerpunkt mentale Aktivitäten, die unter Umständen durch ökonomisch minimierte, manifeste Schreibhandlungen unterstützt werden können, beispielsweise in der Planungsphase durch Clusterbildungen, in der Strukturierungsphase durch Gliederungsstichpunkte und in der Formulierungsphase durch Probeniederschriften. Erst die vierte und letzte Teilhandlung, nämlich das Auf- oder Niederschreiben des bis dahin Erarbeiteten, ist, zumindest in klassischen Schreibsituationen, wie sie üblicherweise im Schulunterricht vorzufinden sind, von ihrer Natur her eine manifeste Schreibhandlung. Erst jetzt muss der entwickelte Text zu Papier gebracht werden. Auch der niedergeschriebene Text, das Produkt der bisherigen Teilhandlungen des Schreibprozesses, wird überprüft (prüfen: 4). Wird er akzeptiert, wird der Text oder Textabschnitt abgeschlossen und somit entweder der Schreibprozess insgesamt beendet oder der nächste Textabschnitt ins Auge gefasst. Ist der Autor mit dem niedergeschriebenen Text nicht zufrieden, so wird dieser wieder überarbeitet. Diese Überarbeitung kann sich jetzt auf alle vier Prozessebenen oder Teilhandlungen des Schreibens beziehen. Überarbeitungen, die auf der Ebene des Aufschreibens und des Formulierens verhaftet bleiben, sind dabei als Revisionen an der Textoberfläche zu sehen. Wird die Überarbeitung eines Textes oder Textelementes bis auf die Ebene der Strukturbildung oder sogar der Planbildung zurückgeführt, so handelt es sich um Eingriffe in die Texttiefenstruktur. Des Weiteren ist es im Zuge der Überarbeitung eines Text(-element)es auf allen vier Prozess- oder Handlungsebenen möglich, die Textebene zu wechseln. Wird beispielsweise beim revidierenden Lesen eines aufgeschriebenen Satzes ein Einzelelement innerhalb des Satzes als unpassend empfunden, so kann entweder nur das Einzelelement oder aber der ganze Satz verändert oder verworfen werden, was unter Umständen das erneute Überarbeiten eines größeren Textabschnittes oder sogar des Gesamttextes nach sich zieht.

Die oben genannten Arbeiten belegen, dass es im Erwerb dieser komplexen Strukturen durchaus nachvollziehbare Entwicklungsphasen gibt. Bereiter/Scardamalia (1987) thematisieren den Strategiewechsel vom ‚knowledge telling' zum

‚knowledge transforming' bei fortschreitender Kompetenzentwicklung, Baurmann (2002) spricht vom Schreibalter, das unabhängig vom realen Alter eines Schreibers über Zugänge zum Schreiben und über Schreiberfahrungen definiert wird und deshalb bei Personen des gleichen Lebensalters erheblich voneinander abweichen kann.

Hieraus resultiert ein weiteres Problem für die Diagnostik – wenn wir vom Erwerb schriftsprachlicher Kompetenzen auf textueller Ebene sprechen, geht es also einerseits um Kompetenzen zum Verfassen von Texten auf der Ebene des Produktionsprozesses mit all seinen Implikationen und andererseits um textkonzeptionelle bzw. -strukturelle Kompetenzen, für die die Fähigkeit zum Reflektieren über den Einsatz sprachlicher Mittel und Formen, sei sie nun wissens- oder intuitionsgesteuert, nicht unerheblich ist. Insgesamt ist sprachliche Handlungsfähigkeit auch mit Blick auf das Erkennen von Problemstellungen und das Finden oder Entwickeln von Lösungsstrategien und -wegen von Nöten.

Alle bisher vorhandenen Verfahren zur Diagnostik textueller Kompetenzen setzen sich jedoch ‚nur' mit dem fertigen Schreibprodukt, also dem fertigen Text auseinander, sind also eher textanalytischer Art. Als Beispiele hierfür mögen das ‚Zürcher Textanalyseraster' (Nussbaumer 1991) oder das ‚Linguoskop Schreiben' (Büchel und Isler 2000) dienen. Auch Aufgabenstellungen, wie sie in den Bildungsstandards angeführt sind oder den Vergleichsarbeiten[1] zugrunde liegen, helfen nicht im Sinne einer Lernstandsermittlung mit der Intention, eine verwendbare Grundlage für eine schreiberdifferenzierte Förderplanung zu erhalten.

Ein erwiesenermaßen gangbarer Weg, den Stand und die Entwicklung von Schreibkompetenzen umfassend zu erheben und zu dokumentieren, ist die Arbeit mit Schreibprotokollen. Hierfür werden die im Rahmen partnerschaftlich zu lösender Schreibaufgaben geführten und den gemeinsamen Schreibprozess begleitenden Schreibgespräche der Schülerinnen und Schüler aufgezeichnet, um dann parallel zum fertigen Text schreiber- und kriteriendifferenziert ausgewertet zu werden (Held 1999 und 2006).

[1] Insgesamt erscheint es unglücklich, dass vielerorts Vergleichsarbeiten mit Lernstandsdiagnostik gleichgesetzt werden. Zudem ist die Abgrenzung zwischen Lernstandsdiagnostik im Sinne einer Ermittlung von Lernausgangslagen einerseits und Lernkontrollen in Form von Klassenarbeiten andererseits oft nicht klar, die Begriffe diffundieren ineinander und werden quasi synonym genutzt. Daher erscheint vielen die zeitliche und organisatorische Belastung durch diagnostische Verfahren als unverhältnismäßig hoch, da nicht bewusst ist, dass allein schon die Zeitintervalle, in denen diagnostische Verfahren eingesetzt werden, ganz anders liegen als die von Klassenarbeiten, ganz zu schweigen davon, dass die Intention und Verwertung eine andere ist. Zu diesem Missverständnis tragen aber auch die durchaus nicht klar differenzierenden Vorgaben bzw. Formulierungen der einschlägigen Erlasse bei.

Zur Veranschaulichung sollen die folgenden Transkriptauszüge dienen, die im zweiten (A) und vierten Schuljahr (B) angefertigt wurden und beide den Einstieg in einen Schreibprozess wiedergeben. Zu beiden Zeitpunkten ist die Schülerin Ina beteiligt, ihre Schreibpartner variieren:

(A) Eine Bilderbuchgeschichte (E. Schreiber-Wicke/C. Holland: Als die Raben noch bunt waren, 1992) fortsetzen

Aufgabe: Schriftlich erzählen, wie es dem letzten bunten Raben nach dem Ende der Bilderbuchgeschichte weiter ergangen ist.

Ina: Überschrift: *Der bunte Rabe im Urwald.* (schreibt) Punkt. Wie geht es jetzt weiter? ‚Er hat bis jetzt noch keine Frau gefunden', oder sollen wir sagen ‚Er hat noch keine Freundin'?

Anna: Ja ..., wir können doch auch schreiben ‚Der Rabe ist jetzt im Urwald, er hat jetzt schon eine Frau gefunden, aber noch keine Freunde gefunden'. Aber dann müssen wir den Punkt [hinter der Überschrift, U.H.] weg machen.

Ina: (radiert Punkt weg) Ja, dann schreiben wir doch (...)

(B) Schreiben zu einem Bildimpuls (aquarellierte Zeichnung): Ein kleiner Eisbär und ein kleiner Tiger laufen in einer verschneiten Tundralandschaft gemeinsam ein Gleisbett entlang.

Aufgabe: Einen erzählenden Text schreiben, in den die dargestellte Situation logisch eingebettet ist.

Ina: Wie soll die Geschichte denn nun heißen? *Lars und der Tiger? Lars und der Tiger trafen sich an einem* ... Soll die Geschichte *Lars und der Tiger* heißen?

Tom: Und wie fängt die Geschichte an?

Ina: *Lars und der Tiger* halt, ne?

Tom: Ja, okay. Tiiiger?

Ina: Ja, Tiger wird mit ie!

Tom: Wie war das noch: Am Nordpol wohnen die Eisbären, am Südpol die Pinguine und irgendwo in Afrika gibt`s Tiger .... Am Nordpol also. ‚Weit weg am kalten Nordpol fing diese Geschichte an. Es war einmal ein Monster ...', nein. ‚Weit weg ...'

Allein diese kurzen Auszüge verdeutlichen, in welcher Weise hier Aussagen über prozessuale, textuelle und schriftsystematische Fähigkeiten, Kenntnisstände und Entwicklungen der beteiligten Gesprächspartner ermöglicht werden und in welcher Weise hier sowohl unterrichtlich hoch relevante Querschnitts- als auch Längsschnittsbeobachtungen angestellt und dokumentiert werden können.

Trotzdem ist dieses Verfahren so nicht in die breite Praxis implementierbar, die Reaktionen im Bereich der Lehrerfort- und -weiterbildung sind oft eher als ‚erschreckt' zu bezeichnen. Dabei gibt es in der Regel drei unterscheidbare Argumentationsstränge als Begründung der Ablehnung:

1. Das Verfahren erscheint zeitlich und organisatorisch als zu aufwendig.
2. Lehrkräfte sehen sich fachlich und sachlich nicht in der Lage, eine entsprechend differenzierte Auswertung der Gespräche vorzunehmen.
3. Lehrkräfte sehen sich und ihre Unterrichtskonzepte durch das belegbare Wissen um die Vielfalt der Art und der Ausprägung der Schülerkompetenzen bedroht bzw. fühlen sich überfordert.[2]

Spätestens an dieser Stelle wird deutlich, dass es bei Lehrkräften – und das gilt auch für ausgebildete Fachlehrerinnen und -lehrer – in Bezug auf den Unterricht zum Verfassen von Texten und zum pragmatisch ausgerichteten Nachdenken über Sprache und ihre Verwendungsmöglichkeiten zwei zentrale Unsicherheitsquellen gibt, nämlich zum einen die Frage danach, ob ihre fachliche Qualifikation ausreicht, um hier in jeder Hinsicht sachgerecht zu arbeiten, und zum anderen das Problem des differenzierenden Arbeitens in heterogenen Gruppen. Dabei wirkt sich der erhebliche zeitliche, organisatorische und psychische Druck, unter dem Lehrkräfte insbesondere in der Primarstufe aufgrund ihrer hohen Unterrichtsverpflichtung, wegen der vielen aktuellen Neustrukturierungsprozesse in den Schulen und nicht zuletzt wegen der frühen Selektionsprozesse mit Blick auf die weiterführenden Schulen stehen, nicht eben förderlich auf das Erproben neuer und anderer Wege aus. Vertraute Routinen geben Sicherheit und werden als funktionierend erlebt, die Bereitschaft „alles neu zu durchdenken und zu verändern, nur weil das der aktuelle Stand der fachdidaktischen Forschung ist",[3] ist eher wenig ausgeprägt, insbesondere dann, wenn so schwer zugängliche Aspekte wie Schreibprozesse, die sich im Wesentlichen im Kopf des Schreibers abspielen, ins Spiel kommen. Lehrkräfte wünschen sich zeitlich und wirtschaftlich ökonomische Diagnosekonzepte, die klar strukturiert, wenig aufwendig und eindeutig in der Aussage sind. Darüber hinaus sollen die Verfahren klare Hinweise und Aufgabenvorschläge für eine sich anschließende Förderung bieten, die unkompliziert in Unterrichtsprozesse einzubetten ist.

[2] Zitat: „Wenn ich das alles weiß, kann ich nicht mehr unterrichten. Wie soll ich da noch Unterricht für eine ganze Klasse gestalten?"

[3] Originalzitat aus einer Fortbildungsveranstaltung.

Entsprechend der bisherigen Ausführungen gestaltet sich das Problem der Diagnostik schriftsprachlicher Kompetenzen in der Primarstufe also als ein mehrschichtiges, wobei drei zentrale Arbeitsbereiche ausgemacht werden können.

Es geht um die Diagnostik schriftsprachlicher Kompetenzen

A von Schülerinnen und Schülern der Primarstufe,
B durch Lehrkräfte der Primarstufe,
C mit Hilfe eines alltagstauglichen (standardisierten) Diagnoseverfahrens mit dem Ziel der Ermittlung von Lernständen als Basis individueller Förderplanung.

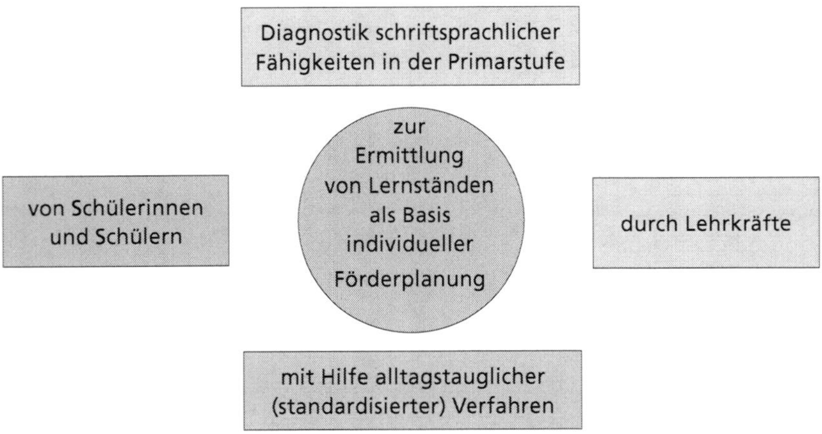

Zu A: Diagnostik schriftsprachlicher Kompetenzen von Schülerinnen und Schülern der Primarstufe

Um eine lernerorientierte Lernstandsermittlung mit Blick auf den Erwerb schriftsprachlicher bzw. textueller Kompetenzen bei jungen Schreibern grundsätzlich zu ermöglichen, braucht es möglichst weitreichende Erkenntnisse darüber, wie sich Schreibprozesse junger Schreiber modellieren, wie sie Schreibaufgaben angehen, Texte entwickeln und gestalten und dabei den Einsatz sprachlicher Mittel auf unterschiedlichen Ebenen reflektieren. Deshalb sollen im Rahmen dieses Projektes empirisch belegte Kenntnisse darüber gewonnen werden, in welchen Kategorien Schülerinnen und Schüler der Primarstufe diese Aspekte thematisieren, reflektieren, ggf. problematisieren und bearbeiten. Es geht also um empirisch belegte Kenntnisse über Kategorien schriftsprachlicher/textueller Kompetenz, wie sie Schülerinnen und Schüler der Klasse zwei bis vier entwickeln bzw. erwerben. Dabei sollen die aus der Arbeit der jungen Schreiberinnen und Schreiber gewonnen Kategorien oder Aspekte von Schreibkompetenz den Vorgaben in Bildungsstandards und Kerncurricula im Sinne einer Überprüfung der Passung gegenübergestellt werden.

Die Datenbasis für diese Untersuchung bildet eine abgeschlossene echte Longitudinalstudie über zwei Jahre, in der zwei Grundschulklassen von der zweiten bis zur vierten Klasse begleitet wurden. Dabei gestaltet sich die Zusammensetzung der Gesamtgruppe folgendermaßen:

N ges(amt)	N w (eiblich)	N m(ännlich)	N mig (ration)	N migw	N migm
49	22	27	8	5	3

Insgesamt sind also 49 Kinder beteiligt, 22 davon weiblichen und 27 männlichen Geschlechts. Acht der Schülerinnen und Schüler haben einen Migrationshintergrund, sie stammen aus sieben verschiedenen Nationen. Dass fünf von ihnen in Deutschland geboren wurden, lässt keine Rückschlüsse auf ihre sprachliche Sozialisation zu, deshalb wird diese Tatsache in der Übersicht nicht extra ausgewiesen. Ausgewiesen wird aber, dass fünf der Kinder mit Migrationshintergrund Mädchen sind und drei Jungen, obwohl diese Differenzierung nach Geschlecht streng statistisch gesehen für die Auswertung unsinnig ist, da die Stichprobengröße zu klein ist, um statistisch zuverlässige Aussagen für diese Gruppen zu machen. Insgesamt ist die Stichprobe in ihrem Gesamtumfang und ihrer Zusammensetzung nicht groß genug, um repräsentativ zu sein, sie stellt aber eine gute Basis für eine ernst zu nehmende Grundlagenstudie dar.

Die Schülerinnen und Schüler der beteiligten Klassen lösten im Rahmen dieser Studie wiederholt Schreibaufgaben in Partnerarbeit, wobei sie unter verschiedenen Themenstellungen und Schwerpunktsetzungen gemeinsam einen Text entwickeln und aufschreiben mussten, den sie eine Woche später auch gemeinsam überarbeiteten. Für diese Untersuchung ist jedoch nur die Entwicklung der Texterstfassungen von Interesse, die Revisionen sind bzw. werden an anderer Stelle thematisiert. Die Zusammensetzung der Partnergruppen variiert zwischen den unterschiedlichen Schreibaufgaben, was zum Teil Auswirkungen auf Kommunikationsabläufe und damit auch auf das Gesprächs- und Schreibverhalten einzelner mit sich bringt. Da dieses Setting aber der schulischen Realität entspricht und es in der Studie um den Gewinn realitätsbezogener Erkenntnisse zum Schreibverhalten und zur Entwicklung von Schreibkompetenz geht, die dann auch im Weiteren für die Entwicklung praxisgeeigneter Verfahren genutzt werden sollen, ist diese Vorgehensweise nicht nur akzeptabel, sondern notwendig.

Die Gespräche, die die Partner während des gemeinsamen Schreibprozesses führten, wurden aufgezeichnet und transkribiert und bilden nun gemeinsam mit den entstandenen Texten die Datengrundlage dieses Untersuchungsteils. Mit Blick auf das Textkorpus ist interessant, dass alle entstandenen Texte narrative Grundstrukturen haben, obwohl die Aufgabenstellungen dies ursprünglich nicht vorgegeben haben. Erst im vierten Schuljahr wurden die Aufgaben so gewählt, dass narrative Texte intendiert waren, um im Genre zu bleiben und eine bessere Vergleichbarkeit zu gewährleisten. Für die theoretische Fundierung dieser Untersuchung entsteht daraus, dass eine klare Eingrenzung auf Arbeiten zum Erzählerwerb (Boueke 1995) und zum Erwerb von Textsortenkompetenz mit Blick auf das schriftliche Erzählen (Augst u.a. 2007, Pohl 2008) vorgenommen werden kann.

Quantitativ betrachtet setzt sich das Text- und Transkriptkorpus folgendermaßen zusammen:

Klasse	Schreibanlass 1	Schreibanlass 2	gesamt
2	12	12	24
3	--	14	14
4	14	14	28

Die Auswertung des Text- und Transkriptkorpus erfolgt per qualitativer Inhaltsanalyse nach Mayring. Wie unter dem Punkt Zielsetzung schon angesprochen, wird dabei von zwei verschieden Seiten herangegangen bzw. die Auswertung erfolgt in zwei Durchgängen. Im ersten Durchgang wird deduktiv, also Kategorien geleitet nach den Vorgaben der Bildungsstandards und der Kerncurricula, gearbeitet. Im zweiten Durchgang wird induktiv, also aus den Texten und Transkripten Kategorien bildend, vorgegangen. Die Arbeitshypothese hierzu lautet, dass die institutionellen Vorgaben in Teilaspekten zu offen und weit sind und mit Blick auf prozessuale Aspekte zu wenig konkrete Ansatzpunkte bieten, um hier griffige Zuordnungen vornehmen zu können. Die schreiberorientierte Auswertung dürfte hier sehr viel ergiebiger sein. Außerdem ist zu fragen, wie mit Entwicklungsaspekten im Zusammenhang mit den von Baurmann (2002) postulierten unterschiedlichen, nicht jahrgangsbezogenen Schreibaltern umgegangen werden kann. Diese Frage ist mit Blick auf den problematischen Aspekt des schreiberdifferenzierten Arbeitens im Unterricht und die Spannweite der Aufgabentypen und Kompetenzniveaus bei möglichen Itemkonstruktionen für Diagnoseverfahren von erheblicher Bedeutung.

Zu B: Diagnostik schriftsprachlicher Kompetenzen durch Lehrkräfte der Primarstufe

In den vorherigen Ausführungen wurde bereits deutlich, dass die Diagnostik schriftsprachlicher bzw. textueller Kompetenzen durch Lehrkräfte – nicht nur – der Primarstufe ein ganz eigener Problembereich ist, in dem es zunächst einmal die gegebenen Voraussetzungen zu ergründen gilt, um dann effektive und konstruktive Wege zur weiteren Professionalisierung und Implementierung dieses Arbeitsbereichs in der schulischen Praxis zu entwickeln.

Um hier ansetzen zu können, müssen empirisch belegte Kenntnisse über alltagspraktische Vorgehensweisen und Kompetenzen von Lehrkräften in Bezug auf die Diagnostik und Förderung schriftsprachlicher bzw. textueller Kompetenzen von Grundschülerinnen und Grundschülern gewonnen werden. Dabei ist auch zu eruieren, wie sich Kompetenzkonzepte von Grundschullehrkräften in Bezug auf den Erwerb schriftsprachlicher Fähigkeiten gestalten. Des Weiteren sollten Selbstwahrnehmungen und -einschätzungen der Lehrkräfte hinsichtlich der eben genannten Aspekte ermittelt werden. Die aus der Auswertung dieser Erhebungen gewonnenen Erkenntnisse können Aufschluss über gegebenenfalls notwendige Maßnahmen für die Aus- und Weiterbildung von Lehrkräften zu diesem Arbeitsbereich geben bzw. die Grundlage für die Entwicklung entsprechender Bildungsbausteine sein.

Um Einblicke in die oben genannten Konzepte und Handlungsroutinen von Lehrkräften zu bekommen, können Daten über verschiedene Zugänge erhoben werden, wobei die Stichprobengröße bei $N \geq 100$ liegen soll. Die beteiligten Lehrkräfte sollen zunächst den folgenden Text, der im Wesentlichen von Schülern eines dritten Schuljahres verfasst und zusätzlich mit einigen für die Altersgruppe ‚typischen' Problemen oder Auffälligkeiten versetzt wurde, begutachten und kommentieren, wie es Ihrer Alltagspraxis entspricht.[4]

> Es war einmal ein Hund der hieß Tobi der hatte ein ganz gemeines Herrchen. Und das Herrchen hat den Hund geschlagen und er ist verschwunden. Der Hund hat ein Loch im Zaun gefunden. Und da ist er durch das Loch gekrabbelt. Und dann kam der Zwinger und hat ihn mitgenommen. Einmal hatte ihn ein Kind gefunden und das

[4] Dieser Text bildete in anderem Zusammenhang bereits die Basis für eine Untersuchung zur Entwicklung von Überarbeitungskompetenzen von Grundschülern. Vor diesem Hintergrund erscheint es besonders interessant, in einer Nebenuntersuchung die Herangehensweise der Lehrkräfte mit denen der Schülerinnen und Schüler zu vergleichen.

> Kind hatte den Hund nach Hause mitgenommen. Er hatte ihn Tobi genannt. Es war ein nettes Kind. Da war das Herrchen traurig. Das Herrchen suchte den Hund er ruft immer Tobi. Komm zurück Tobi. Und auf einmal kam er zurück. Da war das Herrchen glücklich das Herrchen hat nicht mehr gehauen und die beiden lebten glücklich und zufrieden bis ans Ende der Welt.

Auf eine genaue Analyse dieses Textes und möglicher Ansätze zur Textoptimierung soll an dieser Stelle verzichtet werden, sie findet sich bei Held (2006, S. 45 ff.). Festzuhalten ist aber, dass es hier darum geht zu überprüfen, in welcher Weise, auf welcher Ebene und mit Blick auf welche textuellen Aspekte die Probanden in den Text eingreifen, ihn kommentieren und begutachten und wie bei all dem der Schreiber eingebunden bzw. angesprochen wird. Dabei wurde bewusst eine orthografisch korrigierte Textfassung gewählt, damit eben nicht die klassische Textoberflächenkorrektur den Blick auf andere, wesentlichere Aspekte verstellen kann.[5]

In einem weiteren Schritt füllen die Lehrkräfte einen Fragebogen zu ihren schreibdiagnostischen Konzepten, ihren alltäglichen unterrichtlichen sowie diagnostischen Vorgehensweisen und Schwerpunktsetzungen aus. Zudem wird nach den ihrer Meinung nach zu berücksichtigenden Aspekten von Schreibkompetenz und Schreibentwicklung gefragt, wobei wiederum der ausdrückliche Bezug zur eigenen konkreten Praxis zugrunde gelegt wird.

Auch hier erfolgt die Auswertung der Dokumente und Fragebogen zunächst per qualitativer Inhaltsanalyse und auch hier wird in zwei bzw. drei Durchgängen gearbeitet. Die deduktive Auswertung erfolgt zunächst wieder Kategorien geleitet nach den Vorgaben der Bildungsstandards und Kerncurricula, zusätzlich gibt es einen zweiten Durchgang, der sich an den Kategorien aktueller didaktischer Konzepte zum Verfassen von Texten und zur Schreibentwicklung orientiert. Im dritten Durchgang wird dann induktiv, also wieder aus den Dokumenten heraus Kategorien bildend, gearbeitet.

Die sich anschließende statistische Auswertung der Ergebnisse soll Aufschluss darüber geben, wie es insgesamt um die Umsetzung bzw. das Wissen um die deduk-

[5] In allen Voruntersuchungen zum Revisionsverhalten von Schülern, Lehrkräften und Lehramtsstudierenden wurde zuerst – und im Falle der Schüler oft auch ausschließlich – nach Oberflächenfehlern im Bereich der Orthografie und offensichtlicher Grammatikfehler gesucht. Im Sinne Ossners (1996) könnte man hier von einer extrem engen, schulischen Normfixierung sprechen, die einer echten Auseinandersetzung mit dem Text, seinen Inhalten und Strukturen im Wege steht.

tiv angelegten Kategorien bestellt ist, wie sich die deduktiv und induktiv ermittelten Kategorien zueinander verhalten und inwieweit sich die selbstreflexiven Antworten der Fragebogenerhebung mit dem tatsächlichen Tun im konkreten Handlungszusammenhang der ersten Aufgabenstellung decken.

Zu C: Diagnostik schriftsprachlicher Kompetenzen mit Hilfe eines alltagstauglichen (standardisierten) Verfahrens

Mit Beginn des Schuljahres 2008/2009 greift zumindest in Niedersachsen der Erlass des Kultusministeriums zur Arbeit in der Grundschule [6] mit seinen Bestimmungen zur Ermittlung von Lernausgangslagen als Grundlage für die Dokumentation individueller Lernentwicklung und mit der Verpflichtung zur transparenten Entwicklung individueller Förderpläne vollständig für alle Klassen. Damit sind Schulen und Fachkonferenzen verpflichtet, im Rahmen eines Schulprogramms klare Richtlinien hierfür auszuweisen, die eine verlässliche Grundlage für die Arbeit der einzelnen Lehrkräfte bilden. Diese sind wiederum verpflichtet, sich an den folgenden Aussagen des Erlasses zu orientieren:

[...]

5 Organisation von Lern- und Lehrprozessen

5.1 Der Unterschiedlichkeit von Schülerinnen und Schülern hinsichtlich ihrer Begabungen und Neigungen und ihres Lern-, Arbeits- und Sozialverhaltens ist durch ein differenziertes Lernangebot und durch binnendifferenzierten Unterricht Rechnung zu tragen. Hierbei gilt es, das Selbstvertrauen in die eigene Leistungsfähigkeit und die Leistungsfreude des Kindes zu stärken.

[...]

5.5 [...] Die Gestaltung der Lernprozesse orientiert sich [...] an der individuellen Lernfähigkeit der Schülerinnen und Schüler sowie an der Lernsituation der jeweiligen Lerngruppe.

5.6 Die Ausrichtung am Entwicklungsstand jeder Schülerin und jeden Schülers bildet ein Gestaltungsprinzip jeden Unterrichts. Darüber hinaus kann individuelle Förderung in gesonderten Sequenzen stattfinden. Inhalte und Schwerpunktsetzungen von Fördersequenzen richten sich an den individuellen Begabungen und Neigungen und an bestehenden oder sich abzeichnenden Lernerfolgen und -problemen der Schülerinnen und Schüler aus. Förderung bleibt nicht nur den Schülerinnen und Schülern mit Lernschwierigkeiten vorbehalten.

[...]

---

[6] Die Arbeit in der Grundschule. Erlass des MK vom 3.2.2004 – 301.2-31020-VORIS 22410.

6 **Individuelle Lernentwicklung**

6.1 Jede Schülerin und jeder Schüler hat Anspruch auf Anerkennung des individuellen Lernfortschritts. Die Beobachtung, Feststellung und Bewertung der Lernergebnisse erfüllen für sie die pädagogische Funktion der Bestätigung und Ermutigung, der Selbsteinschätzung und Lernkorrektur.

6.2 Für jede Schülerin und jeden Schüler ist die individuelle Lernentwicklung zu dokumentieren. Die Dokumentation bildet die wichtigste Grundlage für die Individualisierung von Lernprozessen. Die Dokumentation enthält Aussagen

- zur Lernausgangslage,
- zu den im Planungszeitraum angestrebten Zielen,
- zur Maßnahme, mit deren Hilfe die Ziele erreicht werden sollen und
- zur Beschreibung und Einschätzung des Fördererfolgs durch die Lehrkraft sowie durch die Schülerin oder den Schüler.

Die individuelle Lernausgangslage wird von den Lehrkräften in einer Prozessbeobachtung zu Beginn der Schulzeit erhoben. Dabei sollten – wenn vorhanden - auch Lerndokumentationen des abgebenden Kindergartens einbezogen werden. Die Feststellung der Lernausgangslage bezieht die bisherigen Lernerfahrungen und die Selbsteinschätzung jedes Kindes ein. Bei Bedarf greifen die Lehrkräfte auf Kompetenzen anderer Fachkräfte zurück.

Die Aussagen zur Lernausgangslage, zu Zielen und Maßnahmen werden regelmäßig aktualisiert. Die Klassenkonferenz erörtert die individuelle Lernentwicklung und beschließt die sich daraus ergebenden Maßnahmen.

Die dokumentierte individuelle Lernentwicklung ist mit Grundlage der Unterrichtung und Beratung der Erziehungsberechtigten über die schulische Entwicklung ihrer Kinder.

[...]

(http:://nibis.ni.schule.de/~mk-datei/arbeit-in-der-gs.pdf, 19. 10. 2008)

Hieraus und aus den Anforderungen der Bildungsstandards und Kerncurricula zur Ermittlung und Förderung von Kompetenzen erwächst für Lehrkräfte eine komplexe Anforderungssituation, sie benötigen zur Erfüllung der Ansprüche zuverlässige, transparente, objektiv nachvollziehbare Diagnoseverfahren mit vergleichbaren Aussagewerten, die zudem fachtheoretisch fundiert, in den Inhalten und Anforderungsniveaus griffig, sachlich einwandfrei, klar strukturiert und dem fachlichen Laien vermittelbar sind. Dies für die Kompetenzbereiche ‚Texte verfassen' und ‚Sprache und Sprachgebrauch untersuchen' zu verwirklichen, stellt, wie schon mehrfach erwähnt, insbesondere mit Blick auf die Komplexität von Schreibprozessen und die vielfältigen relevanten Kompetenzaspekte eine echte Herausforderung dar. Es geht hier um sprachpragmatische Handlungskompetenzen, für die überprüft werden muss, inwieweit sie überhaupt in standardisierte Diagnosekonzepte zu bringen sind. Einen Aufriss des Problems bieten Becker-Mrotzek und Schindler (2007) in ihrem Aufsatz zur Modellierung von Schreibkompetenz.

Es ist zu vermuten, dass die Lösung eher ein kombiniertes Verfahren aus standardisierten Aufgabenstellungen und strukturiert geleiteter Beobachtung sein wird. Ziel ist also die Entwicklung eines diagnostischen Verfahrens zur Ermittlung von Lernständen in Bezug auf schriftsprachliche/textuelle Kompetenzen von Grundschülerinnen und Grundschülern, das alltagstauglich für die schulische Praxis ist, Grundlage für eine anschließende individuelle Förderberatung und -planung sein kann und dabei als eine theoriegeleitete Kombination standardisierter Aufgabenstellungen und strukturierter Beobachtung wissenschaftlichen Ansprüchen genügt und empirische Gütekriterien erfüllt.

Dass dieses Vorhaben ein interdisziplinäres Projekt ist, liegt auf der Hand. Hier müssen linguistisch profilierte, schulerfahrene Sprachdidaktikerinnen und in der Konstruktion und Normierung diagnostischer Verfahren erfahrene Vertreterinnen der klinischen bzw. pädagogischen Psychologie zusammenarbeiten. Dabei gibt es aus den verschiedenen Disziplinen heraus vielfältige Überschneidungen und Perspektiverweiterungen, die außerordentlich konstruktive Auswirkungen zeigen können, indem z. B. Aufgabentypen und Itemkonstruktionen sich aus der kritischen Reflexion der unterschiedlichen Fachperspektiven sehr viel umfassender und vielschichtiger präsentieren und entsprechend kritischer und passgenauer abgewogen, ausgewählt und ausgestaltet werden können.

Literatur

Augst, Gerhard/Disselhoff, K./Henrich, A./Pohl, T. (2007): Text – Sorten – Kompetenz. Frankfurt/M.: Peter Lang.

Bachmann, Thomas (2002): Kohäsion und Kohärenz: Indikatoren für Schreibentwicklung. Innsbruck: Studien Verlag.

Baer, Matthias/Fuchs, Michael/Reber-Wyss, Monika/Jurt, Ueli/Nussbaum, Thomas (1995): Das Orchester-Modell der Textproduktion. In: Baurmann, Jürgen/Weingarten, Rüdiger (Hg.): Schreiben. Prozesse, Prozeduren und Produkte. Opladen: Westdeutscher Verlag.

Baurmann, Jürgen (2002): Schreiben – Überarbeiten – Beurteilen. Seelze: Kallmeyer.

Baurmann, Jürgen/Ludwig, Otto (1996): Schreiben: Texte und Formulierungen überarbeiten. In: PRAXIS DEUTSCH 137, S. 13-21.

Baurmann, Jürgen/Ludwig, Otto (1986): Aufsätze vorbereiten – Schreiben lernen. In: PRAXIS DEUTSCH 80, S. 16-22.

Becker-Mrotzek, Michael (1997): Schreibentwicklung und Textproduktion. Opladen: Westdeutscher Verlag.

Becker-Mrotzek, Michael/Schindler, Kirsten (2007): Schreibkompetenz modellieren. In: dieselben (Hg.): Texte schreiben. KöBeS (5), S. 7-26.

Bereiter, Carl/Scardamalia, Marlene (1987): The psychology of written composition. Hillsdale, N.J.: Lawrence Erlbaum Associates.

Bildungsstandards im Fach Deutsch für den Primarbereich. Jahrgangsstufe 4. Beschluss der Kultusministerkonferenz vom 15.10.2004.

Boueke, Dietrich e.a. (1995): Wie Kinder erzählen: Untersuchungen zur Erzähltheorie und zur Entwicklung narrativer Fähigkeiten. München: Fink.

Büchel, Elsbeth/Isler, Dieter (2000): Sprachfenster. Handbuch. Zürich: Lehrmittelverlag des Kantons Zürich.

Held, Ursula (2006): Textüberarbeitung in der Grundschule. Frankfurt/M.: Peter Lang.

Held, Ursula (1999): Schreibprotokolle – eine Möglichkeit zur Beobachtung der Lernentwicklung. In: PRAXIS DEUTSCH 155, S. 25-29.

Mayring, Philipp (7. Aufl. 2000): Qualitative Inhaltsanalyse. Grundlagen und Techniken. Weinheim: Westdeutscher Studienverlag.

Niedersächsisches Kultusministerium (Hg.) (2004): Niedersachsens Schulen mit neuem Profil. Die Grundsatzerlasse für Grundschule, Hauptschule, Realschule, Gymnasium, Kooperative Gesamtschule, Integrative Gesamtschule. Hannover: Verlag Hahnsche Buchhandlung.

Nussbaumer, Markus (1991): Was Texte sind und was sie sein sollen. Tübingen: Niemeyer.

Oehlmann, Antje (2007): Zum Stellenwert von Revisionen in der Entstehung von Schülertexten in der Grundschule. Oldenburg: unveröffentlichte Examensarbeit.

Ossner, Jakob (1996): Gibt es Entwicklungsstufen beim Aufsatzschreiben? In: Feilke, H./Portmann, P. (Hg.): Schreiben im Umbruch. Reflexion und Praxis des schulischen Schreibens. Stuttgart: Klett, S. 74-85.

Pohl, Thorsten (2008): Die Entwicklung der Textsortenkompetenz im Grundschulalter. In: Bremerich-Vos, A./Böhme, K./Köller, O. (Hg.): Lernstandsbestimmungen im Fach Deutsch. Gute Aufgaben für den Unterricht. Weinheim und Basel: Beltz.

Wrobel, Arne (1995): Schreiben als Handlung. Tübingen: Niemeyer.

http::/ /nibis.ni.schule.de/~mk-datei/arbeit-in-der-gs.pdf.

Die Schwierigkeit, Schreibschwierigkeiten zu erfassen. Vorüberlegungen zu einer Studie zur Erfassung der Schreibkompetenz von Hauptschülerinnen und Hauptschülern

JOACHIM SCHÄFER

In diesem Beitrag soll der Frage nachgegangen werden, wie man die Schwierigkeiten von Hauptschülerinnen und Hauptschülern beim Verfassen von Texten erfassen kann. Dazu soll zunächst geklärt werden, ob und inwieweit sich die Schreibleistungen von Hauptschülerinnen und Hauptschülern von denen anderer Schülerinnen und Schüler unterscheiden. Im zweiten Abschnitt wird referiert, welche gesellschaftlichen Erwartungen an die Schreibkompetenz von Hauptschülerinnen und Hauptschülern vorliegen. Diese Normen für das Können der Schülerinnen und Schüler sind notwendig, um einen Rahmen für die Schwierigkeiten bilden zu können. Im dritten Abschnitt sollen Ansprüche an Lernstandserhebungen zum Schreiben, die förderdiagnostischen Ansprüchen genügen, definiert und einige Erhebungsinstrumente hinsichtlich ihrer Chancen und Grenzen diskutiert werden. Schließlich sollen im vierten Abschnitt einige Vorüberlegungen für die Entwicklung eines Verfahrens präsentiert werden, anhand dessen die Schwierigkeiten von Hauptschülerinnen und Hauptschülern beim Verfassen von Texten erfasst werden könnten.

Empirische Erkenntnisse zu Schreibschwierigkeiten von Hauptschülerinnen und Hauptschülern

Der Begriff der Schreibschwierigkeiten wurde bislang kaum definiert. In diesem Kontext soll er in Anlehnung an einer Definition von „Sprachbehinderung“ in der Sprachbehindertenpädagogik (vgl. Braun/Füssenich u.a. 1995, S. 317) bestimmt werden.[1] Schreibschwierigkeiten liegen demnach vor, wenn ein Individuum die selbst gestellten und von außen an ihn herangetragenen schriftlichen Kommunikationsbedürfnisse nicht angemessen erfüllen kann. Diese Schreibschwierigkeiten sollen, wie dies in der Sprachbehindertenpädagogik generell für sprach-

[1] Damit soll nicht ausgesagt werden, dass es sich bei Schreibschwierigkeiten um Sprachbehinderungen handelt. Diese Definition bietet sich aber an, um den pragmatischen Aspekt von sprachlichen Schwierigkeiten zu beschreiben.

liche Schwierigkeiten gilt (vgl. Kauschke/Siegmüller 2002, S. 1), linguistisch und sprachdidaktisch fundiert erfasst und beschrieben werden, um das Individuum bei der Überwindung dieser Schwierigkeiten unterstützen zu können. Anhand der vorliegenden Befunde der letzten Jahre soll skizziert werden, welche Schwierigkeiten die Textproduktion Hauptschülerinnen und Hauptschülern bereiten und ob sie sich von den Schwierigkeiten anderer Schülerinnen und Schüler unterscheiden lassen.

Allein wegen des Umstandes, dass es Hauptschulen längst nicht mehr in allen Bundesländern gibt, kann man sicherlich nicht von Schwierigkeiten sprechen, die sich nur bei Hauptschülerinnen und Hauptschülern finden. Unumstritten ist auch, dass sich nicht die prototypische Hauptschülerin bzw. der prototypische Hauptschüler, der sich von den typischen Schülerinnen und Schülern anderer Schularten trennscharf unterscheiden ließe, identifizieren lässt (vgl. Fix 2000, S. 79). Dazu, dafür sprechen die Ergebnisse verschiedener Studien der letzten Jahre, ist die Zusammensetzung der Schülerschaft an Hauptschulen zu heterogen (vgl. Schümer 2004, S. 72). Aber einige Befunde in solchen Studien weisen darauf hin, dass bei Schülerinnen und Schülern, die Hauptschulen besuchen, bestimmte Phänomene besonders verstärkt auftreten, und diese sich dadurch von Schülerinnen und Schülern, die andere Schularten besuchen, unterscheiden. So kam Fix (2000) in seiner Studie zu den Textrevisionen von Schülerinnen und Schülern zum Ergebnis, dass die Texte der Hauptschülerinnen und Hauptschüler durchweg schlechter als die der Gymnasiastinnen und Gymnasiasten sind (vgl. Fix 2000, S. 162). Die Zahl der sprachsystematischen Fehler ist in den Texten von Hauptschülerinnen und Hauptschülern etwa doppelt so groß wie bei Realschülerinnen und Realschülern bzw. Gymnasiastinnen und Gymnasiasten, hingegen ist die Verbesserungsleistung beim Überarbeiten etwa ähnlich gut (vgl. Fix 2000, S. 308).

Hauptschülerinnen und Hauptschüler haben im Fach Deutsch zudem ein schlechteres Selbstkonzept als Schülerinnen und Schüler anderer Schularten (vgl. Fix 2000, S. 78). Das Interesse der in dieser Studie befragten Schülerinnen und Schüler am Fach Deutsch verteilt sich folgendermaßen: Eher unbeliebt sind die Arbeitsbereiche „Grammatik“ und „Rechtschreiben“ während „Diskussionen und Gespräche“ sowie das Lesen von Texten relativ beliebt sind. Das Schreiben von Texten nimmt einen mittleren Rang ein (vgl. Fix 2000, S. 80). Aber das Schreiben außerhalb der Schule ist bei den Hauptschülerinnen und Hauptschülern im Verhältnis zu den anderen Schularten am wenigsten beliebt (vgl. Fix 2000, S. 97). Interessanterweise zeigen Hauptschulerinnen und Hauptschüler aber das größte Interesse an der Textproduktion im Unterricht (vgl. Fix 2000, S. 81). In der Studie wurden eine freie Schreibaufgabe und eine gebundene, in Form einer Inhaltsangabe, gestellt. Auffällig war, dass Mädchen am Gymnasium eher die gebundene Schreibaufgabe schätzten, während sich viele Hauptschülerinnen und Hauptschüler positiver über die freie Schreibaufgabe äußerten (vgl. Fix 2000, S. 309 f.). Dabei bevorzugten sie eher die kreativen und psychisch entlastenden Schreibfunktionen (vgl. Fix 2000, S. 314), es werden lyrische und narrative Texte präferiert, Schreiben als Kommunikationsmittel wird hingegen wenig eingesetzt (vgl. Fix 2000, S. 101). Fix und Jost (2004) stellten in Texten von Hauptschülerinnen und Hauptschülern, besonders bei Jungen, häufig explizite Textbezüge zu audiovisuellen Medien fest, die sich oft positiv auf die Qualität der Texte auswirken (vgl. Fix/Jost 2004, S. 170).

Beim Schreiben setzen Hauptschülerinnen und Hauptschüler weniger Strategien der Planung ein als Schülerinnen und Schüler der anderen Schularten (vgl. Fix 2000, S. 311). An Vorerfahrungen zum Überarbeiten spielte vor allem die Verbesserung von Rechtschreib- und Grammatikfehlern eine Rolle (vgl. Fix 2000, S. 90). Über ein Viertel der Hauptschülerinnen und Hauptschüler tendierte beim Überarbeiten dazu, den ganzen Text neu zu verfassen, anstatt an einzelnen Problemstellen zu arbeiten (vgl. Fix 2000, S. 311).

Die genannten Ergebnisse lassen sich durch weitere Studien belegen: Im Bereich der Textproduktion bei LAU 9, einer groß angelegten Längsschnittstudie in Hamburg, schneiden die Schülerinnen und Schüler der Hauptschulen bei der Aufgabe, einen Beschwerdebrief zu verfassen, vergleichsweise am schlechtesten ab (vgl. Lehmann u.a. 2002, S. 53).

Auch in der DESI-Studie schnitten die Hauptschülerinnen und Hauptschüler am schlechtesten ab, etwa 50 % der Hauptschülerinnen und Hauptschüler lagen dabei unterhalb des oder auf dem untersten Niveau. Vor allem im sprachsystematischen Teil fanden sich erhebliche Mängel, die die Texte schwer oder gar nicht lesbar machen (vgl. Klieme u.a. 2006, S. 8). Dabei wurde ein auffälliger Zusammenhang zwischen den Kompetenzen im Bereich der Sprachbewusstheit sowohl für die inhaltliche als auch sprachsystematische Seite der Schreibkompetenz festgestellt (vgl. Neumann 2007, S. 78). Interessant ist auch ein Zusammenhang zwischen der Schreibkompetenz der Schülerinnen und Schüler sowie der Einstellung ihrer Lehrerinnen und Lehrer: „Es zeigt sich also, dass die Förderung der Sprachbewusstheit und die gerichtete Aufmerksamkeit auf schriftsprachliche Kompetenzen durch die Lehrerschaft durchaus Indikatoren für die Verbesserung der allgemeinen Schreibfähigkeiten darstellen“ (Neumann 2007, S. 78).

Knapp (1997, S. 19) folgert aus seiner eigenen Studie und einer Studie von Graf aus dem Jahr 1987, dass bei Hauptschülerinnen und Hauptschülern mit Migrationshintergrund der Deutschunterricht oft nicht in der Lage ist, ausreichende Kenntnisse und Einstellungen zum Schreiben zu vermitteln. Schwachen Schreiberinnen und Schreibern mangelt es, nach einer Studie von Merz-Grötsch in Südbaden, an einer spezifischen Förderung. Besonders für diese Schülerinnen und Schüler ist es nach Merz-Grötsch kaum von Nutzen, wenn nur Fehler angestrichen werden, ohne Wege zur Weiterentwicklung der eigenen Kompetenzen aufzuzeigen (vgl. Merz-Grötsch 2001, S. 223).

Es zeigt sich, dass in einigen Arbeiten der letzten Jahre Schwierigkeiten von Hauptschülerinnen und Hauptschülern beim Verfassen von Texten konstatiert wurden, allerdings liegen verhältnismäßig wenige Erkenntnisse darüber vor, wie und wodurch diese Schwierigkeiten entstehen. Dies liegt auch daran, dass die meisten der o.g. Erkenntnisse aus Studien stammen, die auf die Schwierigkeiten der Schülerinnen und Schüler anhand der Analyse von Schreibprodukten schließen. Bei der Analyse der Produkte kann aber nur sehr bedingt auf den Entstehungsprozess, der spätestens seit Hayes und Flower als zentral für die Schreibkompetenz angesehen wird (vgl. Sieber 2003), geschlossen werden. Ossner benennt für diesen Umstand folgendes Grundproblem der empirischen Erfassung von Kompetenzen im Deutschunterricht am Beispiel der Rechtschreibkompetenz: „Aus dem Umstand, dass man jemandem eine gewisse Rechtschreibkompetenz zumisst, kann man nicht schließen, dass er im nächsten Diktat nur so und soviele Fehler machen wird und umgekehrt kann man aus der Fehlerzahl nicht mit Notwendigkeit auf das Vorliegen einer bestimmten Rechtschreibkompetenz schließen“ (Ossner 2006, S. 7). Er fordert deshalb, dass zunächst eine theoretische Bestimmung des Kompetenzbegriffs für alle Kompetenzbereiche des Deutschunterrichts erfolgen muss, um eine empirische Überprüfung an dieser ausrichten zu können (vgl. Ossner 2006, S. 7).

Im Folgenden soll geklärt werden, wie die Anforderungen an die Schreibkompetenz von Hauptschülerinnen und Hauptschülern gestaltet sind und ob sie sich von den Anforderungen an Schülerinnen und Schüler anderer Schularten unterscheiden.

Was versteht man unter Schreibkompetenz bei Hauptschülern?

Mit der Einführung von Bildungsstandards und der Veränderung der Steuerung des Bildungssystems rückte der Begriff „Kompetenz“ in das Zentrum des fachdidaktischen Diskurses. Dieser leidet, wie Gansel (2005, S. 28) zu Recht kritisiert, an der Unbestimmtheit des Begriffes „Kompetenz“, der je nach Kontext sehr unterschiedlich gefüllt wird. Gansel befürchtet u.a. eine zu starke Orientierung des schulischen Lernens an der wirtschaftlichen Verwertbarkeit des Gelernten und kritisiert den inflationären Gebrauch des Begriffes. Dies trifft auch auf den Begriff der Schreibkompetenz zu. Zwar herrscht in der Schreibdidaktik inzwischen weitgehend Einigkeit darüber, dass unter Schreiben ein Prozess zu verstehen sei, der sich auf eine planbare Kommunikationshandlung bezieht (vgl. Fix 2006, S. 44). Für diesen Prozess spielen Subprozesse des Planens, Formulierens, Überarbeitens und Steuerns i.d.R. eine Rolle. Innerhalb dieses Rahmens gab es jedoch in den letzten zwei Jahrzehnten verschiedene Entwürfe, den Schreibprozess zu erfassen und zu charakterisieren, ohne zu einem allseits akzeptierten Modell zu gelangen. Das Fazit Siebers, dass noch kein „konziser Begriff der Schreibkompetenz“ (Sieber 2003, S. 210) vorliegt, hat immer noch Gültigkeit.

Inzwischen liegt jedoch ein Vorschlag Ossners (2006) vor, der für sich beansprucht, den Kompetenzbegriff für die Deutschdidaktik zu konkretisieren. Kompetenzen können demnach unterschiedliche Zielsetzungen haben. Sie können Normen sein, die erreicht werden sollen; sie können aber auch Beschreibungen dessen sein, welche Fähigkeiten Schülerinnen und Schüler in empirischen Erhebungen zeigen (vgl. Ossner 2006, S. 5). Im ersten Abschnitt wurden einige der vorliegenden empirisch fundierten Erkenntnisse zur Schreibkompetenz dargestellt, in diesem Abschnitt soll der Schwerpunkt auf den Normen für die Schreibkompetenz von Hauptschülerinnen und Hauptschülern liegen, die in der Fachdidaktik, der Kultusverwaltung oder anderen gesellschaftlichen Institutionen gesetzt wurden.

Inzwischen orientieren sich fachdidaktische Veröffentlichungen, wie auch das Modell Ossners, häufig an der Kompetenzdefinition Weinerts. Diese Definition kann sowohl für die Bestimmung von Normen hilfreich sein, als auch für die Beschreibung von verfügbaren Kompetenzen.

Kompetenzen im Sinne Weinerts

- sind auf die einzelnen Menschen bezogen,
- sind bei diesen bereits vorhanden oder können von diesen erworben werden,
- beziehen sich auf kognitive Fähigkeiten und Fertigkeiten, also nicht nur auf reproduzierbares Wissen sondern auf vielfältige Wissens- und Könnensformen,
- zielen darauf, Probleme lösen zu können, also nicht nur etwas Vorgegebenes nachzuvollziehen, sondern sind auf eigenes Handeln ausgerichtet,

- hängen ab von der Motivation, der Volition und den sozialen Bereitschaften und Fähigkeiten, sind also in einen Lernkontext eingebettet,
- zeigen sich in flexiblen, erfolgreichen und verantwortungsvollen Lösungen von Problemsituationen, lassen sich also beim Handeln beobachten (vgl. Weinert 2001, S. 27).

Auf die Schreibkompetenz übertragen, kann man diese Definition folgendermaßen fassen: Schreibkompetenzen

- sind beim einzelnen Schreiber vorhanden oder nicht vorhanden,
- hat der Schreiber bereits erworben oder muss er sich noch aneignen,
- beziehen sich auf zahlreiche Teilkompetenzen des Schreibens, die erforderlich sind, einen Schreibprozess zu steuern und zu durchlaufen, dazu gehören Tätigkeiten, des Planens, Formulierens, Überarbeitens und Steuerns bzw. Überwachens,
- zielen darauf ab, eigene Texte der Schreibsituation, also dem Adressaten, dem Sachverhalt und den Vorgaben, angemessen verfassen zu können (vgl. Merz-Grötsch 2000, S. 58),
- hängen ab von der Motivation und Volition zum Schreiben, hängen aber auch von der sozialen Bereitschaft, also den Kommunikationsbedingungen sowie dem Interesse am Schreiben, ab,
- zeigen sich bei Schreibhandlungen, also an Texten oder Fassungen von Texten bzw. von Planungsschritten.

Um Kompetenzen dieser Art erwerben zu können, sind verschiedene Wissensarten erforderlich, die Ossner (2006, S. 10) in Anlehnung an Mandl u.a. formuliert:

- Deklaratives Wissen,
- Problemlösungswissen,
- Prozedurales Wissen,
- Metakognitives Wissen.

Fix (vgl. 2006:S. 21 ff.) erweitert in Anlehnung an Klippert und Baurmann diese Wissensarten um die Aspekte der Sachkompetenz, Methodenkompetenz, Sozialkompetenz und Personalkompetenz und definiert Schreibkompetenz anhand von vier Teilkompetenzen.

Teilkompetenz	Beschreibung
inhaltliche Kompetenz	Welt- und Fachwissen über Sachverhalte und Zusammenhänge, Recherchieren und Generieren dieses Wissens
Zielsetzungskompetenz	Pragmatisches Wissen über die Schreibfunktion, Textfunktion und Kommunikationssituation
Strukturierungskompetenz	Wissen über Textsorten, Kohäsions- und Kohärenzmittel
Formulierungskompetenz	Wissen über das Verfassen und Überarbeiten von Texten, das Wissen über sprachlichen Normen der Orthografie und der Grammatik beinhaltet

Tabelle 1: Schreibkompetenz nach Fix

Dieser Kompetenzbegriff hat den Vorteil, dass er sowohl pragmatische und kognitionspsychologische als auch schreibdidaktische Konzeptionen integriert. Die weiteren Ausführungen werden sich aus den genannten Gründen an diesem Modell orientieren, da noch kein allseits akzeptiertes Modell von Schreibkompetenz im Deutschunterricht vorliegt (vgl. Becker-Mrotzek/Böttcher 2006, S. 53).

Orientiert man sich an diesem Kompetenzbegriff, lassen sich für verschiedene gesellschaftliche Normen für das Schreiben von Schülerinnen und Schülern in der Hauptschule verschiedene Schwerpunkte erkennen. Exemplarisch betrachtet werden Normen von Marthaler aus den 60er Jahren (vgl. Marthaler 1962), die für den traditionellen sprachgestaltenden Aufsatz stehen, Normen der KMK für die *Bildungsstandards im Fach Deutsch für den Hauptschulabschluss* aus dem Jahr 2004 (vgl. KMK 2005), Normen des Landes Baden-Württemberg für die *Bildungsstandards im Fach Deutsch* aus dem Jahr 2004 (vgl. MKJS BW 2004) sowie Normen des *Nationalen Paktes für Ausbildung und Fachkräftenachwuchs in Deutschland* für den *Kriterienkatalog zur Ausbildungsreife* aus dem Jahr 2006 (vgl. Bundesagentur für Arbeit 2006).

In den neueren Normen zur Schreibkompetenz dominieren Teilkompetenzen der Formulierungskompetenz nach Fix, die beim sprachgestaltenden Aufsatz nur im Hinblick auf die Stilistik besonders betont wurden. Heutzutage stehen eher die Fähigkeit, verständlich zu formulieren, sowie die Fähigkeit zur Überarbeitung im Mittelpunkt dieser Kompetenz. Die Strukturierungskompetenz, die beim sprachgestaltenden Aufsatz im Mittelpunkt stand, spielt immer noch eine wichtige Rolle, die Zielsetzungskompetenz wird stärker berücksichtigt. Zur inhaltlichen

Kompetenz werden, im Gegensatz zum Stellenwert, den diese Teilkompetenz bei Fix hat, keine expliziten Aussagen getroffen. Vermutlich wird davon ausgegangen, dass die inhaltliche Kompetenz vorausgesetzt wird. Bemerkenswert ist es auch, wie stark die lesbare Handschrift und gleichzeitig die Nutzung von neuen Medien betont werden.

Wie wurden empirisch Schreibkompetenz und Schreibschwierigkeiten in der Sekundarstufe I erfasst?

Es gibt bislang im Vergleich zu den Veröffentlichungen zu Lese-Rechtschreib-Schwierigkeiten erstaunlich wenige Erkenntnisse darüber, welche Schwierigkeiten Schülerinnen und Schülern das Verfassen von Texten bereitet. Bemerkenswerterweise liegt bisher auch kein standardisiertes Testverfahren für Schwierigkeiten bei der Textproduktion vor (vgl. Klicpera u.a. 2007, S. 220). Dies spricht dafür, dass die Schreibkompetenz schwieriger zu erfassen ist, als dies z.B. bei der Rechtschreibkompetenz der Fall ist.

Die vorliegenden Erkenntnisse lassen sich nach verschiedenen Kategorien einteilen:

- dem Forschungsdesign und der Forschungsebene (experimentelle Forschung oder Feldforschung),
- den Erhebungsmethoden – Beobachtungsverfahren, inhaltsanalytische Verfahren, Tests und Befragungen, darunter vor allem Fragebögen und Interviews (vgl. Heinzel 1997, S. 398),
- nach den Einflussgrößen, die erhoben wurden (proximale und distale Einflussgrößen),
- dem diagnostischen Grundverständnis (ätiologisch oder deskriptiv)
- und dem Forschungsgegenstand (Elemente der Textproduktion, die Schreibentwicklung oder Wissen über die Textproduktion).

Die empirische Schreibforschung lässt sich in experimentelle Forschung und Feldforschung unterscheiden. Während die experimentelle Forschung hypothesengeleitet ein experimentelles Design entwickelt, bei dem die Variablen gut kontrolliert werden können und die Beschreibung und Deutung der Ergebnisse ebenfalls hypothesengeleitet erfolgt, sind nach Baurmann bei der Feldforschung auch andere Zugänge zum Feld möglich, wenn nicht nur experimentelle Settings berücksichtigt werden. Inzwischen finden sich häufig Mischformen (vgl. Baurmann 1989, S. 258 ff.). In Anlehnung an Bereiter und Scaradamalia unterscheidet Baurmann sechs Forschungsebenen:

- das forschende Nachdenken über das Schreiben auf der Grundlage informeller Beobachtungen,
- die Erhebung und der Vergleich einzelner Variablen auf der Grundlage von Verfahren der empirischen Sozialforschung,
- die Analyse von Texten auf Strukturen, die Rückschlüsse auf die Schreibkompetenz des Autors zulassen,
- die Untersuchung des Schreibprozesses und seiner Subprozesse auf der Grundlage von Experimenten und retrospektiven Protokollen,
- das experimentelle Überprüfen von Theorien,
- die Simulation von Schreibprozessen zur Überprüfung von Theorien (vgl. Baurmann 1989, S. 263 ff.)

Besonders relevant erscheinen dabei Studien zu einzelnen Variablen, die Analyse von Texten sowie die Untersuchung des Schreibprozesses. Die Kriterien für die Beschreibung dieser Verfahren lassen sich folgendermaßen erläutern.

Die Schreibkompetenz und damit auch die Schreibschwierigkeiten werden von verschiedenen Merkmalen beeinflusst. Diese können nach Weinert für das schulische Lernen nach „[...] wirkungsnahen, proximalen Einflussfaktoren (Merkmale der einzelnen Schüler; Zusammensetzung der Schulklassen; Quantität und Qualität von Lerngelegenheiten; unmittelbaren Kontexten des Lernens in der Klasse und in der Schule) und wirkungsfernen, distalen Einflussfaktoren (Schulsystem; außerschulische Bedingungen etc.) [...]" (2001, S. 22) unterteilt werden. Für die Kategorisierung kann außerdem von eher ätiologischen und eher deskriptiven diagnostischen Zugangsweisen ausgegangen werden. Während bei den ätiologischen Einteilungen, das Ursache-Wirkungs-Verhältnis im Vordergrund steht, versuchen deskriptive Verfahren Abweichungen von einer Systematik, einer Norm oder einer altersgemäßen Entwicklung zu erfassen (vgl. Peuser 2000, S. 12 f.).

Zunächst sollen einige Versuche, Schreibschwierigkeiten zu kategorisieren, vorgestellt werden, um dann die empirischen Studien hinsichtlich ihrer Vorgehensweisen unter den o.g. Kriterien zu analysieren.

Füssenich unterscheidet zwischen Lern- und Lehrproblemen. Die Lernprobleme teilt sie in drei Bereiche ein:

- „Angst vor der Schriftsprache und damit verbundenes Vermeidungsverhalten,
- Probleme beim Erwerb der Teilprozesse des Schreibens und Stagnation bei der Erweiterung dieser Fähigkeiten
- sowie die Produktion von fast unverständlichen Texten aufgrund reduzierter Fähigkeiten in Rechtschreibung und Grammatik" (Füssenich 2003, S. 263).

So sinnvoll diese Einteilung für bestimmte Fragestellungen ist, werden nach o.g. Kriterien Ursache-Wirkungs-Zusammenhänge und deskriptive Zusammenhänge sowie proximale und distale Einflussfaktoren vermengt, auch die empirische Basis der Aussagen bleibt ungeklärt.

Ivo u.a. (1983) haben in einer Studie auf der Grundlage von Schülertexten die Schwierigkeiten anders kategorisiert:

- der Wechsel von der eigenen Wahrnehmung zu einer abstrahierten Leserperspektive,
- Schwierigkeiten bei der Explizitheit bzw. Implizitheit von Texten,
- der Umgang mit konventionalisierten Textmustern.

Als Erscheinungsbilder nennt die Projektgruppe, die fehlenden Verweise auf nicht vorhandene Vorstellungen, fehlende Erfahrung im Umgang mit Sprachkonventionen und Verstöße gegen diese sowie die nicht gelingende Verschmelzung von individueller Ausdrucksarbeit mit tradierten Mustern. Zusammengefasst unterscheidet die Projektgruppe demnach nach psychologisch-kognitiven, sozialen und ästhetischen Fehlerquellen (vgl. Ivo u.a. 1983, S. 268 ff.). Diese Kategorisierung ist deskriptiv orientiert. Es handelt sich dabei um proximale Einflussgrößen, die sich in den Schülertexten zeigen. Allerdings stellen die Kategorien wieder Deutungen der Schülertexte durch Leser dar, zudem wird die Prozesshaftigkeit des Schreibens nur unzureichend erfasst.

Wie oben beschrieben, ist der Begriff „Schreibschwierigkeiten“ weder theoretisch ausreichend gefasst, noch liegen ausreichend Verfahren zur Lernstandserhebung, die auf empirischer Basis gewonnen und erprobt wurden, vor. Deshalb bietet es sich an, die Erhebungsinstrumente von Studien zum Schreiben in der Schule hinsichtlich ihrer Eignung für die Erfassung und Beschreibung von Schreibschwierigkeiten zu analysieren. Unter diesen Instrumenten dominieren die Textanalysen. Andere bedeutsame Bestandteile der Schreibkompetenz werden seltener erhoben. Fix begründet dies damit, dass kognitive Prozesse sich der unmittelbaren Beobachtung entziehen und Laborexperimente mit Protokollen des lauten Denkens oder Notizen zum Text für die Feldforschung in der Schule kaum durchführbar sind. „Außerdem stellen beide Methoden hohe Anforderungen an die Probanden“ (Fix 2000, S. 61). Es werden aber auch Studien mit Fragebögen sowie Beobachtungsverfahren einbezogen.

Schülertexte und deren Analysen

Die Analysen von Schülertexten können in zwei Gruppen von Forschungsinteressen unterteilt werden. Die eine Gruppe umfasst Studien, die den Stand der Schreibkompetenz von Schülerinnen und Schülern einer Klassenstufe oder Alterskohorte zu einem bestimmten Zeitpunkt und bestimmten Schreibaufgaben beschreiben, die andere Gruppe umfasst Studien, die die Schreibentwicklung erfasst und dazu Schülergruppen aus verschiedenen Klassenstufen und Alterskohorten Aufgaben zu einer Schreibhandlung stellt. Zur ersten Gruppe zählen z.B. die *Hamburger Aufsatzstudie* aus den 80ern (vgl. Hartmann 1989), die *Aufsatzstudie Ost* aus den frühen 90ern (vgl. Hartmann/Jonas 1995), die *Studien zur Lernausgangslage in Hamburg* (vgl. Neumann 2006), die *DESI-Studie* (vgl. Neumann 2007) und die Untersuchungen von Fix (2000), Knapp (1997) sowie von Hanser, Nussbaumer und Sieber (vgl. Nussbaumer 1995) und andere Studien. Die zweite Gruppe umfasst z.B. die Studien von Augst/Faigel (1986), von Becker-Mrotzek (1996), Bachmann (2002) sowie von Augst u.a. (2007) u.a. Da in diesem Beitrag vor allem die Schreibkompetenzen und weniger die Schreibentwicklung betrachtet werden sollen, werden Verfahren, die man eher zur ersten Gruppe rechnen kann, vorgestellt.

Die Schülertexte werden mit einem Analyseraster i.d.R. von geschulten Ratern untersucht und die Leistungen teilweise in eine Punktreihenfolge oder in ein dichotomes Verhältnis gebracht. Einen Überblick einiger Analyseverfahren bietet die Tabelle 3.

Studie	Schreibaufgaben	Analyseverfahren und -kriterien
Hamburger Aufsatzstudie, Aufsatzstudie Ost (vgl. Hartmann 1989 u. Hartmann/ Jonas 1995, S. 284)	Vier kurze situationsbezogene Aufgaben: Selbstbeschreibung, Entschuldigungsbrief, Bewerbungsschreiben (eine dieser Aufgaben je Schüler) Drei längere Aufgaben: Narrative, appellative und reflexive Aufgaben (eine dieser Aufgaben je Schüler) Analyse und Interpretation eines Zeitungstextes	Schreibleistung auf Skala 1-5 durch zwei Bewerter nach den Kriterien: Gesamteindruck, Stil, Inhalt, grammatische und orthographische Korrektheit, Schrift und subjektive Reaktion der Bewerter

Sprachfähigkeiten-Projekt (vgl. Nussbaumer 1995, S. 108)	Texte von Maturandinnen und Maturanden	Züricher Textanalyseraster; Korrelate/Bezugsgrößen (Quantitäten); Sprachsystematische und orthographische Richtigkeit; Angemessenheit (Qualitäten): Funktionale Angemessenheit, Verständlichkeit/Kohärenz, Ästhetische Angemessenheit, Inhaltliche Relevanz
Schriftliches Erzählen in der Zweitsprache (vgl. Knapp 1997, S. 107 ff.)	Phantasieerzählungen	Merkmale der Erzählqualität in Phantasieerzählungen, Zahl der Wörter (tokens)
Schreiben zu Texten – Schreiben zu Bildimpulsen (Ludwigsburger Aufsatzkorpus) (vgl. Fix/Melenk 2000, S. 23, 45 u. 56)	Inhaltsangabe und freie Schreibaufgabe	Analyse der Texte Bewertungsraster für die Lehrerinnen und Lehrer a) Inhaltsanalyse: Untersuchung in den Teilen Einleitung, Hauptteil, Schluss nach strukturellen und inhaltlichen Merkmalen zudem als eigener Bereich „Sprache“ mit stilistischen, grammatikalischen und orthographischen Merkmalen b) freier Text: Ermittlung des Grundmusters und de[s] stilistischen Modus, Schätzbewertung nach Gesamteindruck, Aufbau und Inhalt, schriftsprachlicher Stil und sprachliche Richtigkeit und formale Gestaltung Analyse der Überarbeitungen Textumfang, globale Struktur der Erstfassung bei freien Texten, Revisionen hinsichtlich der funktionellen Angemessenheit, Revisionen hinsichtlich der sprachsystematischen und orthographischen Richtigkeit
Untersuchungen zu Aspekten der Lernausgangslage und Lernentwicklung (LAU 11/ULME I) (vgl. Neumann 2006, S. 22)	Offizielle und persönliche Briefe	Merkmale in Anlehnung an der DIN-Norm für Briefe, formale Elemente (dichotome Ausprägungen), Inhaltselemente (dichotome Ausprägung) und sprachlich textuelle Merkmale (fünfstufige Skala)

Tabelle 2: Verfahren zur Analyse von Schülertexten

Das *Züricher Textanalyseraster* wird am häufigsten rezipiert und gilt in der Fachdidaktik als ausführliches und differenziertes Raster zur Analyse von Schülertexten (vgl. Baurmann 2002, S. 131). Es folgt der Prämisse einer lernerorientierten Analyse mit dem Ziel, dadurch die Sprachfähigkeiten der Schülerinnen und Schüler beschreiben zu können (vgl. Nussbaumer 1995, S. 97). Dabei wurde zwar bei der Analyse von einer Zielnorm ausgegangen, gleichzeitig wurde aber versucht, mit einer kooperativen Haltung auch unerwartete oder irritierende Lösungen angemessen zu erfassen (vgl. Nussbaumer 1995, S. 101.) Nur bei Fix/Melenk findet sich eine Analyse der Überarbeitungen, in den anderen Studien werden die Texte immer als Endprodukte betrachtet und entsprechend eingeschätzt. In der Regel enthalten Analyseraster pragmatische Aspekte, die sich auf die Adressatenangemessenheit, soweit eine erkennbar ist, bezieht, inhaltliche Aspekte und sprachsystematische Aspekte. Diese, auch durch die Textlinguistik begründbaren, Aspekte scheinen zentrale Zielnormen für verschiedene Schreibhandlungen auszumachen.

Bei allen Schülertextanalysen ist das von Ossner beschriebene Problem vorhanden, dass von der Analyse der Schülertexte, also der Performanz, auf die Kompetenz der Schülerinnen und Schüler rückgeschlossen wurde. Bei allen Analysen ist auch eine mehr oder weniger geschlossene Zielnormorientierung vorhanden, die von außen gesetzt wurde. Den Schülerinnen und Schülern war aber i.d.R. nicht bekannt, welche Zielnorm angelegt wurde, denen ihre Texte unterworfen wurden. Zudem gilt die Aussagekraft einer Schülertextanalyse ohne Kenntnis des Entstehungskontextes als eingeschränkt. Deshalb gilt nach Fix (2007, S. 85) für standardisierte Schülertextanalysen, „[...] dass sie ohne Kenntnis der Umfeldbedingungen und des Schreibprozesses nur bedingt valide sein können, es sei denn, man kehrt zu einer normativen Aufsatzdidaktik zurück, die die gesellschaftliche Erwartung an einen bestimmten Text über ein stilistisches Korsett festlegt [...]".

Fragebögen und deren statistische Auswertung

In einer Studie zum Wissen von Grundschülerinnen und Grundschülern über das Schreiben wurde anhand eines in Kanada entwickelten und übersetzten Fragebogens Einstellungen und Wissen zum Schreiben, zu Vorlieben beim Schreiben und zu Schreibkonzepten erhoben (vgl. Baurmann 1996, S. 242f.). Die Ergebnisse und das Instrument werden kritisch reflektiert. Teilweise sind ein inkonsistentes Antwortverhalten, soziale Erwünschtheit und Unterschiede zwischen den Aussagen und dem Handeln vorhanden. Dies entspricht anderen Erkenntnissen zu Befragungen von Kindern (vgl. Heinzel 1997, S. 398). Zwar bezieht dies Baurmann auf den kognitiven Entwicklungsstand der Befragten, Erst- und Zweitklässler, allerdings stellt sich grundsätzlich die Frage, ob über Fragebögen, die Ausprägung einer komplexen Kompetenz und das Metawissen über das eigene Handeln, erfasst werden können. Auch ist der Fragebogen testtheoretisch nicht ausreichend geeicht worden (vgl. Baurmann 1996, S. 257 f.).

Fix (2000, S. 59 ff.) verwendet Trait- und State-Fragebögen. Die Trait-Fragebögen bestehen weitgehend aus geschlossenen Fragen und sollen die emotionalen und motivationalen Voraussetzungen der Schülerinnen und Schüler hinsichtlich des Selbstkonzepts im Fach Deutsch, die Vorlieben und Abneigungen hinsichtlich des Faches Deutsch, das Interesse am Schreibunterricht, Wissen und Interessen, Motivation und Selbsteinschätzung bezüglich der Schreibaufgaben der Studie, Vorerfahrungen hinsichtlich der Zusammenarbeit beim Schreiben und beim Überarbeiten erfragen (vgl. Fix 2000, S. 64). „Über die State-Fragebögen werden zu jeder Stunde Wohlbefinden, Angst, Interesse und Langeweile erhoben" (Fix 2000, S. 64). Die Daten werden zur Charakterisierung der Stichprobe verwendet, zudem werden sie in Relationen zu den anderen gewonnenen Daten gesetzt.

Auch bei der *Hamburger Aufsatzstudie* sowie der *Aufsatzstudie Ost* wurden Fragebögen eingesetzt. Bei den Schülerinnen und Schülern wurde der persönliche Hintergrund, der Ausbildungsstand der Schülerinnen und Schüler sowie ihrer Eltern, das Freizeitverhalten, die Einstellung zu einem korrekten Sprachgebrauch und Kompetenzen im Zusammenhang mit dem schulischen Schreiben erhoben. Daneben wurden Einstellungen und Unterrichtsmethoden der Lehrerinnen und Lehrer durch einen Fragebogen erhoben (vgl. Hartmann/Jonas 1995, S. 283). Es zeigt sich, dass sich Fragebögen vor allem dazu eignen, distale Einflussgrößen zu erfassen. Teilweise lassen sich aber, wie vor allem die State-Fragebögen der Studie von Fix zeigen, proximale Einflussgrößen erfassen. Diese Ergebnisse lassen sich in eine Relation zu den Ergebnissen der Analyse von Schreibprodukten setzen. Dadurch lassen sich Zusammenhänge zwischen den Schreibprodukten und den distalen und proximalen Einflussgrößen beschreiben. So sind nach der *Hamburger Aufsatzstudie* sowie der *Aufsatzstudie Ost* das Geschlecht, der sozio-ökonomische Status der Familie, die Lesegewohnheiten und die Bücherzahl im Elternhaus Einflussgrößen, die die Einstellung zum Schreiben sowie das Selbstkonzept beim Schreiben beeinflussen können, obwohl die Ergebnisse teilweise nicht eindeutig sind (vgl. Hartmann/Jonas 1995, S. 298 ff.).

Interviews mit qualitativer Inhaltsanalyse

Neben den Fragebögen, die mit dem Stift ausgefüllt werden, werden auch Leitfadeninterviews eingesetzt. Merz-Grötsch (2001, S. 108) erhob mit einem vorstrukturierten Leitfadeninterview Einstellungen, Erfahrungen und Wissen zum schulischen Schreiben bei Schülerinnen und Schülern verschiedener Schularten der Sekundarstufe I. Die Ergebnisse werden einerseits quantitativ anhand von Häufigkeiten, aber auch qualitativ mit Methoden der qualitativen Inhaltsanalyse ausgewertet. Die Interviews wurden als Gruppeninterview mit jeweils drei Schülerinnen und Schülern durchgeführt, um Hemmschwellen gegenüber der unbekannten Interviewerin zu senken. Bei den Interviews herrschte eine offene Gesprächsatmosphäre während der Lernbeobachtung (Merz-Grötsch 2001, S. 114). Daneben wurden Lehrerinterviews geführt, die die Einstellungen und Vorgehensweisen der Lehrerinnen und Lehrer erfassen sollten (Merz-Grötsch 2001, S. 109). Diese Form der Feldforschung stieß auf Skepsis und Ablehnung bei manchen Lehrerinnen und Lehrern, ebenfalls bei einigen Eltern (Merz-Grötsch 2001, S. 111).

Auch Fix (2000, S. 70) setzt Leitfadeninterviews, ergänzt durch kurze schriftliche Befragungen in Kleingruppen, ein, um die Ergebnisse der anderen Teile der Studie abzusichern und zu differenzieren. Die Interviews und Ergebnisse der offenen schriftlichen Fragen wurde mit inhaltsanalytischen Methoden ausgewertet (Fix 2000, S. 203).

Die Interviews eignen sich besonders dazu, die individuellen Theorien der Schülerinnen und Schüler zum Schreiben differenziert zu erfassen und zu beschreiben. Es ist möglich, differenzierte Antworten zu diesen Themen zu erhalten. Die Schülerinnen und Schüler sind in der Lage, den Unterricht zu beschreiben und auch ihre Kritik daran zu äußern. Äußerungen zu ihren eigenen Vorgehensweisen fielen den Schülerinnen und Schülern aber schwer (vgl. Fix 2000, S. 226). Auch Huneke geht davon aus, dass das subjektive Wissen von Schülerinnen und Schülern zum Rechtschreiben nicht direkt beobachtbar sei. Deshalb schlägt er vor, dieses Wissen durch die Konfrontation mit einem authentisch wirkenden fremden Schülertext zu erfassen. Dazu wird neben den Kontextbedingungen, die über ein Leitfadeninterview gewonnen werden, der Schülerin/dem Schüler dieser Text präsentiert. Zunächst soll beobachtet werden, welche Normabweichungen das Kind erkennt und im zweiten Schritt soll es Verbesserungsvorschläge für den Autor des Textes formulieren. Diese vorgeschlagenen Rechtschreibstrategien können, wenn sie inhaltsanalytisch ausgewertet werden, Rückschlüsse auf die beim Kind vorhandenen Rechtschreibstrategien zulassen (vgl. Huneke 2005, S. 11). Dieser Ansatz scheint auch für die Erfassung von Schreibschwierigkeiten geeignet zu sein.

Möglichkeiten und Schwierigkeiten bei der Erfassung von Schreibschwierigkeiten

Die genannten Erhebungsinstrumente lassen sich zur Erfassung von Schreibschwierigkeiten nutzen. Die Studie von Fix zeigt, dass ein Methodenmix am besten geeignet ist, die Schwierigkeiten zu beschreiben.

Zur Erfassung der individuellen Theorien zum Schreiben bietet sich das o.g. Vorgehen Hunekes an. Dafür eignen sich so genannte fokussierte Interviews, in denen zu einem bestimmten Gesprächsanlass assoziative Äußerungen der Kinder aufgenommen werden (vgl. Heinzel 1997, S. 403). Diese Interviews sollten an für die Kinder vertrauten und ungestörten Orten stattfinden. Positiv wirkt sich auf Interviews aus, wenn die Probanden eine Handlung vollziehen oder etwas Konkretes in die Hand nehmen können. Motivierend kann es auch sein, wenn Kinder als Experten für eine Situation aus ihrer Alltagswelt angesprochen werden. Die Instruktionen und Stimuli sollten zuvor bei Kindern getestet werden. Das Antwortverhalten kann schwanken, deshalb sollten mehrere Gespräche geführt werden (vgl. Heinzel 1997, S. 404 ff.). Das Gespräch sollte anhand eines Fremdtextes, der gewisse Abweichungen zu einer Zielnorm enthält, geführt werden, mit dem Ziel, die Einschätzung der Qualität des Textes durch die Schülerinnen und Schüler vornehmen und Verbesserungsvorschläge für den Autor des Textes formulieren zu lassen. Diese Äußerungen werden einer qualitativen Inhaltsanalyse unterzogen, um die Wissens- und Sinnstrukturen zum Schreiben beschreiben und deuten zu können.

In einem zweiten Schritt sollte die Aufgabe für die Schülerinnen und Schüler darin bestehen, den bestehenden Text so zu überarbeiten, dass er aus der Sicht der Schülerinnen und Schüler ein gelungener Text wird. Diese Produkte, die in verschiedenen Überarbeitungsschritten entstehen, werden dann nach linguistischen Kriterien analysiert und beschrieben. Daneben könnte ein weiterer Text herangezogen werden, den die Schülerinnen und Schüler zu einem ähnlichen Schreibanlass selbstständig erstellen, der ebenfalls einer Analyse unterzogen wird.

Die Analyse von Schülertexten kann, abgesehen vom Kompetenz/Performanz-Problem, dazu beitragen, die geäußerten sprachlichen Strukturen der Schülerinnen und Schüler zu beschreiben und auf verschiedenen Ebenen zu erfassen. Daraus lassen sich aber keine eindeutigen Ursachen ableiten und es sollten verschieden Überarbeitungsfassungen einbezogen werden, um auch die Überarbeitungskompetenz der Schülerinnen und Schüler zu berücksichtigen. Mit einem Fragebogen, der als Leitfadeninterview oder zum Ausfüllen angelegt sein kann, sollten vor allem distale und proximale Faktoren erhoben werden, so z.B. das Geschlecht, der Umfang der Literarizität im Elternhaus, die Sprachen, in denen eine schriftsprachliche Sozialisation erfolgte, das Selbstkonzept im Fach Deutsch und beim Schreiben, die Nutzung des Schreibens im Elternhaus etc.

Eine Triangulation der gewonnenen Daten kann dazu genutzt werden, Relationen zwischen Daten herzustellen, um Zusammenhänge zwischen Voraussetzungen, verschiedenen Wissensbeständen und der Qualität des Produktes herzustellen.

Literatur

Augst, Gerhard/Disselhoff, Katrin/Henrich, Alexandra/Pohl, Thorsten/Völzing, Paul L. (2007): Text-Sorten-Kompetenz. Frankfurt a.M: Peter Lang.

Augst, Gerhard/Faigel, Peter (1986): Von der Reihung zur Gestaltung: Untersuchungen zur Ontogenese der schriftsprachlichen Fähigkeiten von 13 - 23 Jahren. Frankfurt a.M.: Peter Lang.

Bachmann, Thomas (2002): Kohäsion und Kohärenz: Indikatoren für die Schreibentwicklung. Innsbruck: Studienverlag.

Baurmann, Jürgen (2002): Schreiben – Überarbeiten – Beurteilen. Seelze: Kallmeyer.

Baurmann, Jürgen (1996): Was Kinder über Schreiben wissen. Eine empirische Untersuchung. In: Peyer, Ann/Portmann, Paul (Hg.): Norm, Moral und Didaktik – Die Linguistik und ihre Schmuddelkinder. Tübingen: Niemeyer, S. 241 - 266.

Baurmann, Jürgen (1989): Empirische schreibforschung. In: Antos, Gerd/Krings, Hans-Peter (Hg.): Textproduktion. Tübingen: Niemeyer, S. 257 - 277.

Becker-Mrotzek, Michael (1996): Erwerb komplexer Schreibfähigkeiten. In: Feilke, Helmuth/Portmann, Paul R. (Hg.): Schreiben im Umbruch – Schreibforschung und schulisches Schreiben. Stuttgart: Klett, S. 54 -73.

Becker-Mrotzek, Michael/Böttcher, Ingrid (2006): Schreibkompetenz entwickeln und beurteilen. Berlin: Cornelsen Scriptor.

Braun, Otto/Füssenich, Iris/Hans, Detlef/Homburg, Gerhard/Motsch, Hans-Joachim (1995): Leitlinien zur spezifisch pädagogischen Förderung von Menschen mit Sprachbehinderungen. In: Die Sprachheilarbeit, 40. Jg., H. 3, S. 315 - 319.

Bundesagentur für Arbeit (Hg.) (2006): Kriterienkatalog zur Ausbildungsreife. Nürnberg: Bundesagentur für Arbeit.

Fix, Martin (2007): Zur Problematik von Kompetenzstufen für Schülertexte. In: Willenberg, Heiner (Hg.): Kompetenzhandbuch für den Deutschunterricht. Baltmannsweiler: Schneider, S. 84 -95.

Fix Martin (2006): Texte schreiben – Schreibprozesse im Deutschunterricht. Paderborn: Schöningh.

Fix, Martin (2000): Textrevisionen in der Schule. Baltmannsweiler: Schneider.

Fix, Martin/Melenk, Hartmut (2000): Schreiben zu Texten – Schreiben zu Bildimpulsen. Das Ludwigsburger Aufsatzkorpus. Schneider: Baltmannsweiler.

Fix, Martin/Jost, Roland (2004): Spuren der Medienrezeption in Schülertexten. In: Bönnighausen, Marion/Rösch, Heidi (Hg.): Intermedialität im Deutschunterricht. Baltmannsweiler: Schneider, S. 156 - 173.

Füssenich, Iris (2003): Schreibschwierigkeiten. In: Bredel, U./Günther, H./Klotz, P./Ossner, J./Siebert-Ott, G. (Hg.): Didaktik der deutschen Sprache. Paderborn: Schöningh, S. 261 - 270.

Gansel, Carsten (2005): Kompetenzen und Deutschunterricht – Ein ‚schulpolitscher Paradigmenwechsel' und seine Folgen. In: Didaktik Deutsch, 11. Jg., H. 19, S. 23 - 49.

Hartmann, Wilfried (1989): Die „Hamburger Aufsatzstudie". In: Der Deutschunterricht, 41. Jg., H. 3, S. 92 - 98.

Hartmann, Wilfried/Jonas, Hartmut (1995): Wie Schülerinnen und Schüler schreiben – Ausgewählte Fragen und Ergebnisse einer Studie zur Aufsatzanalyse. In: Deutschunterricht, 48. Jg., H. 6, S. 282 - 292.

Heinzel, Friederike (1997): Qualitative Interviews mit Kindern. In: Friebertshäuser, Barbara/Prengel, Annedore (Hg.): Handbuch Qualitative Forschungsmethoden in der Erziehungswissenschaft. Weinheim: Juventa, S. 396 - 413.

Huneke, Hans-Werner (2005): Subjektives Rechtschreibwissen. In: lernchancen, 8. Jg., H. 47, S. 9 - 15.

Ivo, Hubert/Körner, Axel/Reuschling, Gisela/Wagner, Petra (1983): Aufsätze korrigieren. In: Diskussion Deutsch, 14. Jg., H. 71, S. 234 -318.

Kauschke, Christina/Siegmüller, Julia (2002): Patholinguistische Diagnostik bei Sprachentwicklungsstörungen. München: Urban & Fischer bei Elsevier.

Klicpera, Christian/Schabmann, Alfred/Gasteiger-Klicpera, Barbara (2007²): Legasthenie. Müchen: Reinhardt.

Klieme, Eckhard/Eichler, Wolfgang/Helmke, Andreas u.a (Hg.) (2006): Unterricht und Kompetenzerwerb in Deutsch und Englisch – Zentrale Befunde der Studie Deutsch-Englisch-Schülerleistungen-International (DESI). Frankfurt am Main: DIPF.

Kultusministerkonferenz (KMK) (Hg.): Bildungsstandards im Fach Deutsch für den Hauptschulabschluss. Beschluss vom 15.10.2004. http://www.kmk.org/dokumentation/beschluesse-der-kmk/beschluesse-aus-dem-bereich-des-allgemeinbildenden-schulwesens.html#c642 (zitiert am 27. April 2009).

Knapp, Werner (1997): Schriftliches Erzählen in der Zweitsprache. Tübingen: Niemeyer.

Lehmann, Rainer H./Peek, Rainer/Gänsfuß, Rüdiger/Husfeldt, Vera (2002): LAU 9 – Aspekte der Lernausgangslage und der Lernentwicklung – Klassenstufe 9 – Hamburg.

Marthaler, Theo (1962): Es gibt sechs Aufsatzarten. In: Der Deutschunterricht, 14. Jg., Heft 4, S. 53 - 63.

Merz-Grötsch, Jasmin (2000): Schreiben als System. Band 1. Schreibforschung und Schreibdidaktik. Freiburg im Breisgau: Fillibach.

Merz-Grötsch, Jasmin (2001): Schreiben als System. Band 2: Die Wirklichkeit aus Schülersicht. Freiburg im Breisgau: Fillibach.

Ministerium für Kultus, Jugend und Sport Baden-Württemberg (MKJS BW) (Hg.) (2004): Bildungsstandard Deutsch Hauptschule. http://www.bildung-staerkt-menschen.de/unterstuetzung/schularten/Hs/bildungsstandards (zitiert am 06. Mai 2009).

Neumann, Astrid (2007): Schreiben: Ausgangspunkt für eine kriteriengeleitete Ausbildung in der Schule. In: Willenberg, Heiner (Hg.): Kompetenzhandbuch für den Deutschunterricht. Baltmannsweiler: Schneider, S. 74 - 83.

Neumann, Astrid (2006): Schreibkompetenz Hamburger Schülerinnen und Schüler in der 11. Klasse. Ergebnisse aus LAU 11 und ULME I. In: Didaktik Deutsch. 12. Jg. H. 21, S. 20 - 43.

Nussbaumer, Markus (1995): Lernerorientierte Textanalyse – Eine Hilfe zum Textverfassen? In: Feilke, Helmuth/Portmann, Paul (Hg.): Schreiben im Umbruch. Stuttgart: Klett, S. 96 - 111.

Ossner, Jakob (2006): Kompetenzen und Kompetenzmodelle im Deutschunterricht. In: Didaktik Deutsch, 12. Jg., H. 21, S. 5 -19.

Peuser, Günter (2000): Sprachstörungen. München: W. Fink (UTB).

Schümer, Gundel (2004): Zur doppelten Benachteiligung von Schülern aus unterprivilegierten Gesellschaftsschichten im deutschen Schulwesen. In: Schümer, Gundel/Tillmann, Klaus-Jürgen/Weiß, Manfred (Hg.): Die Institution Schule und die Lebenswelt der Schüler. Wiesbaden: VS, S. 73 - 114.

Sieber, Peter (2003): Modelle der Schreibprozesse. In: Bredel, U./Günther, H./Klotz, P./Ossner, J./Siebert-Ott, G. (Hg.): Didaktik der deutschen Sprache. Paderborn: Schoningh, S. 208 - 223.

Weinert, Franz E. (2001): Vergleichende Leistungsmessung in Schulen – eine umstrittene Selbstverständlichkeit. In: Weinert, Franz E. (Hg.): Leistungsmessungen in Schulen. Weinheim: Beltz, S. 17 - 31.

Autorinnen und Autoren

Dr. Stefan **Jeuk** ist Juniorprofessor an der Pädagogischen Hochschule Ludwigsburg am Institut für Sprachen, Abteilung Deutsch und Leiter des Sprachdidaktischen Zentrums. Mail: jeuk@ph-ludwigsburg.de

Dr. Ingrid **Schmid-Barkow** ist Professorin an der Pädagogischen Hochschule Ludwigsburg am Institut für Sprachen, Abteilung Deutsch.
Mail: schmidbarkow@ph-ludwigburg.de

Dr. Hans H. **Reich** ist emeritierter Professor an der Universität Landau-Koblenz, Campus Landau, Fachbereich Erziehungswissenschaften, Arbeitsbereich Interkulturelle Bildung. Mail: reich@uni-landau.de

Dr. Susanne **Guckelsberger** ist wissenschaftliche Mitarbeiterin an der Universität Hamburg, Fachbereich Sprache, Literatur und Medien, Institut für Germanistik I. Mail: susanne.guckelsberger@uni-hamburg.de

Dr. des. Anna **Komor** ist wissenschaftliche Mitarbeiterin an der Universität Hamburg, Fachbereich Sprache, Literatur und Medien, Institut für Germanistik I.
Mail: anna.komor@uni-hamburg.de

Dr. Doris **Grütz** ist Professorin an der Pädagogischen Hochschule Zürich, Fachbereich Deutsch und Deutsch als Zweitsprache. Mail: doris.gruetz@phzh.ch.

Alexandra **Junk-Deppenmaier** ist Hauptschullehrerin und Akademische Mitarbeiterin an der Pädagogischen Hochschule Ludwigsburg, Institut für Sprachen, Abteilung Deutsch. Mail: junk@ph-ludwigsburg.de

Ute **Fischer**, M.A., ist Akademische Mitarbeiterin an der Pädagogischen Hochschule Weingarten, Fach Deutsch. Mail: ufischer@ph-weingarten.de

Dr. Barbara **Gasteiger-Klicpera** ist Professorin an der Pädagogischen Hochschule Weingarten, Fach Pädagogische Psychologie.
Mail: gasteiger@ph-weingarten.de

Dr. des Florian **Hiller** ist Wissenschaftlicher Mitarbeiter an der Pädagogischen Hochschule Ludwigsburg, Institut für Sprachen, Abteilung Deutsch.
Mail: hiller@ph-ludwigsburg.de

Dr. Sieglinde **Grimm** vertritt eine Professur an der Universität zu Köln, Institut für Deutsche Sprache und Literatur II. Mail: sieglinde.grimm@uni-koeln.de

Dr. Ursula **Held** ist Wissenschaftliche Mitarbeiterin an der Carl von Ossietzky Universität Oldenburg, Institut für Germanistik.
Mail: ursula.held@uni-oldenburg.de

Joachim **Schäfer**, Dipl. Päd., ist akademischer Mitarbeiter an der Pädagogischen Hochschule Ludwigsburg, Institut für Sprachen, Abteilung Deutsch.
Mail: schaefer@ph-ludwigsburg.de